宜昌博物馆馆藏书画保护修复报告

宜　昌　博　物　馆
北京停云馆文化投资有限公司　编著

文物出版社

图书在版编目（CIP）数据

宜昌博物馆馆藏书画保护修复报告 / 宜昌博物馆，北京停云馆文化投资有限公司编著 ; 向光华主编 . — 北京 : 文物出版社 , 2021.5
ISBN 978-7-5010-6576-9

Ⅰ . ①宜… Ⅱ . ①宜… ②北… ③向… Ⅲ . ①书画艺术－文物修整－中国 Ⅳ . ① G264.3

中国版本图书馆 CIP 数据核字 (2021) 第 065881 号

宜昌博物馆馆藏书画保护修复报告

编　　著：宜昌博物馆　北京停云馆文化投资有限公司
主　　编：向光华

责任编辑：宋　丹
封面设计：王文娴
责任印制：张　丽

出版发行：文物出版社
社　　址：北京市东直门内北小街 2 号楼
网　　址：http: //www.wenwu.com
经　　销：新华书店
印　　刷：宝蕾元仁浩（天津）印刷有限公司
开　　本：889 毫米 ×1194 毫米　1/16
印　　张：13.25
版　　次：2021 年 5 月第 1 版
印　　次：2021 年 5 月第 1 次印刷
书　　号：ISBN 978-7-5010-6576-9
定　　价：320.00 元

目录

CONTENTS

前　言

中国书画为世界艺术之林中独树一帜的民族艺术，具有深厚的艺术传统和鲜明的民族特色。这一民族艺术的形成，与中国社会历史的发展、传统的学术思想、各民族艺术间的交融，以及因之形成的某些带有共性的艺术风格、特点和中华民族的审美习惯等，都有着密切的关系；是中华民族文明史所产生的艺术结晶之一，在古代对东方国家、民族产生过深远影响；在近、现代更随着世界文化的交流而远播西方各国。中国古书画是中华民族文明史的一种物化见证，是中华民族全部珍贵文物的重要组成部分。

书画是宜昌博物馆的重要藏品门类之一，我馆现有书画类文物 681 件（套），其中一级文物 1 件（套），二级文物 3 件（套），三级文物 137 件（套），时代主要为明清至中华民国时期。

宜昌博物馆的绘画类文物藏品，题材涉及人物、山水、花卉、鸟兽、宗教等；在形式上有竖轴、条屏、横幅、册页、小品、扇面、拓片等；在绘画介质上有纸本、绢本、竹质等。画作的作者既有黄慎、闵贞、金农这类闻名遐迩的绘画大师，也有顾槐、沈懿安这类宜昌本土的艺术名家；既有杨晋这类讲究严格技巧的宫廷画师，也有钱鸿这类富有文人思想修养与情趣的文人画家；亦有醉呆子这类迎合市井风俗的民间画工。

黄慎是清代杰出书画家，“扬州八怪”之一。早年师从上官周，多作工笔，山水师法元代黄公望、倪瓒，中年以后，吸取徐渭笔法，变为粗笔写意，并擅书章草，曾以狂草书法入画，笔姿放纵，气象雄伟，深入古法。黄慎擅长人物、山水、花鸟，尤以人物画最为突出，题材多为神仙佛道和历史人物，也有一些现实生活中的形象。黄慎的诗文、狂草书法、绘画被称为三绝。我馆藏有黄慎的《仙女图》，此图尺幅巨大，为绢本设色，构图简洁，线条细腻流畅，人物形神精妙，极富感染力，是黄慎人物画的高水平代表作。另藏有其画作《瑶琴图》，虽构图简单，然而人物神韵生动丰满，引人入胜。

闵贞为清代著名画家，“扬州八怪”之一。擅长书画篆刻，尤工山水、人物、花鸟，多作写意，笔墨奇纵，也偶有工笔之作。其人物画最具特色，线条简练自然，形神逼肖。我馆藏有闵贞的《渔翁童子图》，此图为纸本设色，虽为写意笔法，极尽简练，但人物神态跃然纸上，足见闵贞人物画的特色与功力。

金农，清代著名书画家，“扬州八怪”之首。其画造型奇古，善用淡墨干笔作花卉小品。初画竹，后又画骏马、人物、梅花。我馆藏有金农的《墨梅图》，此图为纸本水墨，墨色浓淡兼具，体现出丰富的层次。枝干俯仰穿插，生意盎然，虽繁枝密萼，但是布局繁而不乱、疏而不散。

王云擅楼台、人物画，用笔圆中寓方，接近仇英风格，又喜作写意山水，意境幽深，得沈周笔意，为康熙年间名家，在江淮一带享有盛名。我馆藏有王云的《行旅图》，此图为纸本设色，色彩丰富，层次分明，构图高低错落，远近有致，所绘人物数量繁多，各具特点。全图将自然风景与市井生活完美融合，内涵丰富，意蕴幽远。

另我馆还藏有一套中华民国时期的影印本《孔子事迹图》。这套图生动地描绘了孔子生平的各个重要事迹，每幅图旁皆配有相应的说明文字及四言赞辞，图文并茂，笔画纤细清晰。这套图为中华民国石印本，保存较为完整，印刷较为精细，在存世的同类图书中较为少见，具有较高的观赏性。

馆藏书法类文物藏品，在形式上有竖轴、条屏、横幅、对联、扇面、拓片、影印本等，作者既有明清与中华民国时期的著名书家，如翁方纲、杨岘、何绍基、邓传密等，也有这一时期的政要大员，如张居正、爱新觉罗·永瑆、索绰络·英和、左宗棠、于右任等，亦有宜昌本土的文化名流，如杨守敬、王步点、顾家衡等。

翁方纲为清代著名书法家、文学家、金石学家，乾隆十七年进士，官至内阁大学士。精通诗文、碑帖及考证，书法初学颜真卿，后习欧阳洵，与刘墉、永瑆、铁保并称清中期四大书家。我馆藏有翁方纲的行书《复初斋文集》节选，此作运笔沉酣，墨色浓厚，笔画丰满，筋劲骨健，妙得神韵，是翁氏的佳作。

爱新觉罗·永瑆为乾隆皇帝第十一子。其楷书初学赵孟頫，后又对欧阳洵用功最勤，取赵体的妍丽流畅、秀润挺健与欧体的方正严整、峻拔险绝为其所用。因其特殊身份，得以遍临清宫内藏各朝名家法帖，逐渐形成自己的风格，亦为清中期四大书法家之一。我馆藏有永瑆的楷书《西都赋》节选，此作用笔俊逸，结构疏朗，端正清丽，劲俏流畅，颇有法度，观之赏心悦目，品之神清气爽。

杨守敬被誉为“晚清民初学者第一人”。我馆收藏其书法作品数量颇丰，既有竖屏、横幅，也有扇面、对联，既有其代表性的行书，也有其隶书、草书作品。通过这些作品，我们可以透彻地品悟到杨氏书法的高古、深远、质朴、秀逸。

除了上述作者与作品外，我馆的其他书画精品数量亦颇为可观，此处不再一一枚举。

传世书画随着岁月流逝，受自然和人为因素影响，加上纸绢强度有限，无论是否装裱，流传、赏玩过程中出现破损和玷污现象在所难免，一般情况下年代越久远受损的机率越高，即使表面没有污损，在传承过程中还可能受各种霉菌、尘埃以及环境温湿度变化的影响，纸绢纤维也会出现自然老化，画面断裂、空壳、脱浆、虫蛀等情况也极为常见。这些病害不但危及书画生命，也直接影响陈列欣赏，严重的甚至造成书画完全灭失。一旦出现病害，必须及时进行妥善的保护修复。古书画的修复代表了书画装裱技艺的最高水平，它是一项极为细致、复杂的手艺，既要求熟悉书画技法和各个时代各个书画家的风格，又要对修复工具和材料有相当深的了解。修复过程既是对书画文物原貌及其所包含的历史文化信息的还原，也是与古代书画家跨时空的精神交流。是对书画装裱修复师手艺、实践经验、学养、心理的综合考验。

2013 年至 2016 年，宜昌博物馆对馆藏的书画文物进行了系统的普查，采集了照片、尺寸、内容、款识、完残状况等各方面信息，摸清了我馆书画类藏品的家底。由于时代久远，屡经辗转，且保存条件较为有限，这批不可再生的艺术品部分出现了不同程度的沾染污迹、受潮发霉、虫蛀鼠咬以及纸绢自然老化造成的破损断裂等病害，如不及时加以保护，将会朽烂毁灭。2013年至2019年，我馆委托北京停云馆文化投资有限公司针对两批264件保存状况不佳的珍贵书画文物编制保护修复方案，申请国家专项经费，进行保护修复工作。工作中严格遵循最小干预、修旧如旧原则，采用传统书画修复技艺，让这批受损的古书画重新焕发光彩，延续了其文物生命，恢复了其艺术价值，提升了宜昌博物馆书画藏品的整体品质和展陈质量。

2019年9月，宜昌博物馆新馆正式开馆。以上述普查工作与保护修复为基础，新馆专门设置了“书香墨韵”展厅，作为我馆的常设展览之一，对馆藏古书画进行长期轮换展示，让这些曾藏于深闺的艺术珍品为更多社会大众所认识，让更多书画研究者、爱好者更好地体悟中国古典艺术之美，传承中华艺术之魂。

本报告为这批书画的专项修复报告，共分七个部分：第一部分，对收藏单位、馆藏书画、项目缘由等相关情况进行概述；第二部分，介绍本项目所保护修复书画的基本信息与文物价值；第三部分，介绍病害种类、病害检测及病害原因；第四部分，介绍修复材料选用、保护修复技术路线与操作步骤；第五部分，介绍修复重点与解决方案；第六部分，介绍保护修复工作的经验思考与对预防性保护的建议；第七部分，介绍本项目的结项验收工作；附录部分对典型书画的保护修复档案进行了选录。因编者水平有限，报告中难免有诸多不当之处，敬请方家批评指正。

第一章 概述

第一节 收藏单位概况

宜昌市位于湖北省西部、长江中游西陵峡东口，“上控巴蜀，下扼荆襄”，自古以来号称“川鄂咽喉，西南门户”，交通、军事地位十分显要，是楚文化的重要发源地。宜昌古名夷陵（彝陵），清雍正十三年（1735 年）升彝陵州为宜昌府，寓意“宜于昌盛”。

宜昌博物馆位于宜昌市伍家岗区求索路，主体建筑面积 43001 平方米，现为国家一级博物馆。宜昌博物馆是巴文化和楚文化融合发展的展览展示中心，宜昌地域馆藏文物的收藏保护中心，宜昌地域文化的研究中心，是宜昌区域博物馆群的培训和指导中心，鄂西片区社教和研学的中心基地，是湖北省地市级博物馆中投资最多、规模最大、最具现代化的博物馆。

宜昌博物馆作为宜昌城市名片及文化传播教育基地，全面展现宜昌历史文化的丰厚底蕴：突出巴文化和楚文化的地方特色；展示宜昌人民不畏坚险、勇于求索的城市精神，再现老宜昌人的生活画面；呈现宜昌水电、地质、地貌等文化特色。

宜昌博物馆现有各类藏品 58711 件（套），其中一级文物 84 件（套），二级文物 112 件（套），三级文物 1427 件（套）。宜昌博物馆展览主题为“峡尽天开”，展陈面积 12988 平方米，共包含 10 个展陈板块，展出各类藏品 5000 余件（套）。

第二节 馆藏书画与保存环境概况

宜昌博物馆馆藏古代书画 681 件（套），实际数量 766 件。不仅包含有明、清及中华民国时期一批大家如张居正、黄慎、闵贞、翁方纲、何绍基等人的作品，同时还收藏有本地名儒王柏心、杨守敬、程之桢、王步点等人的作品。具有较高的历史、艺术及研究价值。

由于自然老化、生物破坏、保管条件等原因导致馆藏书画患有不同程度的文物病害。文物病害以物理损伤为主，如污渍、折痕、脱壳、断裂、残缺、脆化等，部分文物还伴有微生物损害和动物损害，还有一些文物装裱缺损或未做装裱。

在实施本项目之前，宜昌博物馆新馆尚未建成，老馆文物库房保存环境较差。其中书画库房面积约 60 平方米，有两个 1.5 平方米左右窗户，玻璃及窗帘均不防紫外线，库内有一台杭州金森科技有限公司生产的HF26型恒温恒湿机，功率15kW，使用时库房温度为18～20℃，湿度为55%～60% RH。为确保用电安全，平时仅工作时间使用，下班后关闭，关闭后库房为自然环境，年温度为0～37℃，日温度变差约10℃，年湿度变化30%～95% RH，日湿度变化约10% RH，书画放置在专用木柜内，部分配有囊匣，木柜及囊匣内放袋装樟脑丸防虫，库房无空气过滤设备。总体环境极不利于书画的长期保存。

图1-1　书画保管柜

图1-2　文物囊匣

图 1-3 文物存放状况

图 1-4 库房温湿度控制设备

第三节 项目缘由

鉴于部分馆藏书画出现的不同程度的病害情况，宜昌博物馆委托北京停云馆文化投资有限公司，分别于 2013 年 6 月、2015 年 12 月成立保护修复方案编制项目小组，开展现场调查，收集相关文物信息资料。进行检测采样、拍照、病害分析等前期工作，依据《馆藏纸质文物保护修复方案编制规范》的要求编制了《宜昌博物馆馆藏书画保护修复方案》及《宜昌博物馆馆藏纸质文物（书画）保护修复方案》。上报湖北省文物局、国家文物局评审通过（批复文号分别为文物博函〔2014〕773 号、文物博函〔2016〕588 号）。

根据国家文物局批复意见，宜昌博物馆委托北京停云馆文化投资有限公司作为项目实施单位，分别于 2015 年 3 月、2017 年 3 月开始对两批馆藏书画进行保护修复。

图 1-5　前期现场调查

图 1-6　移交待修复书画

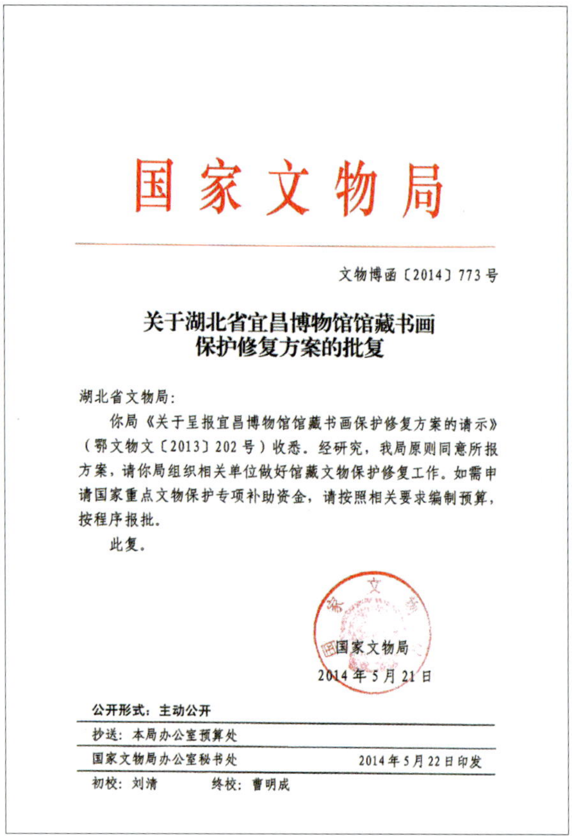

国家文物局

文物博函〔2014〕773 号

关于湖北省宜昌博物馆馆藏书画
保护修复方案的批复

湖北省文物局：

你局《关于呈报宜昌博物馆馆藏书画保护修复方案的请示》（鄂文物文〔2013〕202 号）收悉。经研究，我局原则同意所报方案，请你局组织相关单位做好馆藏文物保护修复工作。如需申请国家重点文物保护专项补助资金，请按照相关要求编制预算，按程序报批。

此复。

国家文物局
2014 年 5 月 21 日

公开形式：主动公开

抄送：本局办公室预算处

国家文物局办公室秘书处　　2014 年 5 月 22 日印发

初校：刘清　　终校：曹明成

图 1-7　国家文物局关于宜昌博物馆第一批书画保护修复方案的批复

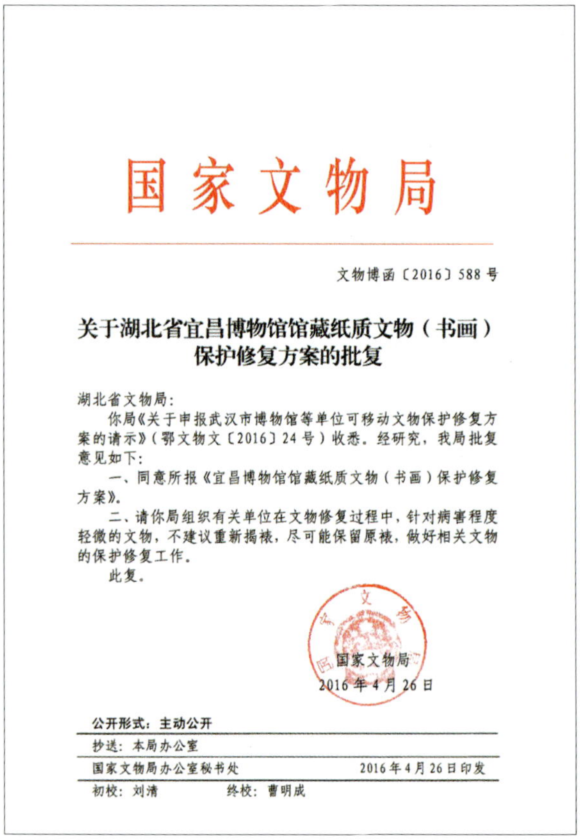

国家文物局

文物博函〔2016〕588 号

关于湖北省宜昌博物馆馆藏纸质文物（书画）
保护修复方案的批复

湖北省文物局：

你局《关于申报武汉市博物馆等单位可移动文物保护修复方案的请示》（鄂文物文〔2016〕24 号）收悉。经研究，我局批复意见如下：

一、同意所报《宜昌博物馆馆藏纸质文物（书画）保护修复方案》。

二、请你局组织有关单位在文物修复过程中，针对病害程度轻微的文物，不建议重新揭裱，尽可能保留原裱，做好相关文物的保护修复工作。

此复。

国家文物局
2016 年 4 月 26 日

公开形式：主动公开

抄送：本局办公室

国家文物局办公室秘书处　　2016 年 4 月 26 日印发

初校：刘清　　终校：曹明成

图 1-8　国家文物局关于宜昌博物馆第二批书画保护修复方案的批复

第二章

书画基本信息与价值综述

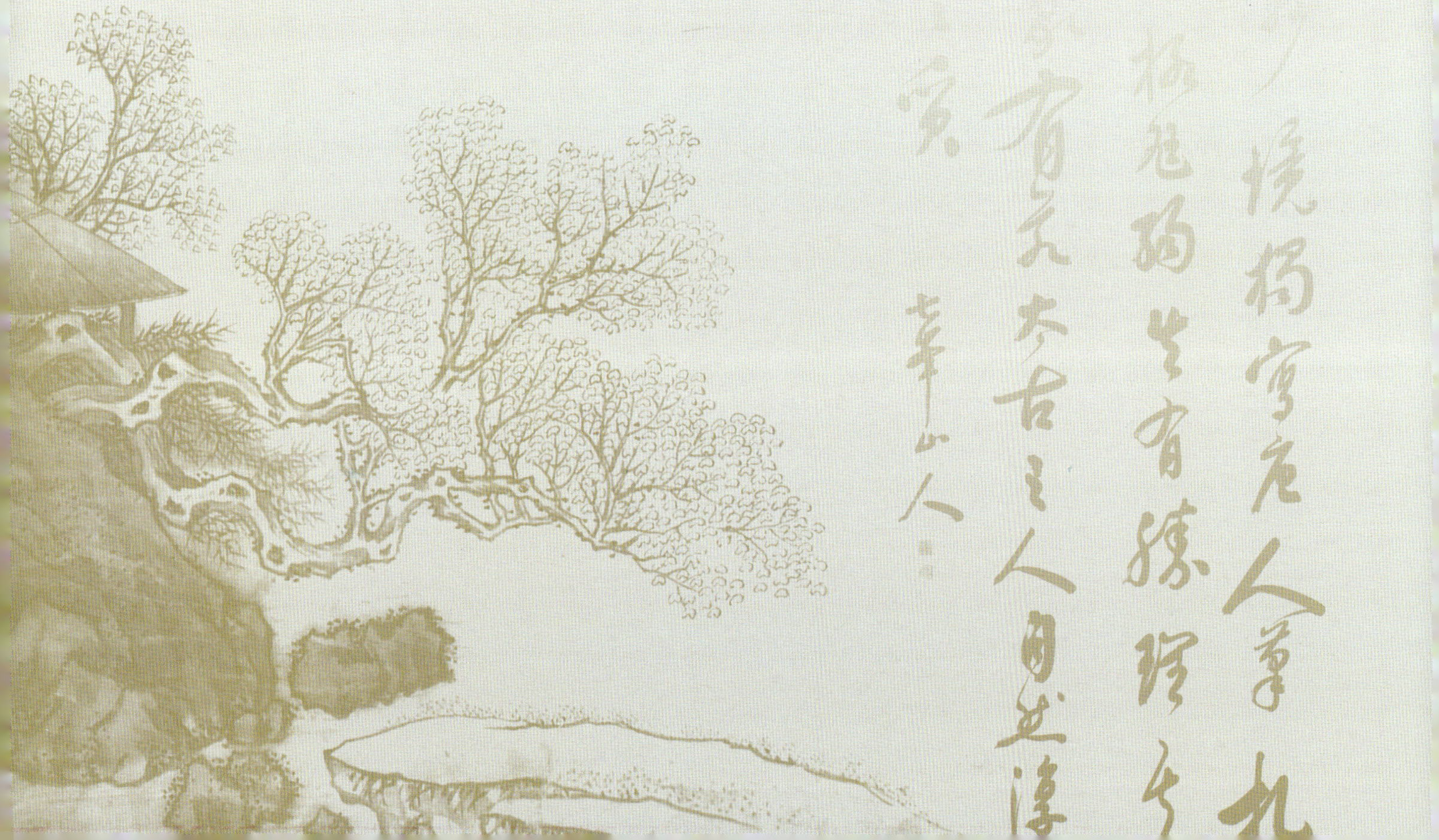

第一节　书画基本信息

本报告涉及的宜昌博物馆馆藏书画包含两批，共计131件（套），实际数量249件（第一批74件（套），实际数量139件；第二批57件（套），实际数量110件）。文物类别包括书法、绘画与书画合裱三种，材质包括纸、绢、绫三种。文物病害程度绝大多数为中度以上，并有少数濒危者。书画具体信息见下表。

表2-1　第一批书画基本信息表

序号	文物名称	藏品总登记号	种类	年代	作者	材质	修复前形制	画心			病害程度
								尺寸(cm)		数量	
								纵	横		
1	清李学曾行书“心却尘机明至道”对联	Y28029	书法	清	李学曾	纸	对联	120.0	20.9	2	重度
2	清光绪戊申年杨守敬隶书“异花万本欢喜园”对联	Y28013	书法	清	杨守敬	纸	对联	160.9	40.4	2	重度
3	清胡公寿水墨梅兰竹石图条屏	Y28008	绘画	清	胡公寿	纸	画屏	120.9	30.2	3	中度
4	清孔继南设色工笔十八罗汉图条屏	Y28016	绘画	清	孔继南	纸	画屏	95.0	26.0	4	中度
5	清魏春桥工笔设色雄鸡图轴	Y27992	绘画	清	魏春桥	纸	中堂	136.0	47.0	1	中度
6	清光绪丁亥年柳芝瑞设色牡丹图轴	Y27976	绘画	清	柳芝瑞	纸	中堂	122.0	66.0	1	中度
7	清白敦信水墨写意福禄寿三星图轴	Y27978	绘画	清	白敦信	纸	画	150.0	79.0	1	中度
8	清沈懿安水墨天寒有鹤守梅花图轴	Y28000	绘画	清	沈懿安	纸	画	171.2	47.0	1	濒危
9	中华民国曹逸如设色猛虎图轴	Y27988	绘画	中华民国	曹逸如	纸	画	38.0	86.0	1	中度
10	清乾隆十二年闵贞设色渔翁童子图轴	Z681	绘画	清	闵贞	纸	条幅	149.0	44.0	1	重度
11	清彝山僧写意水墨竹石图轴	Y27991	绘画	清	彝山僧	纸	画屏	154.0	45.0	1	中度
12	清曾继志写意水墨鹊梅图轴	Y27984	绘画	清	曾继志	纸	画	116.0	27.0	1	中度
13	佚名写意人物图轴	Y28006	绘画		佚名	纸	画	125.0	54.0	1	中度
14	清杨晋设色工笔山水图条屏	Y28023	绘画	清	杨晋	纸	画屏	158.0	45.0	4	中度

序号	文物名称	藏品总登记号	种类	年代	作者	材质	修复前形制	画心			病害程度
								尺寸（cm）		数量	
								纵	横		
15	清钱鸿设色花鸟图条屏	Y28018	绘画	清	钱鸿	纸	画屏	128.0	33.0	2	重度
16	清谭平湖清风高节墨竹图条屏	Y28022	绘画	清	谭平湖	纸	画屏	134.0	46.0	4	中度
17	清郭垣写意水墨鱼戏图条屏	Y28027	绘画	清	郭垣	纸	画屏	144.0	35.0	10	中度
18	清黄汲浦墨竹图条屏	Y28005	绘画	清	黄汲浦	纸	画屏	139.0	33.0	2	中度
19	清鑑算写意墨竹图条屏	Y28025	绘画	清	鑑算	纸	画屏	89.0	20.0	3	中度
20	清闵志设色仙人图轴	Y27998	绘画	清	闵志	纸	画屏	105.0	45.0	1	中度
21	清孙焕设色渔樵耕读图条屏	Y28014	绘画	清	孙焕	纸	画屏	140.0	43.0	4	重度
22	清程之桢绢本行书苏轼《新岁展庆帖》等节选扇面册页	Y27973	书法	清	程之桢	纸	扇面	24.0	24.0	1	中度
23	清钱鸿泥金笺本设色花鸟图团扇面册页	Y27970	绘画	清	钱鸿	纸	扇面	23.0	23.0	1	重度
24	清恽彦彬行书董其昌《画旨》节选扇面册页	Y27974	书法	清	恽彦彬	绢	扇面	22.0	20.0	1	濒危
25	清史悠联绢本篆书翁森《四时读书乐·春》节选团扇面册页	Y27971	书法	清	史悠联	绢	扇面	24.0	23.0	1	濒危
26	清曾颐绢本行书苏轼《广州蒲涧寺》等团扇面册页	Y27967	书法	清	曾颐	绢	扇面	24.0	24.0	1	重度
27	清卢嘉桂绢本设色牡丹团扇面册页	Y27968	绘画	清	卢嘉桂	绢	扇面	23.0	19.0	1	中度
28	清江大琮绢本设色红树青山图团扇面册页	Y27969	绘画	清	江大琮	绢	扇面	24.0	24.0	1	濒危
29	清黄云绢本金笔菊花图团扇面册页	Y27972	绘画	清	黄云	纸	扇面	25.0	23.0	1	中度
30	清曾云程设色昭君出塞图轴	Y27985	绘画	清	曾云程	纸	画屏	83.0	28.0	1	中度
31	清竹溪墨竹图轴	Y27986	绘画	清	竹溪	纸	画屏	123.0	36.0	1	重度
32	清钱楳桥设色岁朝清品图横幅	Z684	绘画	清	钱楳桥	纸	横披	45.0	123.0	1	中度
33	清光绪辛丑年陈镇南设色凉意松风图条屏	Y28015	绘画	清	陈镇南	纸	画屏	134.0	39.0	2	重度
34	清易光莲行楷《云谷公祖颂》等扇面集锦横批	Y27981	书法	清	易光莲等	卷	扇面	37.0	103.0	1	中度
35	中华民国郑云青等《洛神赋》节选书画条屏	Y28019	书法	中华民国	郑云青等	纸	屏	80.0	22.0	2	中度

序号	文物名称	藏品总登记号	种类	年代	作者	材质	修复前形制	画心 尺寸（cm） 纵	横	数量	病害程度
36	中华民国苏家驹朱柏庐《治家格言》条屏	Y28017	书法	中华民国	苏家驹	纸	屏	140.0	35.0	4	中度
37	明张居正行书书轴	Y27977	书法	明	张居正	纸	中堂	174.0	64.0	1	中度
38	清徐治平设色牡丹图等书画扇面集锦竖轴	Y27979	绘画	清	徐治平等	绢	扇面	86.0	25.0	1	中度
39	中华民国甘鹏云《画禅室随笔》节选条屏	Y27995	书法	中华民国	甘鹏云	纸	屏	128.0	31.0	2	中度
40	中华民国佚名行书《动静交相养赋》节选书屏	Y27976	书法	中华民国	佚名	纸	屏	151.0	41.0	4	中度
41	中华民国钟崇德金文龙敦铭文条屏	Y28032	书法	中华民国	钟崇德	纸	屏	163.0	46.0	4	重度
42	清周樾亭行书《舟中望金陵》书轴	Y28003	书法	清	周樾亭	纸	条幅	122.0	28.0	1	中度
43	中华民国徐伯刚金文史燕簋铭文书轴	Y28031	书法	中华民国	徐伯刚	纸	条幅	99.0	30.0	1	中度
44	清何维朴行书“鱼下碧谭当镜跃”对联	Z682	书法	清	何维朴	纸	对联	130.0	32.0	2	重度
45	中华民国澹禅行书“我欲濯缨来此处”对联	Y28004	书法	清	澹禅	纸	对联	128.0	32.0	2	中度
46	清左宗棠行书“养气不动真豪杰”对联	Z683	书法	清	左宗棠	纸	对联	131.0	33.0	2	重度
47	清光绪杨守敬行书“独骑瘦马踏残月”对联	Z680	书法	清	杨守敬	纸	对联	123.0	30.0	2	中度
48	清张盛藻行楷“薛引山阴荷抽水荩”对联	Y28024	书法	清	张盛藻	纸	对联	169.0	36.0	2	重度
49	中华民国黄泽民“天中是五月五日”对联	Y27993	书法	中华民国	黄泽民	纸	对联	146.0	30.0	2	重度
50	清杨守敬行书《丹铅总录》等节选条屏	Z679	书法	清	杨守敬	纸	屏	175.0	46.0	3	中度
51	寄尘轩主行书七言诗条屏	Y27983	书法		周尘轩	纸	屏	138.0	38.0	1	中度
52	清何绍基行书“园林到日酒初熟”对联	Y27990	书法	清	何绍基	纸	对联	104.0	31.0	2	中度
53	清易东岩水墨写意鸟兽图条屏	Y28026	绘画	清	易东岩	纸	画屏	104.0	34.0	4	重度
54	中华民国吴松龄写意设色秋山红树图轴	Y27997	绘画	中华民国	吴松龄	纸	画屏	171.0	45.0	1	重度

序号	文物名称	藏品总登记号	种类	年代	作者	材质	修复前形制	画心			病害程度
								尺寸（cm）		数量	
								纵	横		
55	中华民国吴松龄水墨雪景图轴	Y27982	绘画	中华民国	吴松龄	纸	画屏	171.0	45.0	1	中度
56	清徐友松设色写意竹石图轴	Y28028	绘画	清	徐友松	纸	画屏	174.0	45.0	1	中度
57	清何兰田设色山水人物图轴	Y27994	绘画	清	何兰田	纸	画屏	41.0	160.0	1	中度
58	中华民国黄介青设色花鸟图等书画集锦轴	Y27980	绘画	中华民国	黄介青	纸	条幅	89.0	27.0	1	中度
59	中华民国张佩绅《宝晋英光集》节选条屏	Y28011	书法	中华民国	张佩绅	纸	屏	139.0	39.0	2	重度
60	曾答舟水墨莲花图轴	Y27987	绘画		曾答舟	纸	条幅	111.0	28.0	1	重度
61	清光绪戊戌年刘晖水墨山水图轴	Y28002	绘画	清	刘晖	纸	画屏	133.0	33.0	1	重度
62	中华民国庚寅年费见田墨石图轴	Y28012	绘画	中华民国	费见田	纸	画屏	116.0	27.0	1	重度
63	中华民国徐昌寿设色山水图轴	Y28001	绘画	中华民国	徐昌寿	纸	画屏	135.0	38.0	1	中度
64	彝山僧墨竹图轴	Y28007	绘画		彝山僧	纸	画屏	164.0	46.0	1	重度
65	清钱世椿设色花鸟图轴	Y27996	绘画	清	钱世椿	纸	画屏	171.0	45.0	1	重度
66	清方绍廉写意设色花鸟条屏	Y27989	绘画	清	方绍廉	纸	画屏	132.0	32.0	2	重度
67	清向应桂行书杜甫《戏题画山水图歌》条屏	Y28009	书法	清	向应桂	纸	屏	87.0	32.0	3	中度
68	清光绪丁酉年何维朴行书条屏	Y28010	书法	清	何维朴	纸	屏	148.0	39.2	3	中度
69	中华民国蔗翁行草孙过庭《书谱》节选条屏	Y28020	书法	中华民国	蔗翁	纸	屏	179.0	46.0	3	中度
70	清光绪十九年方绍廉设色拟华秋岳图条屏	Y28021	绘画	清	方绍廉	纸	画屏	173.0	44.0	3	中度
71	清光绪五年陈添成之祖父母诰命圣旨	Z514	书法	清		绫	诰命	30.0	269.0	2	中度
72	清彭聚星绢本墨竹图轴	Y27999	绘画	清	彭聚星	绫	画	92.0	41.0	1	中度
73	中华民国程嵒绢本设色工笔罗汉图轴	Y28030	绘画	中华民国	程嵒	绢	中堂	123.0	59.0	1	重度
74	清光绪五年陈添成之曾祖父母诰命圣旨	Z813	书法	清		绫	诰命	30.0	294.0	1	中度

表 2-2　第二批书画基本信息表

序号	文物名称	藏品总登记号	种类	年代	作者	材质	修复前形制	画心 尺寸（cm）		画心 数量	病害程度
								纵	横		
1	清郭崑焘行书跋谢师厚书纨扇面	Y28401	书法	清	郭崑焘	绢质	扇面	25	21	1	中度
2	清陈少石行书纨扇面	Y28399	书法	清	陈少石	纸	扇面	25	23	1	中度
3	清顾嘉衡行书跋瘗鹤铭纸扇面	Y28398	书法	清	顾嘉衡	纸	扇面	48	16	1	重度
4	清魏念乔隶楷七言纸扇面	Y28397	书法	清	魏念乔	纸	扇面	49	17	1	中度
5	清黄懋荣《文心雕龙》片段折扇面	Y28394	书法	清	黄懋荣	纸	扇面	50	16	1	中度
6	清叶道本三人采菊图	Y28393	绘画	清	叶道本	纸	册页	30	32	1	重度
7	中华民国吴丹崖水彩花卉条幅	Y28392	绘画	中华民国	吴丹崖	纸	条幅	42	104	1	中度
8	中华民国徐北冈花鸟图轴	Y28390	绘画	中华民国	徐北冈	纸	图轴	32	131	1	中度
9	中华民国杜炳南颜真卿文选节抄屏轴	Y28389	书法	中华民国	杜炳南	纸	屏轴	40.5	151	8	重度
10	清杨守敬碑体“蒙县远情题象注”对联	Z809	书法	清	杨守敬	纸	对联	39	149	2	中度
11	清程之桢行书颜真卿《让宪部尚书表》轴	Y28388	书法	清	程之桢	纸	书轴	44.5	171	1	中度
12	中华民国许达中水墨花鸟屏轴	Y28387	绘画	中华民国	许达中	纸	屏轴	45	171	2	重度
13	中华民国程品山设色苏武牧羊等人物屏轴	Y28386	绘画	中华民国	程品山	纸	屏轴	36.5	93.5	4	中度
14	清徐守伸墨竹图三条屏	Y28384	绘画	清	徐守伸	纸	条屏	42	150	3	重度
15	清陶廷琡行楷《东观余论》节选轴	Z812	书法	清	陶廷琡	纸	书轴	44.5	170	1	中度
16	清文运行书《裴子语林》节选轴	Z810	书法	清	文运	纸	书轴	44.5	171	1	中度
17	清王柏心行草七言诗轴	Z811	书法	清	王柏心	纸	书轴	44.5	173.5	1	中度
18	中华民国兰溪设色花鸟图轴	Y28383	绘画	中华民国	兰溪	纸	画轴	40	104	1	重度
19	中华民国沈次刚题赠九叠篆太子太保总镇关防秦良玉印轴	Y28382	书法	中华民国	沈次刚	纸	条幅	22	56	1	微损
20	中华民国徐伯刚设色白鹿兽阁画轴	Y28380	绘画	中华民国	徐伯刚	纸	画轴	65	134	1	重度

序号	文物名称	藏品总登记号	种类	年代	作者	材质	修复前形制	画心尺寸（cm）		数量	病害程度
								纵	横		
21	清乾隆二年庄琦水墨仕女图轴	Y28378	绘画	清	庄琦	纸	图轴	67.5	134	1	中度
22	清端秀设色米竹图轴	Y28377	绘画	清	端秀	绢质	图轴	46.5	113	1	濒危
23	清邓传密隶书《读书赋》节选屏轴	Z808	书法	清	邓传密	纸	屏轴	31	121	4	中度
24	清叶道本山水人物四条屏	Z807	绘画	清	叶道本	纸	条屏	35	135	4	濒危
25	中华民国吴光新“中原其自主”楷书对联	Y28374	书法	中华民国	吴光新	纸	对联	46	180	2	中度
26	中华民国邹大权行书《谏太宗十思疏》节抄书轴	Y28373	书法	中华民国	邹大权	纸	书轴	41	93	1	中度
27	清竹溪和尚水墨竹画图轴	Y28372	绘画	清	竹溪和尚	纸	图轴	45	163	1	重度
28	清钱梅桥设色虎拜杨休图卷	Y28371	绘画	清	钱梅桥	纸	图卷	180.5	95	1	濒危
29	清孙焕水墨牛郎织女图卷	Y28370	绘画	清	孙焕	纸	图卷	167	89.5	1	重度
30	清刘少芸设色芦雁图轴	Y28369	绘画	清	刘少芸	纸	图轴	40	72	1	重度
31	清董衍秀以奉箐兄以释草书书卷	Y28368	书法	清	董衍秀	纸	书卷	167	94	1	濒危
32	清范树滋仿板桥先生水墨竹画图轴	Y28366	绘画	清	范树滋	纸	图轴	43	167	4	濒危
33	清谢榛篆书随所住处恒安乐横披	Y28365	书法	清	谢榛	纸	横披	160	29	1	中度
34	中华民国张盖华水墨菊梅图轴	Y28363	绘画	中华民国	张盖华	纸	图轴	41	148	4	中度
35	清蒋庭锡设色花鸟图轴	Y28362	绘画	清	蒋庭锡	纸	图轴	20	129	1	中度
36	当代王臣设色山水人物图轴	Y28369	绘画	当代	王臣	绢质	图轴	41.5	165	1	重度
37	中华民国谭国霖水墨花卉条屏	Y28357	绘画	中华民国	谭国霖	纸	条屏	140.3	30.9	2	濒危
38	清谭子元设色山水人物图条屏	Y28356	绘画	清	谭子元	纸	条屏	40	149	4	中度
39	清孟秉钧仿北宋徐崇嗣设色条屏	Y28354	绘画	清	孟秉钧	纸	条屏	31	132	4	重度
40	仿元赵孟頫设色人物牧马条屏	Y28353	绘画		赵孟頫	绢质	条屏	34	79	4	重度
41	清潘祖荫行书节抄《岳阳楼记》条屏	Y28352	书法	清	潘祖荫	纸	条屏	31	120	1	濒危
42	清杨守敬“奔流到海河之曲”对联	Y28351	书法	清	杨守敬	纸	对联	31	133	2	濒危

序号	文物名称	藏品总登记号	种类	年代	作者	材质	修复前形制	画心尺寸（cm）纵	画心尺寸（cm）横	数量	病害程度
43	清王文治行书米芾《虹县旧题云》诗抄条幅	Y28350	书法	清	王文治	纸	条幅	36	146	1	中度
44	中华民国徐松青水墨写意图轴	Z806	绘画	中华民国	徐松青	纸	图轴	34	81	1	中度
45	清饶敦秩“六朝人多攻词翰”对联	Z805	书法	清	饶敦秩	纸	对联	32.5	130	2	中度
46	清尹济源行书“尽捲簾旌延竹色”对联	Z804	书法	清	尹济源	纸	对联	29	125	2	重度
47	清杨守敬“竹筍进阶抽兕角”对联	Z803	书法	清	杨守敬	纸	对联	33.5	122	2	中度
48	清章鋆行书“山海文章苏玉局”对联	Y28347	书法	清	章鋆	纸	对联	30	127	2	中度
49	中华民国王步点隶书白居易《三游洞序》条屏	Y28344	书法	中华民国	王步点	纸	条屏	40.6	150.8	1	重度
50	中华民国江国栋行书“花亦醉人何必酒”对联	Y28341	书法	中华民国	江国栋	纸	对联	40	140	2	濒危
51	中华民国钱兰溪设色花鸟图	Y28340	绘画	中华民国	钱兰溪	纸	画页	42.5	85	8	重度
52	清张承锡等楷隶行金书山谷先生跋扇面	Y28402	书法	清	张承锡	绢质	扇面	24	24	1	中度
53	中华民国权敬臣行书条屏	Y28376	书法	中华民国	权敬臣	纸	条屏	44	170	1	微损
53	中华民国孙绍�草书节录孙过庭《书谱》书轴	Y28375	书法	中华民国	孙绍枬	纸	立轴	45	173	4	濒危
54	中华民国权敬臣行书条屏	Y28376	书法	中华民国	权敬臣	纸	条屏	44	170	1	微损
55	清陈光绩行书庄子《秋水篇》节抄条屏	Y28361	书法	清	陈光绩	纸	画心	40	150	1	中度
56	中华民国程嵒设色刘关张人物图轴	Y28379	绘画	中华民国	程嵒	纸	立轴	66	91	1	中度
57	清钱世椿松鹤画折扇面	Y28400	绘画	清	钱世椿	蜡笺	扇面	55	34	1	微损

第二节　书画价值综述

抗战初期，宜昌是从沿海撤往重庆最便捷的途径。由于战时交通工具短缺，许多人不得已在宜昌滞留等待，其中也包括了一些文化名人。滞留期间，因物资匮乏致使许多人以书画和典籍换取生活用品，宜昌博物馆书画藏品很多来源于此（详见《宜昌大撤退——图文志》贵州人民出版社）。这批保护修复的书画中包含有明、清至中华民国时期许多著名书画家、达官显贵及部分宜昌本地名流的作品。

张居正（1525 ~ 1582），湖广江陵人。字叔大，少名张白圭，又称张江陵，号太岳，谥号“文忠”。明代政治家，改革家。嘉靖二十六年（1547）进士，由庶吉士至翰林院编修。隆庆元年（1567）任吏部左侍郎兼东阁大学士。后迁任内阁次辅，为吏部尚书、建极殿大学士。隆庆六年，万历皇帝登基后代高拱为首辅，辅佐万历皇帝进行了“万历新政”，使原已垂危的大明王朝生命得以延续，具有重大的历史功绩。明代后期，书法诸家纷争并立，书风渐趋狂放，抒发个性，而首辅大学士张居正因位高权重而书以人重，凭借其雄健、奔放而奇逸的书风在当时占有一定的地位。馆藏《明张居正行书书轴》，笔力矫健，结体奇崛，极见功力。

清初绘画艺术，以四王为代表的“正统派”，致力于摹古，强调笔墨技法，追求平和的意境，讲究笔墨趣味，馆藏杨晋作品体现了这一特点。清中期，以“扬州八怪”为领袖的“扬州画派”，则借画抒发郁闷的心胸，比拟清高的人品，形式上不拘一格，馆藏金农、黄慎、闵贞及闵志父子画作为研究“扬州画派”的艺术特点提供了佐证。清末中华民国时期，“海上画派”画家最先接受维新思想和外来文化，对传统中国画进行大胆的改革和创新，作品体现时代生活气息，融合外来艺术技法因素，影响直至当代，从馆藏胡公寿、方绍廉等人作品即可管窥“海派”绘画的风格。

杨晋（1644 ~ 1728），字子和，一字子鹤，号西亭，自号谷林樵客、鹤道人，又署野鹤，江苏常熟人，为王翚入室弟子，尝与绘圣祖南巡图。馆藏《清杨晋设色工笔山水图条屏》，画境景物颇工，夕阳芳草，田园牧野宛然在目。

闵贞（1730 ~ 1788），字正齐，江西南昌人，侨居汉口镇，曾流寓扬州，扬州八怪之一。其画学明代吴伟，善画山水、人物、花鸟，多作写意，偶有工笔之作。馆藏《清乾隆十二年闵贞设色渔翁童子图轴》，所画人物，笔墨奇纵，衣纹流畅，顿挫有法，形神逼肖。

闵志，字专甫，号广济布衣，闵贞子，祖籍江右，迁居汉口，善写意人物。馆藏《清闵志设色仙人图轴》笔墨拙朴，能传家学。

胡公寿（1823 ~ 1886），华亭（今上海市松江）人。清代书画家。初名远，号小樵、瘦鹤、横云山民，以字行，寓上海。工画山水、兰竹、花卉。为海上画派代表画家之一。馆藏《清胡公寿水墨梅兰竹石图条屏》，集古今诸家之妙，自成一格，典雅秀美，淋漓酣畅。

彭聚星(1854～1922)，字云伯，一字云石，号绿筠庵居士，重庆市云阳县城厢西坪人(今云阳镇)，光绪十四年中举，学部专门司候补主事，工书画，一生好画竹石。其书法篆、隶、楷、草四体皆具，对指书也颇有研习。馆藏《清彭聚星绢本墨竹图轴》，用笔瘦劲秀拔，寥寥数笔，就将一丛修竹勾勒得栩栩如生。

钱鸿（生卒年不详），字雪桥，湖北武昌人。宦蜀，工画花卉翎毛，取法邹一桂。馆藏《清钱鸿设色花鸟图条屏》及《清钱鸿泥金笺本设色花鸟图团扇面册页》，笔下花卉、鸟虫形神俱备。

黄云（生卒年不详），江南泰州人，字仙裳，号旧樵。为人慷慨，幼时赴试，为知府陈素所赏识，后陈素受枉下狱破家，黄云售田得金，尽以赠陈。馆藏《清黄云绢本金笔菊花图团扇面册页》，画面自然，趣味生动，小品中体现大境界，绘画功底非同一般。

方绍廉（生卒年不详），字炳南，四川梁山人，善画花卉。馆藏《清方绍廉写意设色花鸟条屏》《清光绪十九年方绍廉设色拟华秋岳图条屏》，笔间蓬勃，生动有逸趣，深得朱熊笔法精髓。

曹逸如（生卒年不详），安徽人。从张善孖、张大千兄弟游，锲而不舍者二十年，所写山水花鸟，人物走兽，无一不工，能独辟蹊径。馆藏《中华民国曹逸如设色猛虎图轴》，作品精妙沉雄，尤著神韵。

叶道本（生卒年不详），清代画家，擅画人物画，特别是仕女画。他笔下的仕女，多采用白描手段，上述宋代院画的富丽，下承西画光影和透视的影响，颇具有艺术表现力。馆藏《清叶道本山水人物四条屏》《清叶道本三人采菊图》，画面丰满，人物刻画惟妙惟肖，透视感强烈。

清代书法前期以帖书和行草书为主流，盛行馆阁体。晚清碑学一统天下，甲骨文、金文、篆书、隶书均获得空前发展，给书法艺术带来了全新的感受和笔墨意境。清末民初，在对碑学进行质疑、反思甚至批评的过程中，许多书家倾向于在碑帖之间求取活路。以碑之雄强救帖之靡弱，成为流行一时的话语，许多帖学家都在书写中掺入碑法；同理，以帖之灵活救碑之板滞也渐成共识。与此同时，考古发现了大量的甲骨文、钟鼎文、简牍书，并有敦煌遗书、汉魏六朝碑版不断出土。这些出土书迹拓展了书家的眼界，同时也成为书家的临摹对象，影响了整个中华民国书法的发展方向。这些时代特征在宜昌博物馆馆藏书法文物中得到充分体现。

邓传密（1795～1870），原名尚玺，字守之，号少白，安徽怀宁人。邓石如之子，曾从清代名士李兆洛(字申耆)学，晚入曾国藩幕。敦朴能诗，篆、隶有家法，为清代书法家，学者。馆藏《清邓传密隶书〈读书赋〉节选屏轴》，字体丰满，笔意古拙，得汉唐神韵。

何绍基（1799～1873），字子贞，号东洲，别号东洲居士，晚号蝯叟。湖南道州（今道县）人。道光十六年进士。历主山东泺源、长沙城南书院。晚清诗人、画家、书法家。馆藏《清何绍基行书“园林到日酒初熟”对联》，笔意纵逸超迈，时有颤笔，醇厚有味。

左宗棠（1812 ~ 1885），字季高，一字朴存，号湘上农人。晚清重臣，军事家、政治家、著名湘军将领、洋务派首领。左宗棠少年时屡试不第，后转而留意农事，遍读群书，钻研舆地、兵法。后竟因此成为清朝后期著名大臣，官至东阁大学士、军机大臣，封二等恪靖侯。一生经历了湘军平定太平天国运动，洋务运动，平叛陕甘同治回变和收复新疆维护中国统一等重要历史事件。馆藏行书对联《清左宗棠行书“养气不动真豪杰”对联》，笔墨浓淡相宜，结字雍容端正，整体气脉灵动，痛快淋漓。

恽彦彬（1838 ~ 1920），字次远，号樗园老人，江苏阳湖（今常州）人。近代书法家，同治十年进士，累官至工部右侍郎，光绪二十年督学广东，及任满乞假返里。诗文书画俱能。馆藏《清恽彦彬行书董其昌〈画旨〉节选扇面册页》，姿态秀美，而丰神静逸，不染尘氛。

何维朴（1842 ~ 1922），清末山水画大家、书法家、收藏家、鉴赏家。字诗孙，晚号盘止，一号盘叟，又号秋华居士，又曰晚遂老人，湖南道县人。清代大书画家何绍基之孙。同治六年（1867）副贡，官内阁中书，清末任上海浚浦局总办。工书、画，晚寓上海盘梓山房，以此自给。画以山水著称，对于古画之鉴别尤精；书摹其祖绍基，亦得其神似。馆藏《清光绪丁酉年何维朴行书条屏》《清何维朴行书“鱼下碧谭当镜跃”对联》，书法秀润畅达，有清刚之气。

李学曾（1874 ~ 1934），字子和，号鲁斋，天津大直沽人，秀才出身，是清末民初天津著名书法家，与华世奎齐名。李学曾通临历代各家书法碑帖，远学王羲之，近取赵孟頫，博采众长，作品自成一派，小楷尤有造诣。他讲求笔架结构，笔势雄健，方圆兼施，回转浑深，气势磅礴，字形结体内紧外拓，内含筋骨，秀润飘逸。馆藏《清李学曾行书“心却尘机明至道”对联》，书法意在笔先，力透纸背，自然挺拔，功力深厚。

黄泽民（1893 ~ 1936），广东信宜茶山村人，少将军衔。担任蒋介石的侍从、侍从武官、侍从室少将组长。1936 年 12 月病卒于南京。馆藏篆书《中华民国黄泽民“天中是五月五日”对联》。

宜昌博物馆还收藏有本地名儒王柏心、杨守敬、甘鹏云、王步点、程之桢、吴松龄等人的作品。

王柏心（1799 ~ 1873），字子寿，号螺洲，湖北监利人。道光二十四年进士，官刑部主事，晚主荆南书院，以能文称。善画，尤喜画兰。卒年七十五。著《子寿诗钞》《螺洲近稿》等。馆藏《清王柏心行草七言诗轴》，笔法灵动，气势连贯。

杨守敬（1839 ~ 1915），字惺吾，号邻苏，湖北宜都人。清末著名历史地理学家、金石学家、目录版本学家、书法家和大藏书家。杨守敬的书法、书论驰名中外，于楷、行、隶、篆、草诸书俱长，撰有《楷法溯源》《评碑记》《学书迩言》等多部书论专著。在日本期间，杨守敬以精湛的汉字书法震惊东瀛，折服了许多书道名家。他还应邀讲学、交流书艺，且收录弟子，在当时的日本书道界括起了一股“崇杨风”，其影响至今犹存。馆藏《清光绪戊申年杨守敬隶书“异花万本欢喜园”对联》《清光绪杨守敬行书“独骑瘦马踏残月”对联》《清杨守敬行书〈丹铅总录〉等节选条屏》等，纯朴古拙，得自然之趣，整体章法一气呵成，气势贯通。

甘鹏云（1861 ~ 1940），近代著名藏书家、学者。字药樵，号翼父，别号耐公、耐翁，晚号息园居士，湖北潜江人。1903 年中进士，此后废除科举，遂有“末科进士”之称。始授工部主事衔，入进士馆学政治法律三年。1906 年留学日本早稻田大学，归国任度支部主事、黑龙江财政管理官、吉林财政官。辛亥革命后，应熊希龄之聘，任吉林国税厅筹备处长等职。1917 年告归居北京。馆藏《中华民国甘鹏云〈画禅室随笔〉节选条屏》，笔法流畅，字体骨气充盈，清雅脱俗。

王步点（1863 ~？），名志沂，号浴生，笔名峡江老渔，清同治二年出生于宜昌，王步点曾为前清拔贡，国学深厚，他一生笃信孔子，立身教学，学而不厌，诲人不倦。1895 年在宜昌南正街最早创办九字学校，1923 年又办九同平民小学校，前后执教 40 余年，学生数百人。馆藏《中华民国王步点隶书白居易〈三游洞序〉屏条》，书法蚕头燕尾，转承自如。

程之桢（生卒年不详），黄州名士，字维周，湖北江夏人。咸丰元年举人，官黄冈教谕。馆藏《清程之桢绢本行书苏轼〈新岁展庆帖〉等节选扇面册页》，书法豪迈俊逸、苍劲有力。

吴松龄（生卒年不详），字鹤汀，号伴鹤山樵，湖北江夏人。擅山水，为一代名家。馆藏《中华民国吴松龄写意设色秋山红树图轴》《中华民国吴松龄水墨雪景图轴》师法宋元，笔墨严谨，萧疏苍秀。

此外，这批书画中还有两幅清光绪年间的诰命圣旨，圣旨采用典型的五色绫制成，内容为皇帝对有功之臣陈添成的祖父母、曾祖父母进行追封诰赠，圣旨字迹端庄，格式规整，辞藻华丽，是同时代圣旨文物的典型代表。

总之，这批保护修复的书画文物自身蕴含了重要的艺术价值，同时生动地反映了其所属时代政治、文学、宗教、生产生活、民风民俗等诸多方面的社会风貌，具有丰厚的历史文化价值。

第三章 病害情况

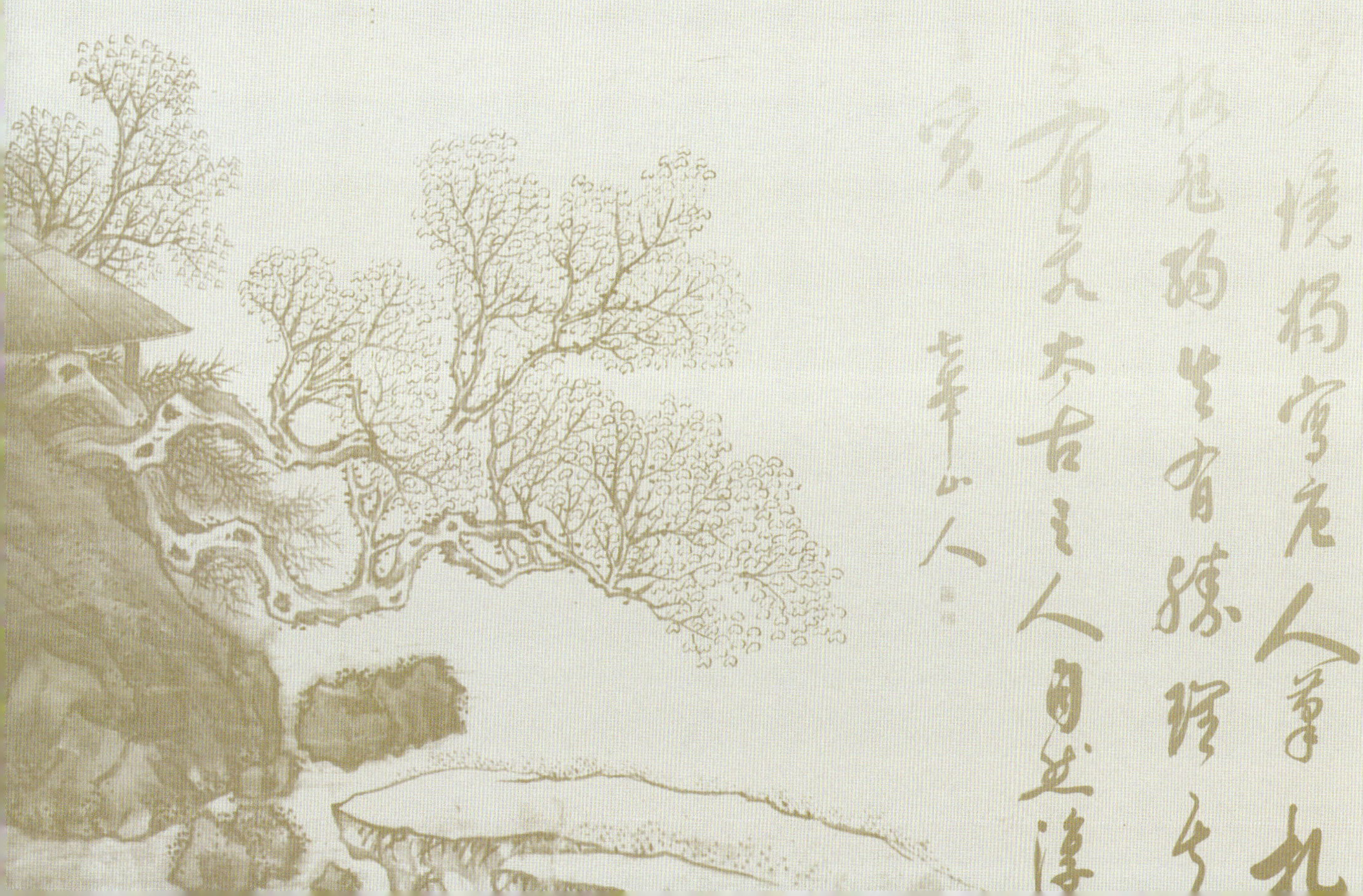

第一节　病害种类

参照《中华人民共和国文物保护行业标准 馆藏纸质文物病害分类与图示 WW/T 0026-2010》《中华人民共和国文化行业标准 古籍特藏破损定级标准 WH/T 22-2006》，这批书画典型病害主要有折痕、断裂、残缺、污渍、动物损害、微生物损害、脱壳、脆化、变色等。

一、折痕

外力在画心上形成的线状痕迹（图 3-1）。

二、断裂

画心局部断开，相互无连接（图 3-2）。

三、残缺

画心局部缺失（图 3-3）。

四、污渍

文物由于外界原因形成的污染，包括水渍、油渍和灰尘等（图 3-4）。

五、微生物损害

微生物的滋长对画心造成的损害（图 3-5）。

六、动物损害

昆虫、鼠类等动物活动对画心造成的污染或损害（图 3-6）。

七、变色

画心上的颜料（各种天然及合成的绘画书写材料）及颜料载体（纸张、纺织品等）颜色发生改变（图 3-7）。

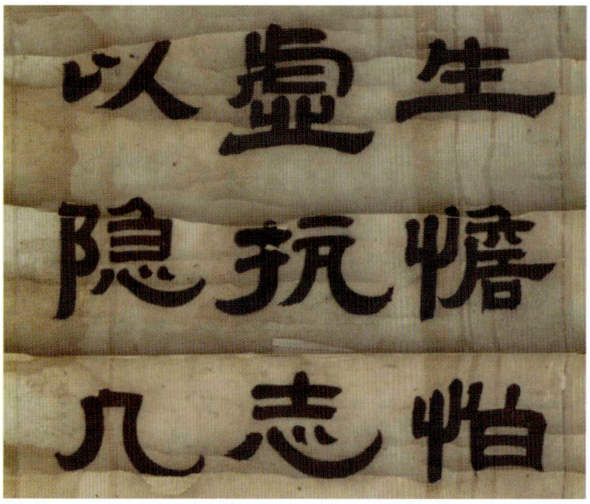

图 3–1　折痕（Z808 清邓传密隶书《读书赋》节选屏轴）

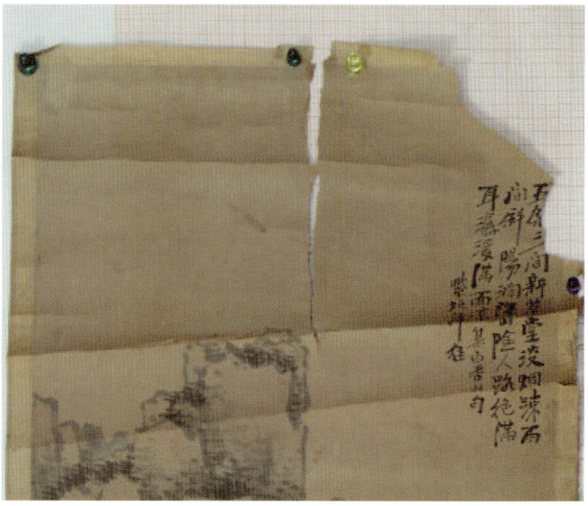

图 3–2　断裂（Y28356 清谭子元设色山水人物图屏条）

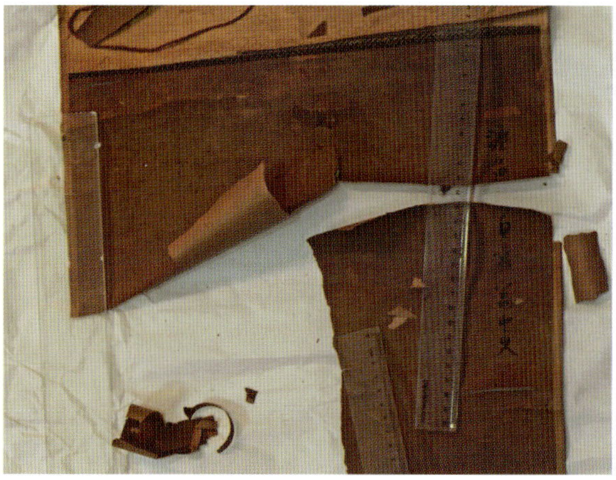

图 3–3　残缺（Z807 清叶道本山水人物条屏）

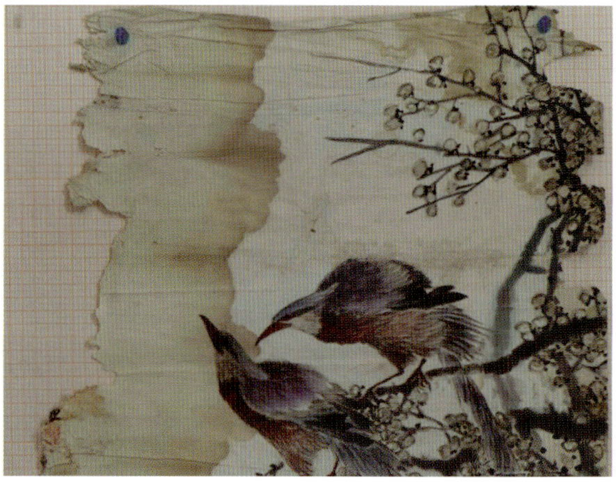

图 3–4　污渍（Y28340 中华民国钱兰溪设色花鸟图）

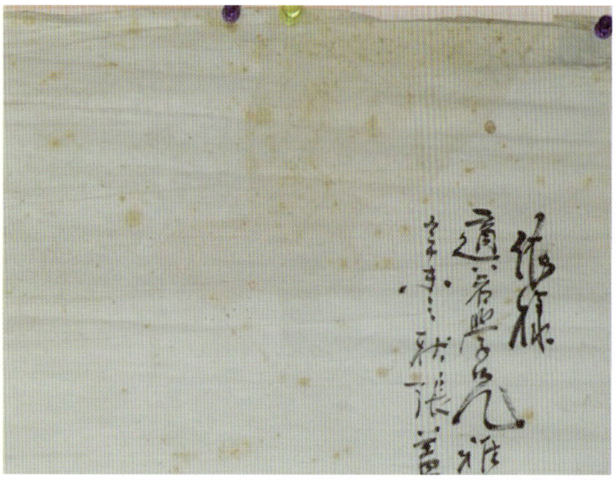

图 3–5　微生物损害
（Y28363 中华民国张盖华水墨菊梅四条屏图轴）

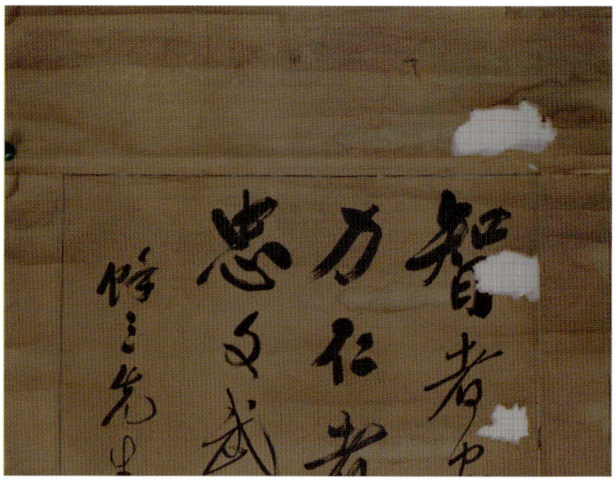

图 3–6　动物损害
（Y28373 中华民国邹大权行书《谏太宗十思疏》节抄书轴）

八、脆化

画心上的颜料载体（纸张、纺织品等）、颜料酥松易碎（图 3–8）。

九、脱壳

画心与裱褙局部分离（图 3–9）。

图 3–7　变色（Y28386 中华民国程品山设色苏武牧羊等人物四条屏轴）

图 3–8　脆化（Y28354 清孟秉钧仿北宋徐崇嗣设色屏条）

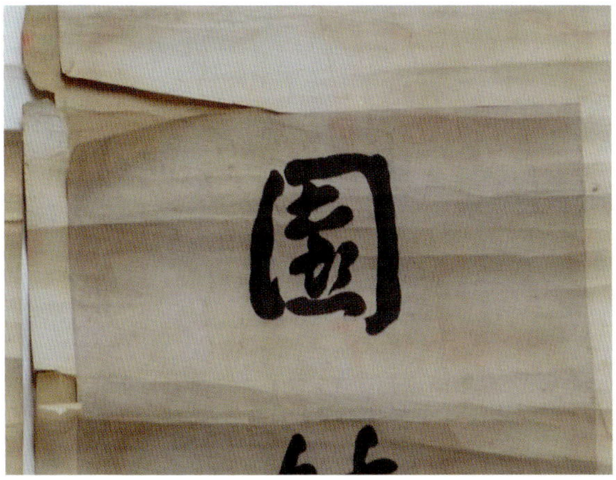

图 3–9　脱壳（Y27990 清何绍基行书“园林到日酒初熟”对联）

第二节　病害检测

这批书画脆化严重，部分书画无法展开，因此，找出脆化原因是保护修复的前提。

一、样品采集与制备

所有检测样品均选取自然脱落的且不含图案、文字内容的残片。在 5 幅采集样品的书画中（见表 3-1），共取得 10 个实验样品（见表 3-2）。其中选取的藏品总登记号为 Y28197（样品编号 487）的《清陶分设色山水图轴》并未出现脆化，此次保护工作并未涉及，选取其为检测样品的目的是与其他脆化的书画作对比。

将选取样品贴于样品台上喷金后，用扫描电子显微镜及能谱仪（SEM — EDS）观察检测；使用显微镜观察纸张纤维形态之前，先按照实验要求制备纤维试片，纤维试片制备选用碘—氯化锌为染色剂。

表 3-1　宜昌博物馆馆藏书画样品采集信息

序号	文物名称	文物编号	年代	保存状况	取样编号
1	清黄汲浦墨竹图条屏	Y28005	清	折痕、断裂、脆化	177hx,177b1
2	清杨守敬行书《丹铅总录》等节选条屏	Z679	清	污渍、折痕、断裂、残缺、脆化	352hx,352b1
3	清陶分设色山水图轴	Y28197	清	污渍	487hx,487b1
4	中华民国庚寅年费见田墨石图轴	Y28012	清	折痕、断裂、残缺、脆化、动物损害	516hx,516b1
5	清彭聚星绢本墨竹图轴	Y27999	清	折痕、断裂、残缺、脆化	604hx,604b1

表 3-2 宜昌博物馆馆藏书画样品检测信息

序号	样品号	质地	取样部位	检测内容
1	177hx	纸	脱落残片提取画心	SEM-EDS
2	177b1	纸	脱落残片提取裱料	SEM-EDS
3	352hx	纸	脱落残片提取画心	纤维形貌、SEM-EDS
4	352b1	纸	脱落残片提取裱料	SEM-EDS
5	487hx	纸	脱落残片提取画心	纤维形貌、SEM-EDS
6	487b1	纸	脱落残片提取裱料	SEM-EDS
7	516hx	纸	脱落残片提取画心	纤维形貌、SEM-EDS
8	516b1	纸	脱落残片提取裱料	SEM-EDS
9	604hx	纸	脱落残片提取画心	SEM-EDS
10	604b1	纸	脱落残片提取裱料	纤维形貌、SEM-EDS

二、仪器与条件

显微镜与造纸纤维测量仪：选用珠海华伦造纸科技有限公司生产 XWY-VI 型造纸纤维测量仪；扫描电子显微镜和能谱仪（SEM-EDS）：选用日立公司 S-3600N 型扫描电镜（SEM），加速电压 20kv；EDAX 公司 Genesis2000XMS 型 X 射线能谱仪（EDS），工作电压 20kv，直接观察检测标本表面。

三、检测结果

1. 纸张纤维

从样品纤维形貌来看，无论是画心还是裱料，相较于未脆化的样品，脆化样品的纤维都存在不同程度的断裂，纤维长度较短，且普遍洁净度较低。以352号样品为例，其造纸原料为麻与草的混合，草的抗老化能力要低于麻，更容易脆化和老化，草纤维大多呈现出短碎状。

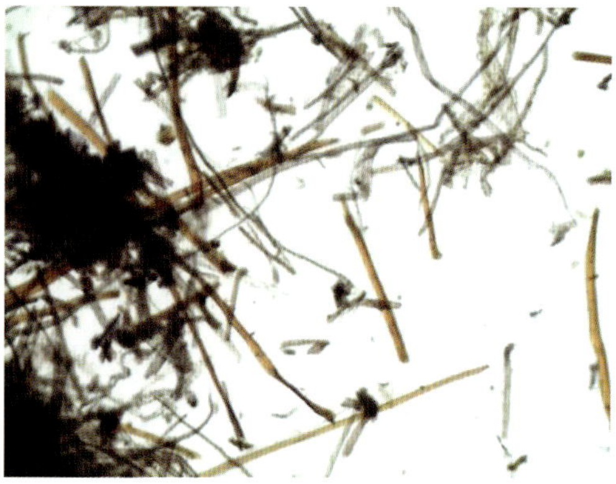

a. 样品352hx纸张纤维照片，画心的材料为麦草加麻。麻、草纤维均较短，尤其草纤维大量残碎，应为老化造成。

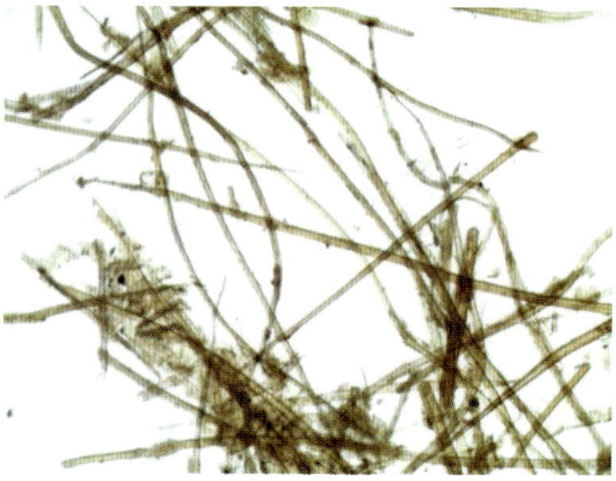

b. 样品487hx纸张纤维照片，画心材料为竹，属竹纸。洁净度较高，纤维较长。

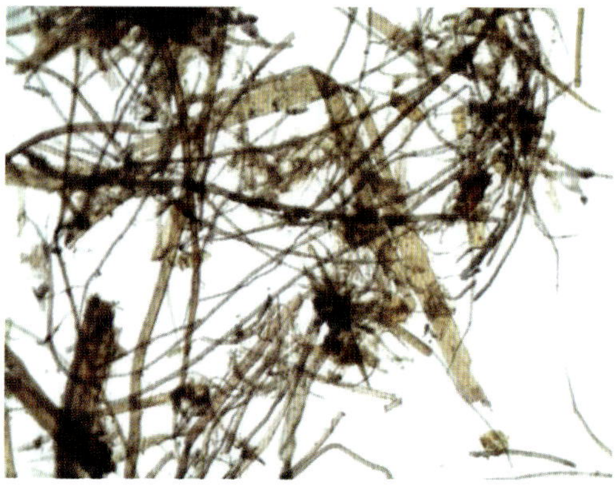

c. 样品516hx纸张纤维照片，画心的材料为竹。洁净度低，残断纤维较多。

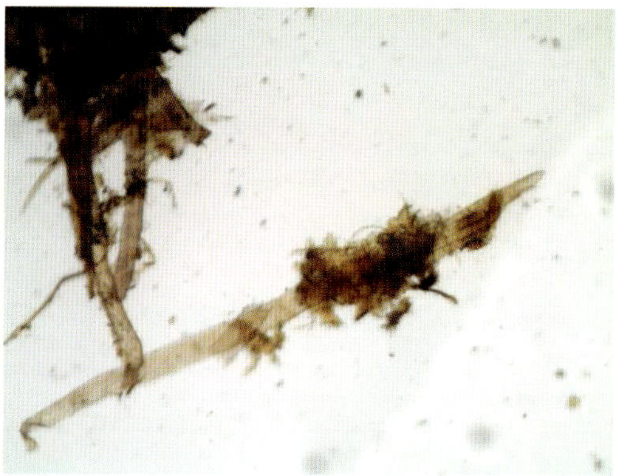

d. 样品516b纸张纤维照片，裱料材料为竹。洁净度低，纤维扁平，大量残断。

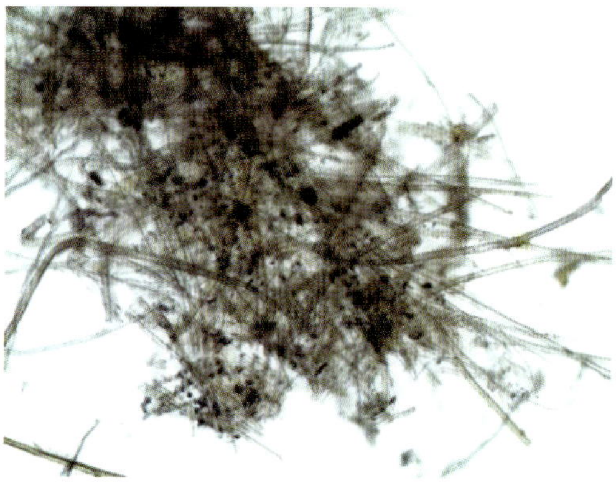

e. 样品604bl纸张纤维照片，裱料的材料为竹。洁净度低，大量纤维残断。

图3-10 样品纤维照片

2. 扫描电子显微镜与能谱仪分析

扫描电子显微照片显示，相较于未脆化的纸张，脆化的样品洁净度较低，表面均有大量颗粒状物质，且部分纤维中可见大量菌丝。此外，EDS结果（见表3-3）显示，脆化的纸质及绢质画心硫（S）、钙（Ca）的含量也较未脆化的纸张高。

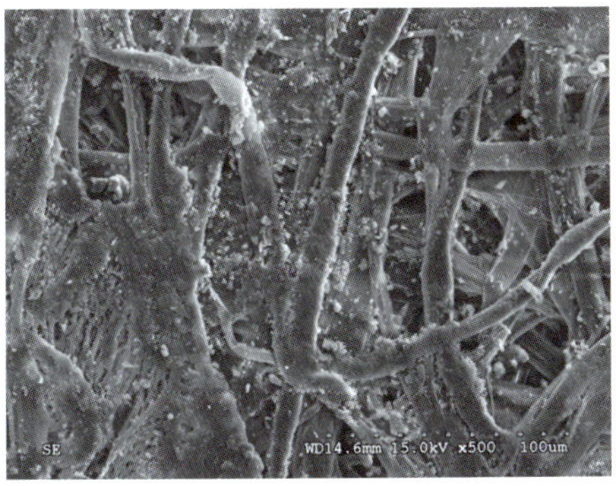

a. 样品177hx二次电子相照片。纤维间可见细小颗粒。

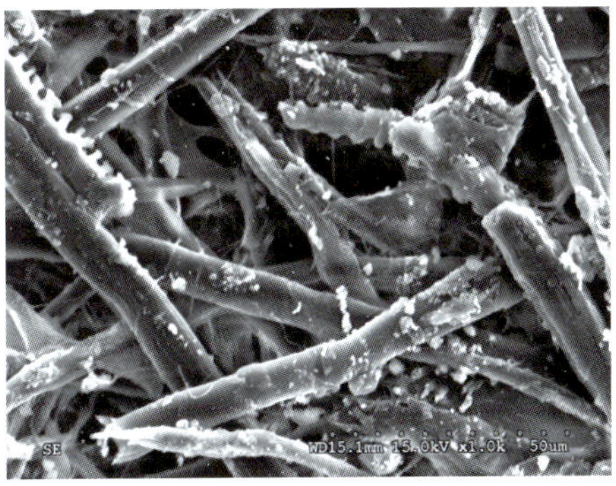

b. 样品352hx二次电子相照片。纸张洁净度低，可见大量菌丝，纤维表面有大量颗粒状物。

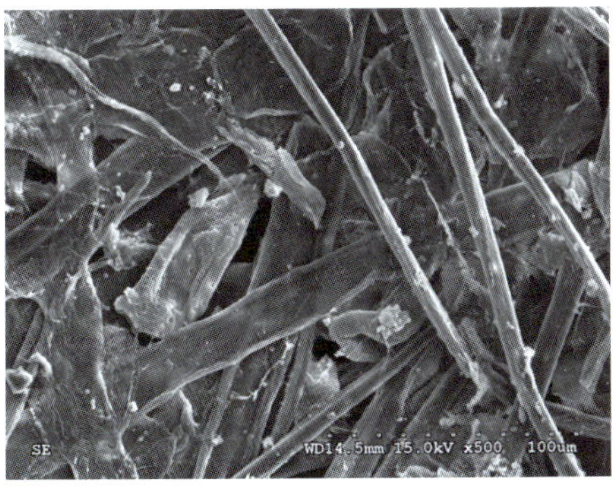

c. 样品487hx二次电子相照片。纸张较为洁净，未见大量颗粒状物。

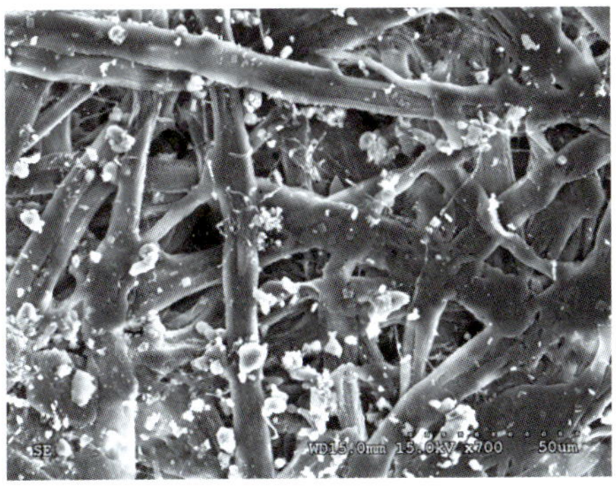

d. 样品516hx二次电子相照片。纸张洁净度低，纤维表面有大量颗粒状物。

e. 样品604hx二次电子相照片。纵横交错的绢质表面有大量颗粒状物。

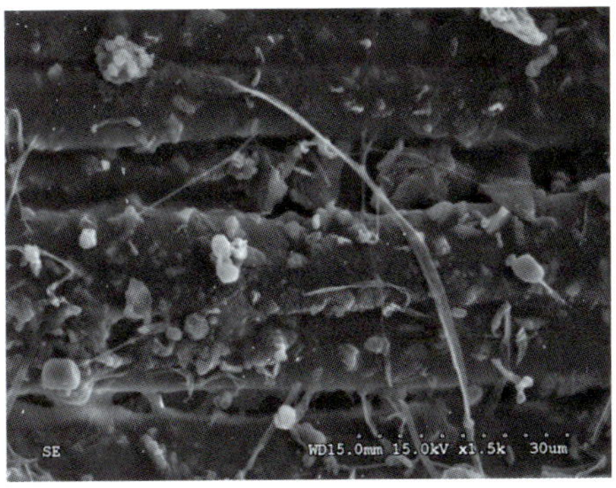

f. 样品604hx二次电子相照片。一些颗粒状物生长在纤维中。

图3-11 样品扫描电子显微镜照片

表 3-3　纸张 EDS 检测结果

样品号	Wt%							
	C	O	Al	Si	S	Ca	Mg	K
177hx	55.14	40.34	0.35	0.71	2.29	1.17		
352hx	56.03	37.93	0.41	2.29	1.77	1.56		
487hx	60.77	36.07	0.42	1.87	0.87			
516hx	54.66	36.76	0.73	1.62	3.36	1.88	0.35	0.65
604hx	59.54	30.92	0.7	1.91	3.42	2.36	1.15	

通过对样品表面颗粒物分析后发现，少量颗粒状物中铝（Al）含量较高，应为装裱时使用胶矾水所致。大量颗粒状物中硫（S）、钙（Ca）含量较高，可能为硫酸钙（$CaSO_4$）或亚硫酸钙（$CaSO_3$），推测是造纸时为增加纸张的白度而填入。但 604 号绢质画心样品表面同样存在硫（S）、钙（Ca）元素富集颗粒，且这些颗粒生长在纤维中，说明绢质表面的硫酸钙不是有意添加的。

书画传统装裱有时会用石灰水（$CaO+H_2O$）对画心漂洗去污，石灰水为碱性，当浓度较高且未清洗干净时会残留在纤维上。残留的 $Ca(OH)_2$ 具有吸湿性，会与空气中的二氧化碳（CO_2）、二氧化硫（SO_2）生成碳酸钙（$CaCO_3$）、亚硫酸钙和硫酸钙。亚硫酸钙和硫酸钙均具有较强的吸湿性，当空气湿度较大时，其吸收的水分也会促使纤维素水解。宜昌地处长江中游，属中亚热带季风性湿润气候，全年雨量充沛，空气湿度较高，纸质文物极易发生微生物病害。它们共同作用，造成纸张纤维素裂解，出现脆化现象。

四、结论

这批书画纸张表面洁净度低，生长有大量菌丝，纸张纤维断裂，脆化严重，急需保护。

第三节 病害原因分析

一、自然老化

纸主要由纤维素（$C_6H_{10}O_5$）n、半纤维素、木质素等成分组成。纤维素是纤维二糖脱水聚合而成的生物多糖，在阳光或空气的作用下发生氧化，其中葡萄糖残基的 C_2 原子和 C_3 原子上的羟基氧化生成羰基，导致纸张物理强度降低，泛黄、脆化、断裂、破损。其反应式为：

$$(C_6H_{10}O_5)n+H_2O \rightarrow (C_6H_{10}O_5)n' \rightarrow \text{完全水解} \rightarrow nC_6H_{10}O_5 \qquad (n'<n)$$

半纤维素是由带短支链的多糖和分子量比纤维素小的多糖组成的混合物，木质素是以苯丙烷为单元的结构复杂的芳香族聚合物，含有大量具有发色作用的羰基和芳香共轭结构的物质，在光照下更易被氧化为有色物质。因此，含有半纤维素、木质素的画心更易泛黄、脆化。

丝织品的主要材料是蚕丝。蚕丝是蚕体内绢丝腺分泌出液状绢凝固后形成的纤维物质，主要有丝素（约 70% ~ 75%）、丝胶（约 25% ~ 30%）及微量的蜡质、脂肪、色素及灰分等。丝素为纤维状蛋白，丝胶为非纤维状复合蛋白，同大多数蛋白质物质一样，遇到光和热会发生降解，从而使丝织品的拉伸强度、断裂伸长和弹性降低。阳光还可以使丝素肽链断裂、纤维变脆，使丝素蛋白中形成带芳香环的氨基酸残基酪氨酸与色氨酸发生光氧化变黄。这批书画纸张脆化严重，自然老化是最主要的原因。

二、生物破坏

造纸时加入的动物胶、淀粉、矾、树脂，装裱时使用的各种糨糊等有机物质，为霉菌、细菌和虫害的侵袭提供了便利条件。

在温度（T）25 ~ 37℃、相对湿度（RH）80% ~ 90%、酸（pH）4.0 ~ 5.8 的条件下，霉菌迅速繁殖，在纸张（丝织品）表面形成霉斑。霉菌以纸（丝）纤维为食物，同时分泌出酸性物质使纸张（丝织品）酸化，分泌出粘稠物使纸张（丝织品）粘连。

毛衣鱼和烟草甲是侵袭纸张的主要害虫，皮蠹和毛衣鱼是侵袭丝织品的主要害虫。毛衣鱼蛀食画心表面，虫痕蜿蜒曲折，纵横交错；烟草甲的幼虫喜欢在画心中打洞，虫痕一贯到底。本批书画虫蛀主要是毛衣鱼蛀食造成。

三、保存环境简陋、保管设施短缺

宜昌博物馆老馆文物保存环境较差。书画库房窗户较大，玻璃与窗帘均不防紫外线。库内虽有一台恒温恒湿机，但仅在工作时间开启，下班之后关闭，关闭后库房为自然环境，不能对温湿度进行控制。库房内没有空气过滤设备，无法防止灰尘与有害气体的侵害。此外，在书画文物的包装方面也不甚规范，大量书画未配置囊匣。这些保存环境的不足均会造成书画的损伤。

第四章

保护修复技术路线与操作步骤

第一节　基本原则

修旧如旧、最小干预、可逆性是文物保护修复的基本原则，书画保护修复同样适用。在实施保护修复的整个过程中，我们严格遵循书画修复的以下基本原则：

一、真实、全面地保存并延续文物的历史信息及全部价值，使保护后的文物可以为陈列、研究服务；

二、尽可能减少干预，采用的保护措施，以延续现状、缓解损伤为主要目标，不得改变文物原状；

三、以现存有价值的实物为主要修复依据，一切技术措施不得妨碍对原物再次进行处理，经过处理的部分要与原物既相协调，又可识别；

四、优先使用传统工艺技术和材料，所有新材料和新工艺都必须经过前期试验和研究，以对文物最无害的工艺技术用于保护修复，并做好详细的档案记录。

第二节　修复材料与工具

传统手工方式修复装裱书画主要用料为纸、绫、绢，其次还需木杆、轴头、轴片、绳带、锦等辅料，这些材料由于种类不同，产地各异，质量不一，使用时须认真辨别。书画修复工具种类繁多，得心应手的工具亦是保证修复质量的前提。

一、宣纸

装裱修复所使用的纸张至关重要，这些纸张包括托纸、裱褙纸、补纸等。纸是书画装裱的基础材料，修复用纸的选用对保证修复质量、延长书画文物寿命起着决定性的作用。

图 4-1　宣纸

对于修复用宣纸，主要有以下要求：第一，宣纸厚度要适中；第二，宣纸必须光洁度高，细腻光滑，干净白皙；第三，宣纸要具有较高拉力和弹性，且有较强的韧性；第四，纸质需柔软，这一点直接关系到裱件的平整和对画心的保护；第五，吸水性要适中，吸水性太弱的纸类容易造成裱件脆、硬，吸水性太强又容易吸水膨胀，出现褶皱；第六，纸张伸缩性要小，不然容易使裱件卷翘，损伤画心。

二、镶料

除宣纸之外，绢、绫等也是书画修复的基本材料。绢可以做卷轴类的包首、天地头、边，以及集锦中镶边材料。多产自苏州等地，种类繁多，有单丝绢、双丝绢、扁丝绢、网绢等。其中，网绢质地较稀薄，适用于揭裱残损字画作衬心，比宣纸效果要好，可以起到保护画心的作用。

图 4-2　镶料

三、糨糊

糨糊是书画纸张、装裱织物纤维之间的桥梁。糨糊会随着放置时间而逐渐酸化。淀粉发酵过程中微生物产酸、产酶使淀粉颗粒结构遭到一定程度的破坏。因此，糨糊在配制后应尽快使用，浓度越高、放置时间越长，其酸化程度越大，对书画的损害越大。

图 4-3　糨糊

四、主要工具

1. 裁刀：用于裁切纸、绢、绫、锦的材料和裁画心及修补破洞，其刀刃锋利平直，呈马蹄形，又名“马蹄刀”（图 4-4）。

2. 裁尺：用于裁切画心材料时作界尺之用，多用楠木、杉木制成（图 4-5）。

3. 裁板：用于裁切之垫，多以质细纹直的椴木、银杏木或柳木制成（图 4-6）。

4. 棕刷：用于托裱绫、绢、纸张、画心及覆画裱件上墙等，用树棕编扎制成（图 4-7）。

5. 排笔：由若干支羊毫笔并排扎接而成，用于刷糨糊（图 4-8）。

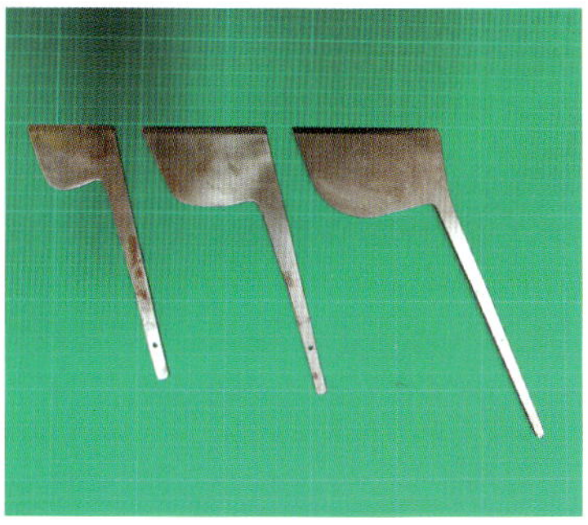

图 4-4 裁刀

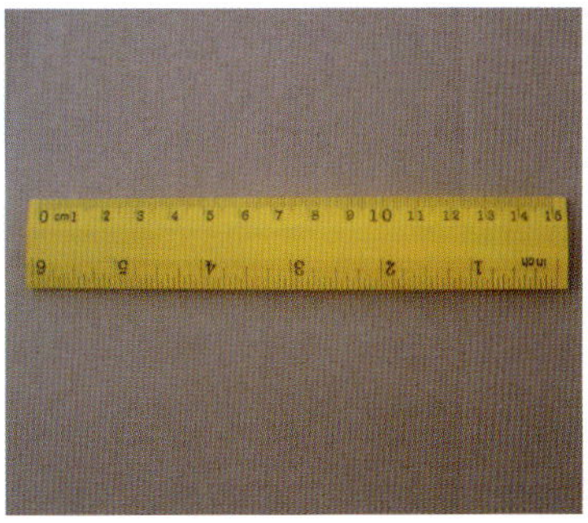

图 4-5 裁尺

图 4-6 裁板

图 4-7 棕刷

图 4-8 排笔

图 4-9 竹启子

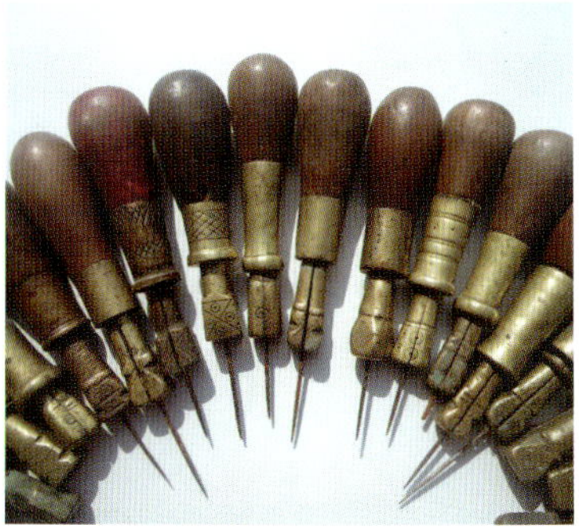

图 4-10 针锥

图 4-11 砑石

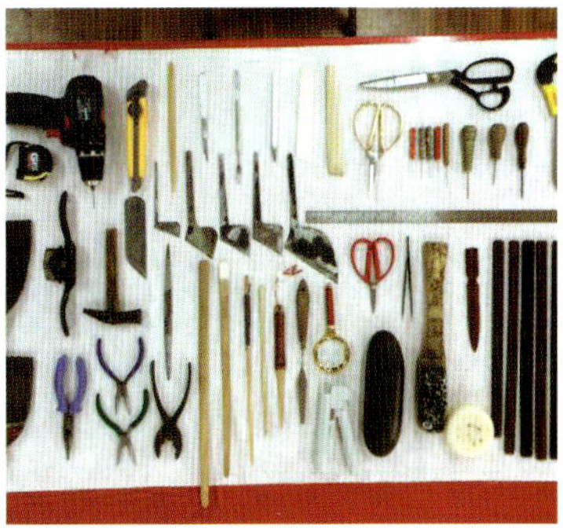

图 4-12 其他工具

6. 竹启子：用于揭启上墙的裱件及各种材料，用大毛竹制成，呈剑形，前部薄而光滑，尖端半圆形，后部粗厚（图 4-9）。

7. 针锥：用于扎眼、转边和排毛等（图 4-10）。

8. 砑石：用于砑磨画背，以质细光滑的鹅卵石为之（图 4-11）。

9. 其他工具：剪刀、喷壶、箩筛、镊子、面盆、毛巾、毛笔、颜料、墨汁、调色盘、塑料薄膜等（图 4-12）。

表 4-1 修复材料、工具表

序号	分类	材料／工器具名称	型号	产地	品牌
1	纸张	宣纸	138×68	安徽	红星
2		撤潮纸	138×68	安徽	金星
3		特种纸	60×40	安徽	金星
4	镶料	棉料	四尺	安徽	红星
5		棉料	六尺	安徽	红星
6		棉料	四尺	安徽	汪六吉
7		棉料	六尺	安徽	汪六吉
8		绫	尺	湖州	呈祥
9		绢	尺	湖州	呈祥
10		天地杆		霸州	海龙
11		轴头	对	南通	海龙
12		玉别	个	定制	
13	颜料	颜料		上海	马利
14		颜料		日本	吉祥
15		植物染料		北京	
16	消耗性工具	聚脂薄膜		德国	
17		棕刷		任意	
18		排笔		任意	
19		马蹄刀		自制	
20		美工刀／刀片		任意	
21		手术刀／刀片		任意	
22		剪刀		德国	双立人
23		裁尺		定制	
24		裁板		定制	
25		竹启子		定制	
26		毛笔		湖州	善琏
27		碗		任意	
28		调色碟		任意	
29		砚台		任意	
30		毛巾		浙江	洁丽雅
31		箩筛		任意	

序号	分类	材料／工器具名称	型号	产地	品牌
32	消耗性工具	镊子		定制	
33		针锥		定制	
34		砑石		定制	
35		糨糊盆		定制	
36		糨糊槌		任意	
37		喷壶		任意	
38	糨糊等	糨糊		自制	
39		蒸馏水		任意	
40	防护、照明、温控	工作服／围裙		日本	
41		口罩		任意	
42		防护眼镜		国产	3M
43		LED 灯管		国产	飞利浦
44		放大镜		任意	
45		白布手套		任意	
46		塑胶手套		任意	
47		洗洁用品		任意	
48	药品	揭展剂	ml		首博
49		驱虫剂			
50		各种化学试剂			
51	包装匣囊	包装盒			

表 4-2　糨糊使用表

糨糊	加水量	用途
150 克	20 毫升	清托、浑托绫绢，镶活，装天地杆
	80 毫升	直托绫，绢，贴签条，夹口纸，转边，搭浆，贴墙（亦可翻锦包首，贴废肩）
	130 毫升	贴塔杆，包边，平托绢本画心，翻绢包首
	180 毫升	覆托画心（生宣），覆背，平托熟宣画心
	230 毫升	飞托画心（生宣）
	750 毫升	飞托画心（生宣）

第三节　工艺流程

在前期调研、检测分析基础上，以科学保护修复为宗旨，以传统工艺技术为主，兼用现代科技手段，制定有针对性的保护修复技术路线，并严格按照所制定的方案实施保护修复工作，最后按照国家文物局颁布的相关标准填写修复档案，编写保护修复报告。主要技术路线如下：

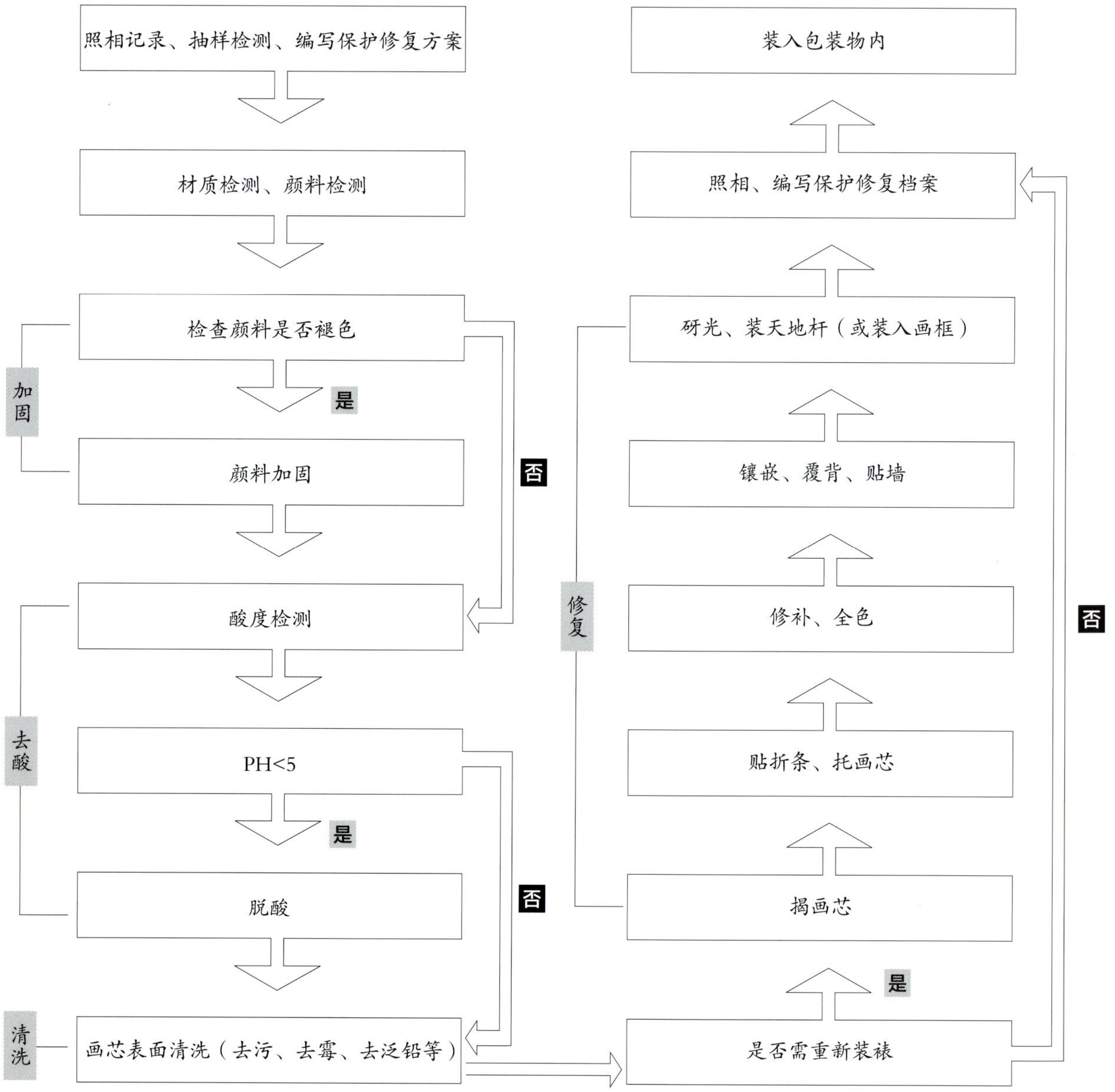

图 4-13　工艺流程图

一、修复准备

对即将进行保护修复的书画文物现场拍照，根据检测结果和现场显微观察的病害情况，制定针对具体文物的保护修复计划。

二、污渍清除及脱酸

1. 除尘

书画由于展览裸露在外，时间长了或多或少都有灰尘附着于表面，轻者玷污画心，重者对书画肌体造成严重损害，修复前必须对其表面进行全面彻底的清除。修复时将画心置于装裱台上，用软毛刷轻轻拂去画心表面的尘垢，尘垢结实的，用排刷顺着画心纤维方向或裂纹方向刮除（图 4–15）。

2. 去污渍

用蘸水的滤纸印在颜料上，观查是否褪色、扩散，褪色的书画用胶矾水加固，胶矾水配制比例为：胶 3、矾 1、水 60（图 4–16）。

该批书画大部分污渍严重，用温度 40℃ ~ 50℃的蒸馏水浸渍 15 ~ 30 分钟，使污渍溶解到水中，然后用常温蒸馏水洗去已溶解的污渍，用无色毛巾吸取水分并将画心压平阴干。少数污渍轻微的书画，将画心置于装裱台上，用喷壶在污渍周围喷些凉水，用滤纸吸取水分并将画心压平阴干（图 4–17）。

3. 脱酸

修复时参照严重污渍的去除方法，反复多次，清洗后用酸度仪检测，pH 值≥ 6.5 即可（图 4–18）。

4. 去油渍

修复中用棉签蘸 2% ~ 5% 小苏打溶液（$NaHCO_3$）擦拭，使油渍转移到棉签上，反复多次，清除后立即用蒸馏水冲洗干净。

三、微生物损害的清除

使用蒸馏水冲洗霉斑并用毛笔轻刷除去霉斑。霉斑严重冲洗无法去除的，用棉棒蘸 0.5% 浓度的高锰酸钾（$KMnO_4$）溶液擦拭霉斑部位，边擦拭边观察，如有脱色，立即停止，用蒸馏水冲洗。待霉色褪去后，用棉棒蘸 0.5% 浓度的亚硫酸氢钠（$NaHSO_3$）溶液清除高锰酸钾与霉反应后的棕色沉淀，再用蒸馏水冲洗干净。其反应式为：

$4KMnO_4 + 2H_2O = 4MnO_2 \downarrow$（棕色）$+ 4KOH + 3O_2 \uparrow$

$MnO_2 + NaHSO_3 = NaOH + MnSO_4$（无色）

使用后用试纸测试反应结果，保证不留残液。

少数书画霉斑痕迹严重，使用以上方法仍无法去除，此次修复未强行处理。

四、揭画心

揭画心是将裱件上破损的背纸或命纸全部揭掉，这是一幅书画能否成功修复的关键。为尽可能保留文物的历史信息，病害轻微的，选择不揭画心。病害严重的，我们委派修复经验丰富的技师，慎重揭取命纸（图 4–19）。

揭画心前用水油纸衬垫在画心下，防止画心变形。揭裱时，先在画心空白处找出易揭之处，根据背纸的情况，顺着一个方向循序渐进，能揭则揭，不能揭则搓，不能搓则捻。

五、修补

揭完画心、搓薄破口边际、上浆后直接托芯，残缺不多的修补后再托芯。修补时，根据文物质地、帘纹、包浆、色泽四个方面选配补料，用锋刀沿着破洞边缘轻轻制出 0.1 ~ 0.2cm 的坡度，用毛笔抹上四级糨糊，把补纸润湿后合上轻轻抹压，补缀完毕即上浆托芯。断裂处，选薄型纸粘合。

六、托画心

重新揭裱的画心一般都存在不同程度的破损现象，部分画心墨迹、颜料不稳定，采用干托，将糨糊涂在托纸上再裱于画心背后，有效控制水分与上糊量。墨迹、颜料稳定的画心，采用湿托，直接将糨糊刷在画心背面，然后覆托纸托裱，简便易行（图 4–22）。

七、全色

装裱后的画心虽然破损处已经补好，但补缀处颜色与其本身还有一定差距，为使破损的画心恢复原貌，需用国画颜料调成与残缺处相同的颜色涂于该处（图 4–23）。

全色有两种方式，立轴、横批一般选择立全，卷轴、册页一般采用平全。破洞较小可用小羊毫笔顺序平涂，破洞较大或整片残缺时用大羊毫笔或小板刷平涂。全色前须审时度势，先试后全。全色原则是：只补底色，慎重接笔。需要时，可借助色差仪调色（图 4–24）。

八、镶嵌与原有镶料的合理利用

镶料作为书画文物的一部分，同样具有历史、艺术、科学价值，如何合理利用，是修复中的重要环节。原镶料能够继续使用的，清洗后“镶料还原”。原镶料残破不能继续使用或影响展示的，妥善保留存档，交还博物馆做科学研究。重新装裱时，尽量按照原裱的形制、色泽、质地进行染配和制作，原裱款式不适合博物馆展示的，适当调整（图 4–25，4–26）。

部分书画褙纸上有以往装裱时留下的文字等历史信息，我们修复时同样视同文物，修复后将原褙纸上的信息还原至新裱件的对应处。

九、覆背、贴墙

选择质地柔软、洁净的纸托裱于画心背后，待裱件完全晾干后，贴到壁上自然阴干。包首选用质地匀称密实的丝绢，颜色与轴头、签条、绳带协调（图 4–27，4–28）。

十、砑光

使用石蜡，用砑石砑光覆背，使画背平整光滑。部分重彩、绢本及经修补的画心，砑光前，先在裱件下铺垫干净、细腻的宣纸，以免画心受损（图 4–29）。

十一、装天地杆、扎带

先制作纸样，确保夹口纸的平直，然后用“正裱法”装杆，包粘密实。天地杆选用经烘干、杀虫处理、有韧性、无木油、杆身直、粗细相等、弧面角度相同、表面光滑无棱痕的红、白松木料，扎带选用 2cm 宽的丝带（图 4–30）。

十二、包装囊匣

书画修复后放入无腐蚀、防虫、无酸的包装物内保存，盒中放置防虫剂、干燥剂（图 4–31）。

十三、照片采集

保护修复前后及保护修复过程中对文物进行拍照存档，照片采集方法见 WW/T 0017–2008《馆藏文物登录规范》附录 B《馆藏文物照片拍摄技术要求》。

十四、建立档案

本次保护修复，以国家文物局《馆藏纸质文物保护修复档案记录规范》为蓝本，建立了保护修复档案，记录了保护修复的整个过程。详细内容见附录。

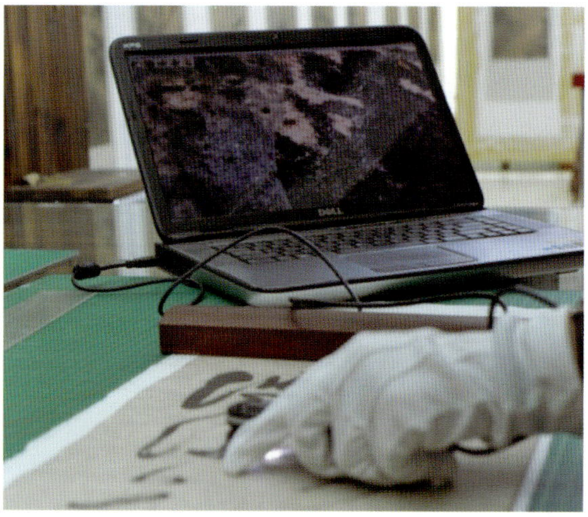

图 4-14　显微观察

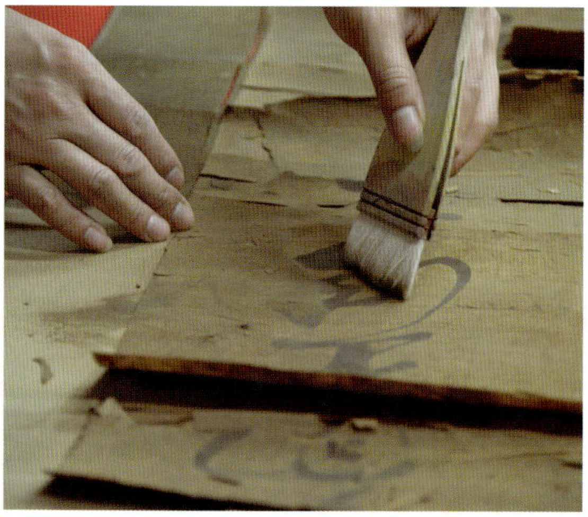

图 4-15　除尘

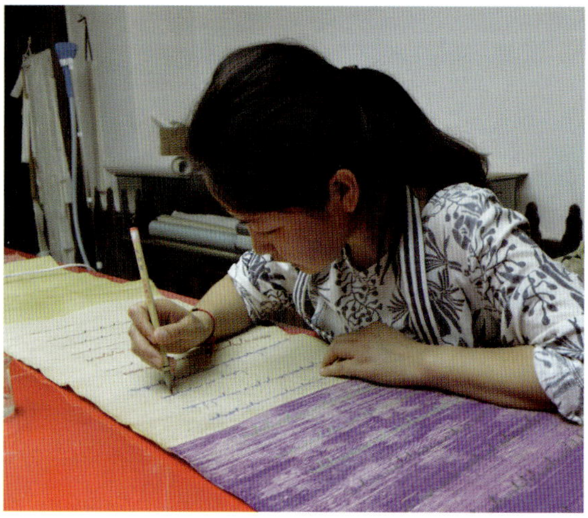

图 4-16　用胶矾水加固

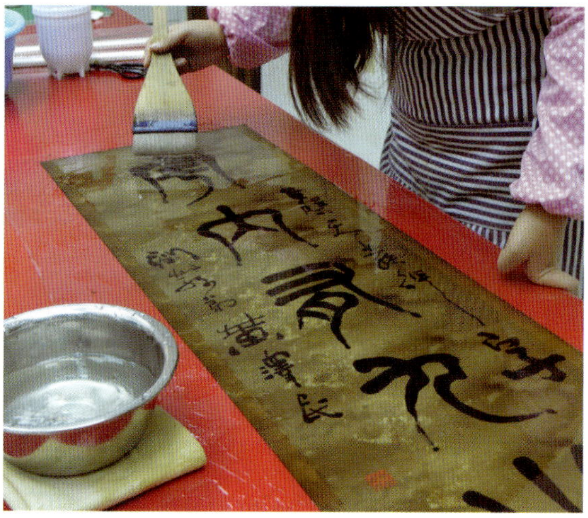

图 4-17　去污

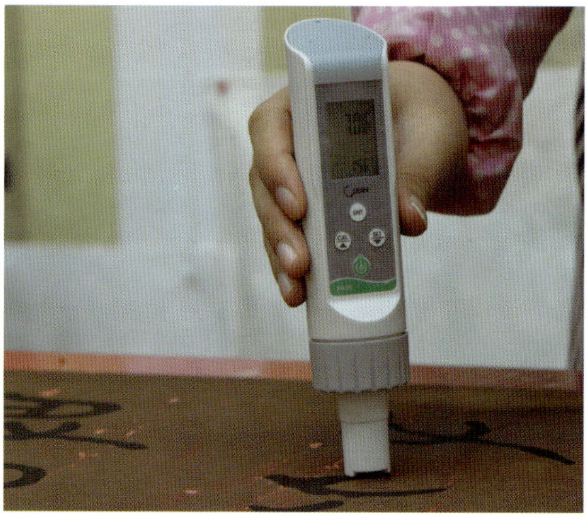

图 4-18　测量 pH 值

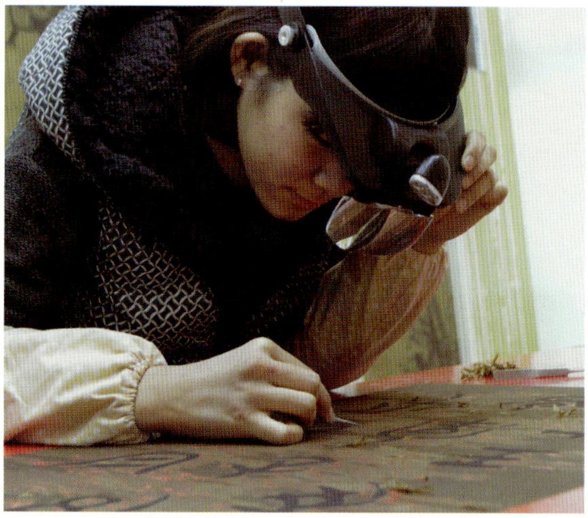

图 4-19　揭画心

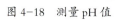

图 4-20 修补

图 4-21 嵌条

图 4-22 托画心

图 4-23 全色

图 4-24 比色仪调色

图 4-25 染制

图 4-26　镶嵌

图 4-27　覆背

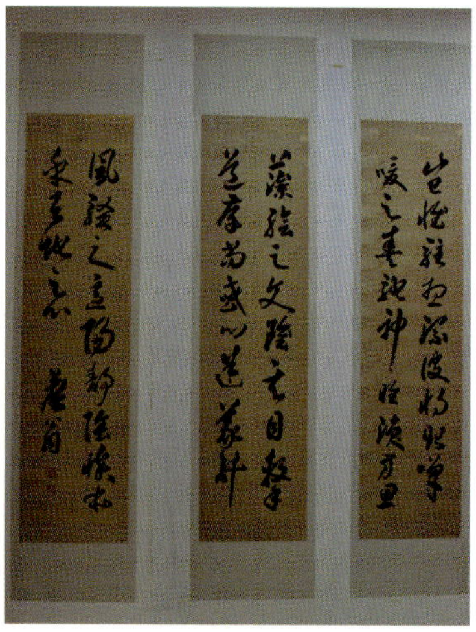

图 4-28　上墙

图 4-29　研光

图 4-30　装杆

图 4-31　包装囊匣

第四节 病害保护前后对比

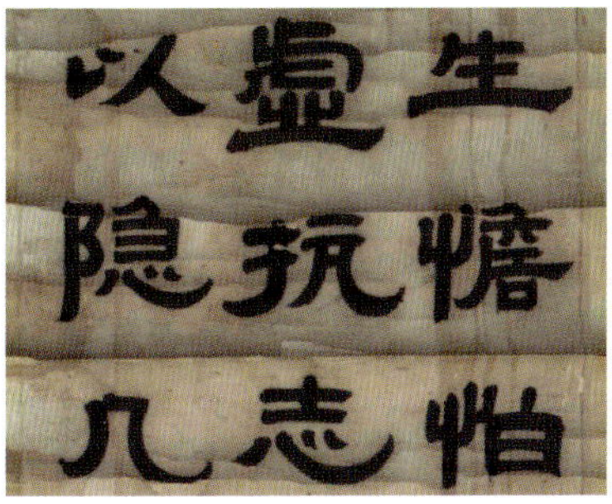

图 4-32 折痕修复前

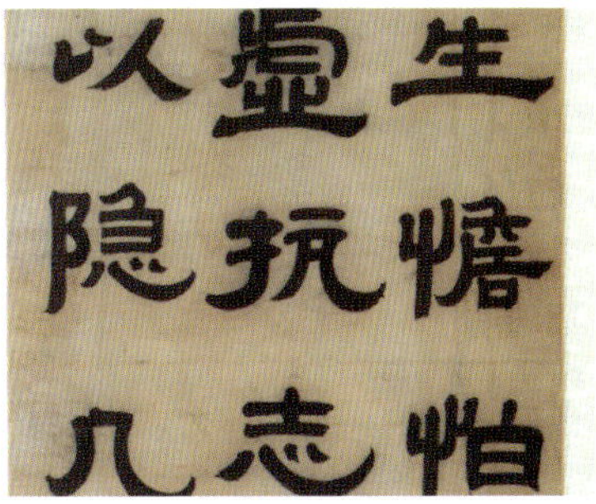

图 4-33 折痕修复后

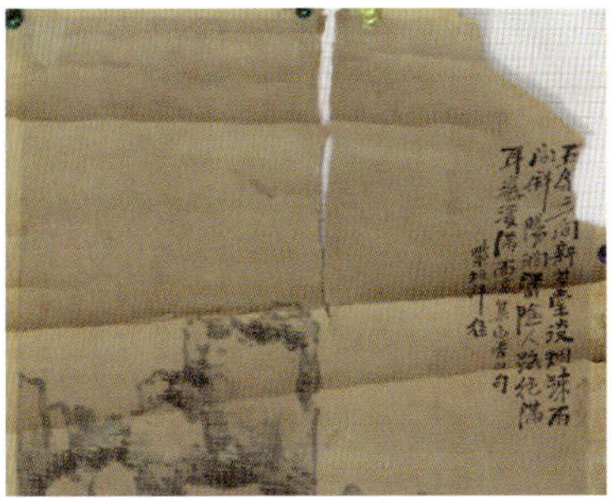

图 4-34 断裂修复前

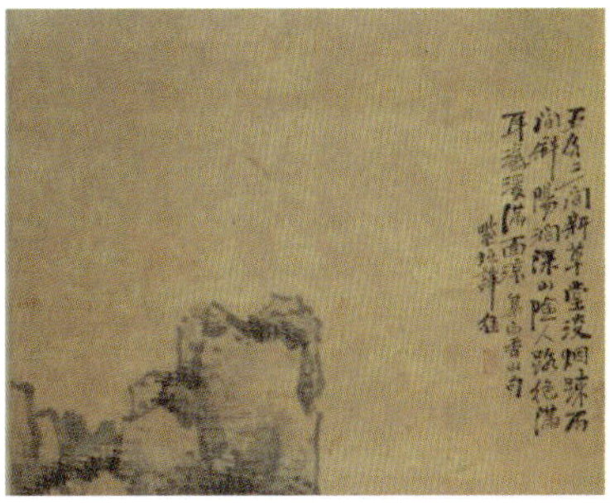

图 4-35 断裂修复后

图 4-36 残缺修复前

图 4-37 残缺修复后

图 4-38 污渍修复前

图 4-39 污渍修复后

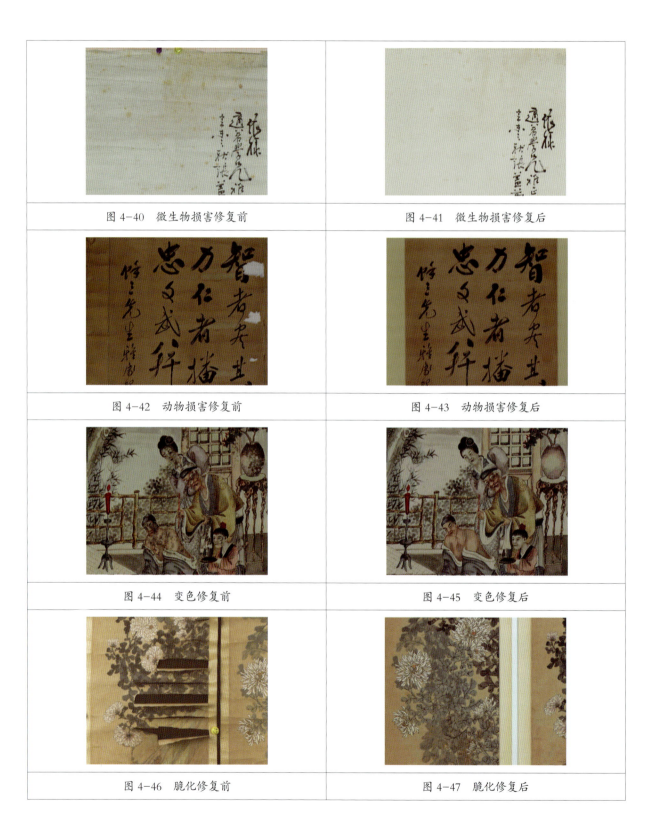

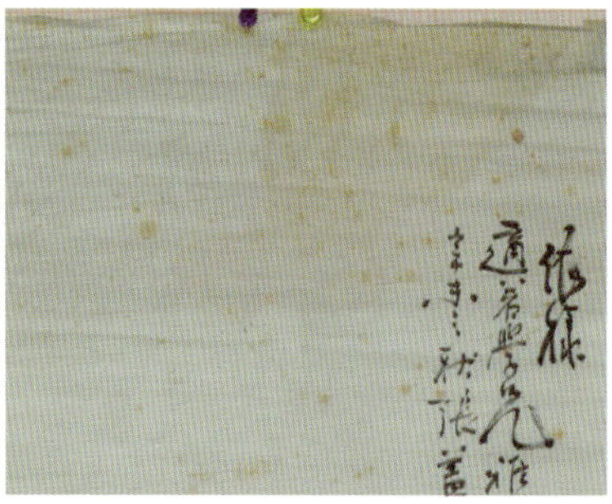

图 4-40　微生物损害修复前

图 4-41　微生物损害修复后

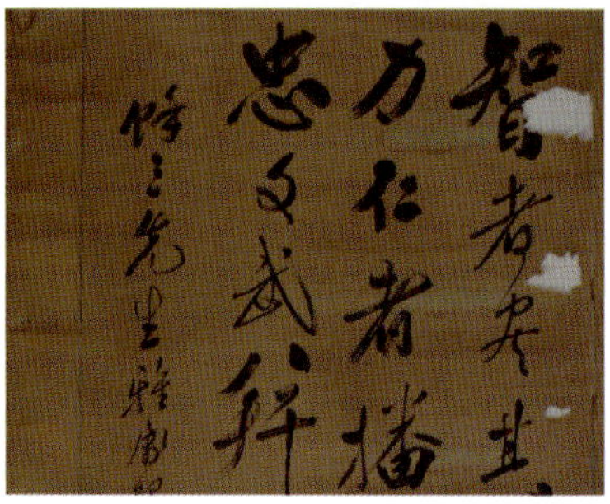

图 4-42　动物损害修复前

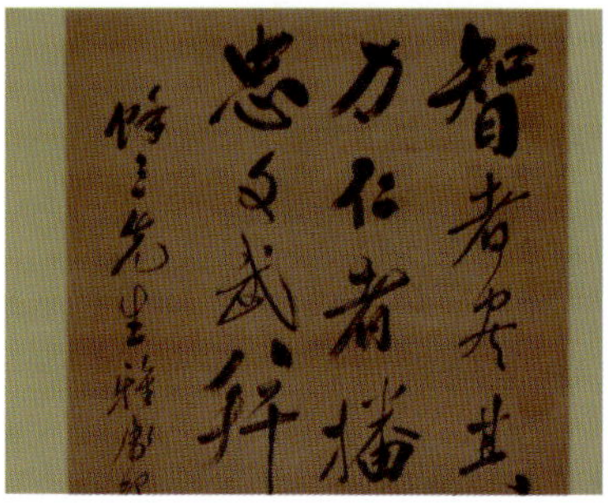

图 4-43　动物损害修复后

图 4-44　变色修复前

图 4-45　变色修复后

图 4-46　脆化修复前

图 4-47　脆化修复后

第五章

修复重点与解决方案

第一节　脆化书画修复

此批书画纸张脆化严重，造成画心大量的断裂、残缺。修复断裂是保护修复中的重点（以Y28013《清光绪戊申年杨守敬隶书“异花万本欢喜园”对联》为例）。

修复前需要先将断裂部分拼接，根据画心的长度与宽度，选用大于画心的塑料薄膜一张，先将画意明显的大块拼接在塑料薄膜上，喷水使其平整，然后再根据画心的断裂位置和画意一块一块地拼接完整。拼接后需要在托好的画心背后贴折条加固，折条纸的纹路与文物保持一致，粘贴时务必将所有断裂逐一贴实。贴完折条后，画心正面断裂及其他露白处还需进行全色，全色时选用与原画一样或相近颜料进行补色，借助色差仪帮助调色。

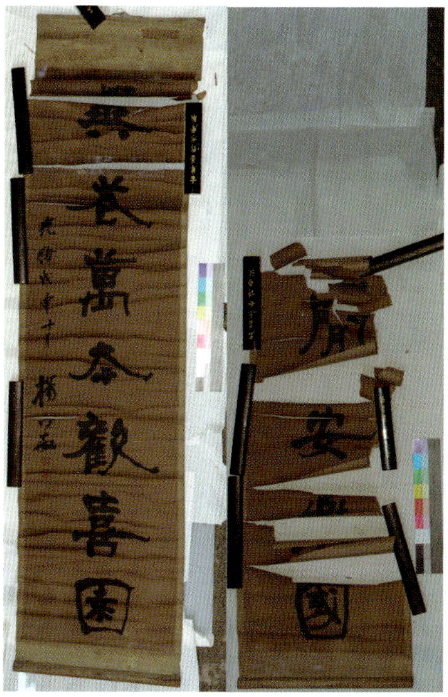

图 5-1　断裂修复前

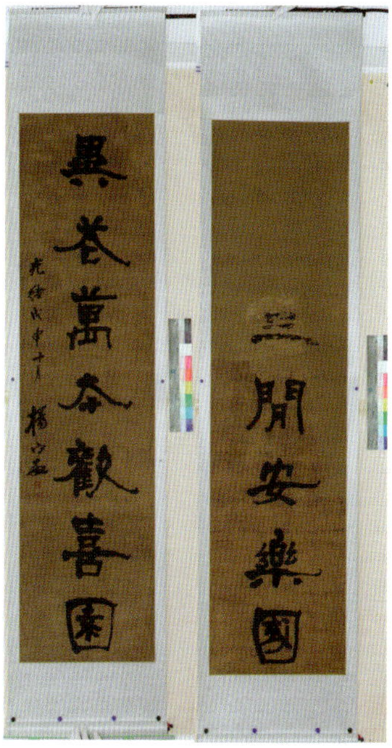

图 5-2　断裂修复后

图 5-3　喷水

图 5-4　拼接 1

图 5-5　拼接 2

图 5-6　拼接完成

图 5-7　嵌折

图 5-8　全色

第二节　残缺书画修复

残缺修复是本次保护修复中的难点（以 Y28011《中华民国张佩绅〈宝晋英光集〉节选条屏》为例）。修补时，根据文物质地、帘纹、包浆、色泽四个方面选配补纸，先将残缺处磨口，然后进行整托，整托完成后在残缺处托纸背面进行隐补，使画心纸张厚度一致，用锋刀沿着残缺边缘将多余补纸刮去，残缺处正面边缘用毛笔抹上糨糊进行修整，补缀完毕即可。

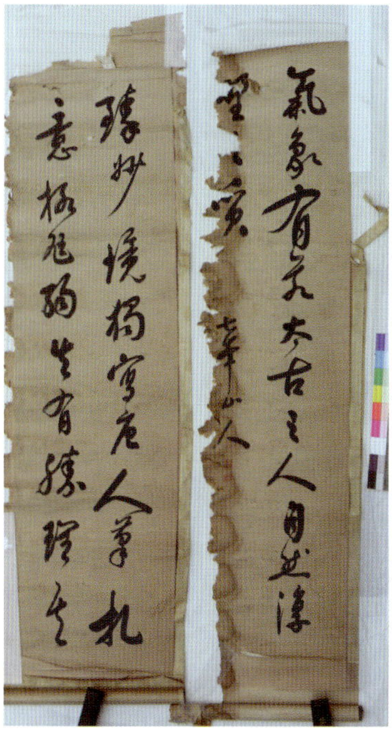

图 5-9 残缺修复前

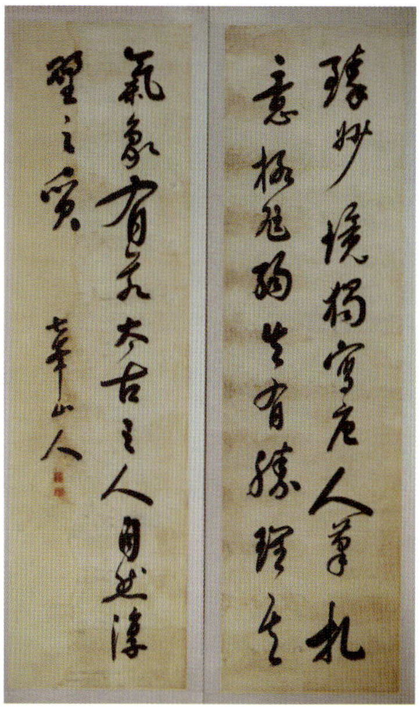

图 5-10 残缺修复后

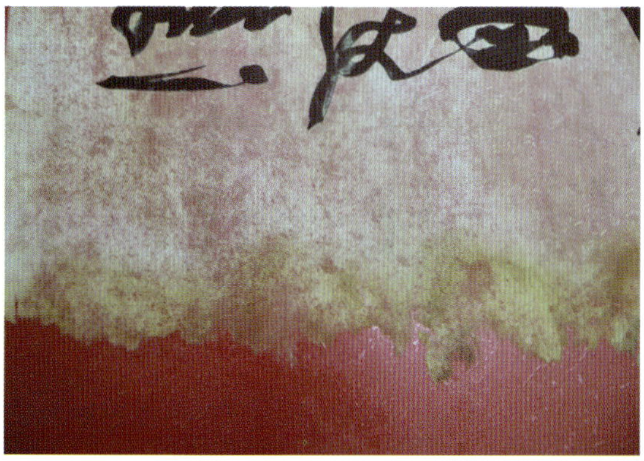

图 5-11 磨口

图 5-12 整托

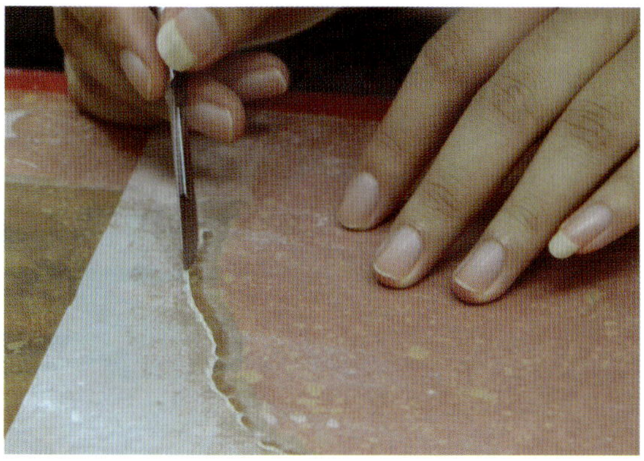

图 5-13 隐补

图 5-14 修整

第三节　变色书画修复

Y28386《中华民国程品山设色苏武牧羊等人物屏轴》颜料有变色（俗称泛铅）现象，修复时用3%的过氧化氢（H_2O_2）溶液涂在变色处，在边缘先做实验，实验取得成效后再逐步扩大面积。

图 5-15 在边缘先做实验

图 5-16 逐步扩大面积

图 5-17 泛铅修复前

图 5-18 泛铅修复后

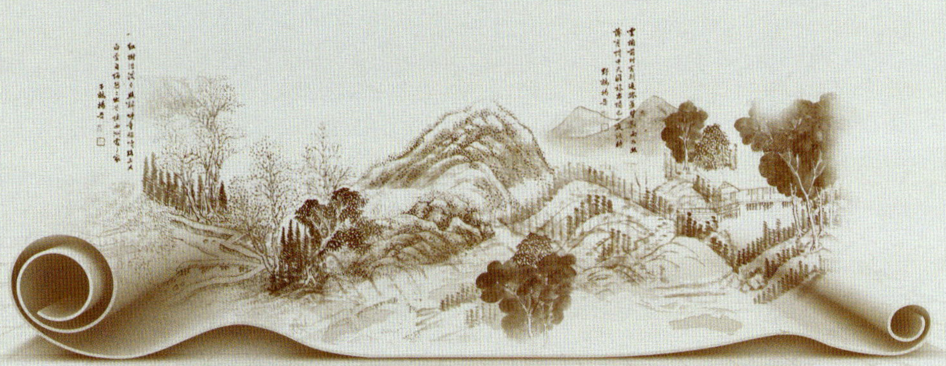

第六章

修复工作经验思考与后期保护利用

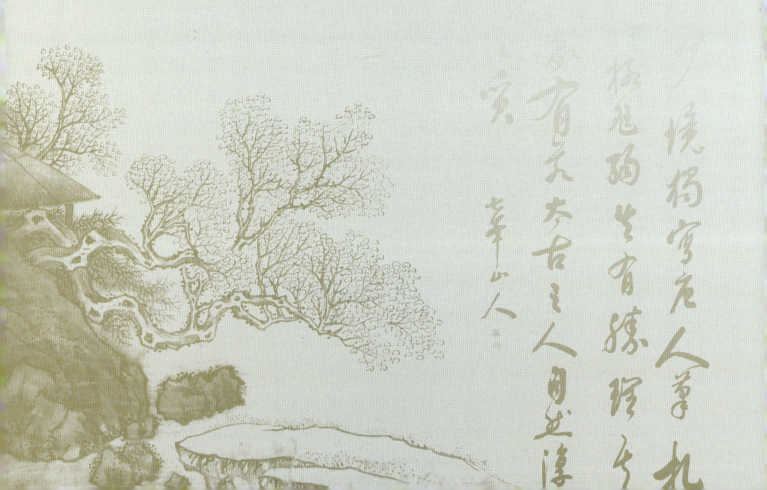

第一节　修复工作经验思考

这批书画的保护修复工作，依据国家文物局颁布的《馆藏纸质文物保护修复方案编写规范》《馆藏纸质文物保护修复档案记录规范》《馆藏纸质文物病害分类与图示》标准，借助仪器设备和科学检测手段，采用传统的修复工艺实施完成。在本项目的实施过程中，我们体会到：

一、文物保护修复是理论与实践相结合的过程。通过修复实践加深对保护修复理念的认识，比单纯从书本上学习收效更加明显。既坚持文物保护的基本原则，又能在修复中熟练运用，从而全面、准确地保护文物的历史价值、科学价值、艺术价值，是一项漫长而艰巨的工作，需要在实践中不断摸索总结。

二、保护修复中尽量使用传统工艺方法与传统修复材料，不使用未经验证的工艺、材料，慎重使用化学试剂。比如去污、脱酸时，以蒸馏水清洗为主，在蒸馏水无法清洗干净而又需要保持画面完整美观时，才慎重使用去污剂，边试验，边使用。

三、应更多地借助先进的科学仪器，提高保护修复工作的科学性。如全色时借助色度仪、去污时借助体视显微镜等。

第二节　预防性保护建议及展示利用

一、预防性保护建议

为保证书画文物的安全与完整，最大限度地延长这批经过保护修复的书画的寿命，要抓住“防”的根本，尽可能防止或减少各种外界因素对书画文物的破坏，延缓材料老化过程。我们提出以下预防性保护的具体建议：

1. 根据《博物馆藏品保存环境试行规范》《博物馆建筑设计规范》等文件关于文物保存环境的要求与标准，建议将这些保护修复后的书画文物保存在达到以下环境要求的库房中：温度控制在20 ~ 25℃，日波动范围小于5℃，相对湿度控制在55% ~ 60%，日波动范围小于5%。由于纸质文物的光敏性，库房窗户应小而少，注意窗户朝向，并在窗户上安装遮阳设施。

2. 为了使这些书画文物得到更好的保存，同时也便于运输、收纳，我们为每件书画都量身定制

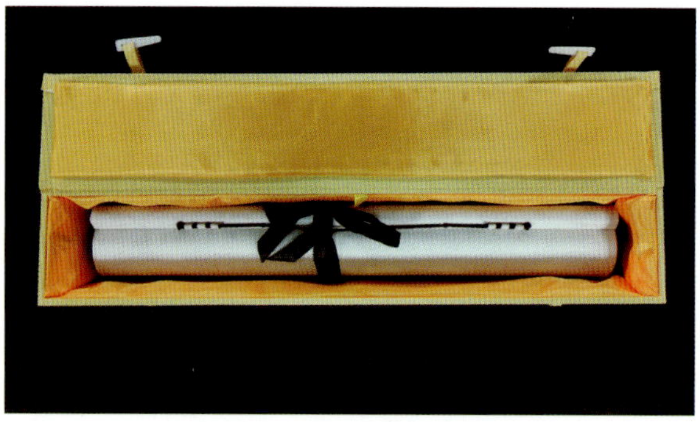

图 6-1　无酸囊匣保存

图 6-2　恒温恒湿库房保存

了传统囊匣，必要时可在囊匣中放置特定的调控材料来调节保存的微环境。

3. 展柜温度、湿度控制条件与库房一致，根据《博物馆照明设计规范》，展柜中的可见光照度应控制在 150 lx 以内，紫外光强度控制在 20 μW/lm 以内。展柜密封性要好，展品建议半年之内轮换一次。

二、展示利用

2016 年 12 月，我馆举办了古代书画保护修复成果展，全面展示第一批书画保护修复成果，并向公众普及书画保护修复的相关知识。让广大观众领略了古代艺术与文物保护工作的魅力。2019 年 5 月，宜都市博物馆举办“杨守敬诞辰 180 周年书法作品展”，我馆经过修复的杨守敬书画作品也作为重要展品进行了展示。2019 年 9 月，所有已修复的书画均进入我馆“书香墨韵”展厅进行半年一次的轮展。

图 6-3　宜昌博物馆新馆“书香墨韵”专题展

第七章

项目结项验收

2016 年 10 月，第一批书画保护修复工作全部完成。12 月，湖北省文物局组织专家组在宜昌博物馆召开了该项目的结项验收会，博物馆处处长余萍主持会议。专家组（成员包括故宫博物院原科技部主任李化元、荆州文保中心主任吴顺清、湖北省博物馆文保中心主任周松峦、中国丝绸博物馆陈列保管部主任汪自强、湖北省文物信息交流中心副主任李奇）对该项目的组织、技术、实施步骤、保护修复效果、档案资料给予了高度肯定，同意该项目通过验收。同时省局综合处副处长何琳等检查了该项目的财务使用情况，并上报省局审核通过该项目的财务验收。

2018 年 12 月，第二批书画保护修复工作全部完成。2019 年 4 月，湖北省文化和旅游厅组织专家组在宜昌博物馆召开了该项目的结项验收会，博物馆与社会文物处处长官信主持会议。专家组（成员包括故宫博物院原科技部主任李化元、荆州文保中心主任吴顺清、山西博物院文保中心主任钟家让、中国科学技术大学文物保护科学基础研究中心主任龚德才、湖北省博物馆文保中心主任周松峦）认为该项目技术合理，操作流程规范、材料工艺适当、修复效果良好、档案资料完整，同意该项目通过验收。同时省厅财务处副调研员蔡宏伟等检查了该项目的财务使用情况，并上报省厅审核通过该项目的财务验收。

至此，宜昌博物馆的 131 件（套）馆藏书画保护修复工作圆满完成。这批馆藏书画的妥善保护，为今后长期的保管研究和展陈利用奠定了坚实基础。

图 7-1　第一批书画完成修复后进行交接

图 7-2　第一批书画保护修复项目验收会

图 7-3　第二批书画保护修复项目验收会

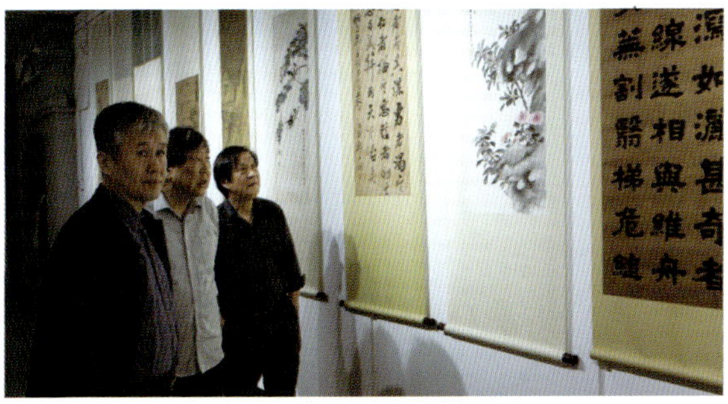
图 7-4　第二批书画保护修复项目专家现场验收

湖北省宜昌博物馆馆藏书画保护修复项目
结项验收意见

2016年12月8日，湖北省文物局邀请有关专家，在宜昌博物馆召开《湖北省宜昌博物馆馆藏书画保护修复》项目结项验收专家会议。与会专家现场考察了保护修复后的馆藏书画，审查有关保护修复资料，听取了项目组的汇报，经过质询讨论，形成如下意见：

1、本次修复严格遵照国家文物局《关于湖北省宜昌博物馆馆藏书画保护修复方案的批复》（文物博函〔2014〕773号）的要求，采用传统修复工艺技术，操作流程科学，修复材料安全可靠，达到了预期目标。

2、该项目组织规范，前期工作较为充分，分析检测基本到位，保护修复步骤合理，技术方法应用可靠，采用的保护材料适宜，保护修复效果良好，抢救性地保护了这批珍贵文物。

3、该项目验收资料齐全，档案资料完整规范，达到结项要求。

同意该项目通过验收。

专家签名：

2016年12月8日

图7-5　宜昌博物馆第一批书画保护修复项目结项验收专家意见

财务验收意见表

项目名称	湖北省宜昌博物馆馆藏书画保护修复
项目承担单位	宜昌博物馆

财务验收意见

湖北省宜昌博物馆馆藏书画保护修复项目财务验收，由省文物局组织财务专家2人参加项目验收组，研究提出独立的财务验收意见。验收专家认为，该项目资金的管理和使用能够严格执行国家法律法规和财务规章制度，按照《国家重点文物保护专项补助资金管理办法》规定支出内容使用资金，专款专用，专项核算；同时提出需进一步加强财务管理，健全绩效评价制度，提高资金使用效益。

该项目国家文物局预算批复116万元，中央财政到位资金116万元，财务验收认定项目支出117.67万元，结余-1.67万元。我局认为专家验收程序规范、评价意见客观，同意该项目通过财务验收。

财务验收结论：

☑1 通过项目财务验收

□2 存在问题需要整改

□3 不通过项目财务验收

出具意见单位（公章）：

2016年12月15日

图7-6　宜昌博物馆第一批书画保护修复项目财务验收意见

《宜昌博物馆馆藏纸质文物（书画）保护修复》

项目结项验收专家意见

2019年4月18日，湖北省文化和旅游厅在宜昌博物馆组织召开宜昌博物馆馆藏纸质文物（书画）保护修复项目专家验收会。与会专家现场查验了修复后的纸质文物，听取了项目组汇报，经质询、讨论形成意见如下：

1、项目严格遵照国家文物局《关于湖北省宜昌博物馆馆藏纸质文物（书画）保护修复方案的批复》（文物博函〔2016〕588号）的要求，完成57件套（110件）书画的保护修复任务。

2、项目实施采用了传统修复技术，操作流程规范，修复材料和工艺选择适当，修复效果良好，达到了预期目标。

3、该项目管理规范，档案资料完整，验收资料齐全。

同意通过结项验收。

专家签字：

2019年4月18日

图7-7　宜昌博物馆第二批书画保护修复项目结项验收专家意见

财务验收意见表

项目名称	湖北省宜昌博物馆馆藏纸质文物（书画）保护修复
项目承担单位	宜昌博物馆

财务验收意见

湖北省宜昌博物馆馆藏纸质文物（书面）保护修复项目财务验收，由省文化和旅游厅厅财务处工作人员参加项目验收组，研究提出独立的财务验收意见。验收专家认为，该项目资金的管理和使用能够严格执行国家法律法规和财务规章制度，按照《国家重点文物保护专项补助资金管理办法》规定支出内容使用资金，专款专用，专项核算；同时提出需进一步加强财务管理，健全绩效评价制度，提高资金使用资金效益。

该项目国家文物局预算批复142万元，中央财政到位资金142万元，财务验收认定项目支出1,420,148.5元，超支148.5元。我厅认为专家验收程序规范、评价意见客观，同意该项目通过财务验收。

财务验收结论

√1 通过项目财务验收

□2 存在问题需要整改

□3 不通过项目财务验收

出具意见单位（公章）

2019年9月17日

图7-8　宜昌博物馆第二批书画保护修复项目财务验收意见

附　录

保护修复档案选录

《清胡公寿水墨梅兰竹石图条屏》
保护修复档案

项目名称： 宜昌博物馆馆藏书画保护修复

文物名称： 清胡公寿水墨梅兰竹石图条屏

2016 年 11 月

中华人民共和国国家文物局制

《清胡公寿水墨梅兰竹石图条屏》保护修复前基本信息表

文物名称		清胡公寿水墨梅兰竹石图条屏		
收藏单位		宜昌博物馆	藏品总登记号	Y28008
来源		征集	年代	清
类别		绘画	装裱 / 装订形制	条屏
画心尺寸（纵 cm× 横 cm）		130.0×32.0	质地	纸
文物保存环境及病害防控措施	温度	自然环境	温度控制	无
	湿度		湿度控制	无
	紫外线		紫外线防控	无
	有害气体		有害气体防控	无
	微生物损害		微生物损害防控	无
	动物损害		动物损害防控	袋装樟脑球
以往保护修复记录	病害种类	不详	保护修复措施	不详
	保护修复时间	不详	保护修复效果评估	不详
保护前状况	病害种类	折痕、污渍、残缺	病害程度	中度
	影像资料			

保护修复方案	方案名称及编号	湖北省宜昌博物馆馆藏书画保护修复方案		
	设计单位	北京停云馆文化投资有限公司	资质证书编号	11010-2008
	批准单位	国家文物局	批准文号	文物博函〔2014〕773 号
文物提取日期		2015.3.31	提取经办人	向光华　王治涛
文物返还日期		2016.11.17	返还经办人	王治涛　向光华
备注				

《清胡公寿水墨梅兰竹石图条屏》保护修复检测记录表

文物名称		清胡公寿水墨梅兰竹石图条屏		藏品总登记号	Y28008		收藏单位		宜昌博物馆	
保护修复单位		北京停云馆文化投资有限公司		项目负责人	王治涛		保护修复场所		北京市朝阳区望京佳境天城大厦 B2802	
保护阶段	检测内容	检测时间	检测目的	样品名称	样品编号	取样方法	检测方法	使用设备	检测结果	检测单位
保护前	pH 值		纸张酸度				酸度仪	Clean.PH30	4.7	本单位
保护后	pH 值		纸张酸度				酸度仪	Clean.PH30	6.8	本单位

《清胡公寿水墨梅兰竹石图条屏》保护修复材料使用明细表

项目名称	宜昌博物馆馆藏书画保护修复			项目起始时间	2015.03 ~ 2016.11		
委托单位	宜昌博物馆			委托方负责人	向光华		
项目实施单位	北京停云馆文化投资有限公司			项目负责人	王治涛		
主要保护材料（纸／绫／绢／糨糊／胶等）	材料名称	宣纸	绫	绢	糨糊	胶	
	规格（cm）／材质	136×68	68×10000	83×10000	配制/70面粉	500g	
		180×95	80×10000				
			95×10000				
	产地／品牌	安徽红星	湖州呈祥	湖州呈祥	河北五得利	天津瑞金特	
	用途	画心命纸／覆褙纸	镶料	补画心	托画心／托花绫／覆褙	固色	
其他保护材料（镶料／天地杆等）	材料名称	花绫	天地杆	轴头			
	规格（cm）／材质	68×10000	定制	定制			
		80×10000					
		95×10000					
	产地／品牌	湖州呈祥	北京	北京			
	用途	镶料	保护画心				
各种试剂	试剂名称	明矾	高锰酸钾	亚硫酸氢钠			
	规格（g）／材质		500				
	产地／品牌	北京北化	北京北化	北京北化			
	用途	固色	除霉	除霉			
主要颜料	颜料名称	花青	藤黄	赭石	石绿	朱砂	墨
	规格（ml）／材质	12	12	12	12	12	500
	产地／品牌	上海马利	上海马利	上海马利	上海马利	上海马利	北京一得阁
	用途	全色／染配	全色／染配	全色／染配	全色／染配	全色／染配	全色／染配
大型设备	设备名称	中央空调	除湿机	裱画台	锯杆机		
	规格／材质		D011A-22P	2×3m			
	产地／品牌	佛山美的	东莞金鸿盛	自制	石家庄永春		
	用途	温度控制	湿度控制	揭裱／装裱	制天地杆		
主要工具	工具名称	排笔	浆刷	喷壶	鬃刷	裁刀	毛笔
	规格（cm）／材质	20×17	15×13	1000ml	13×20	6×11	
	产地／品牌	北京	北京	北京	北京	北京	北京戴月轩
	用途	刷糨糊／托画心／褙纸／镶料／染色	镶活	喷水	托画心／褙纸／镶料	方裁画心／裁料	全色／固色／补画心

《清胡公寿水墨梅兰竹石图条屏》保护修复过程记录表

<table>
<tr><td colspan="2">文物名称</td><td colspan="2">清胡公寿水墨梅兰竹石图条屏</td><td colspan="3">藏品总登记号</td><td>Y28008</td><td colspan="2">文物收藏单位</td><td>宜昌博物馆</td><td>保管负责人</td><td>向光华</td></tr>
<tr><td colspan="2">保护修复单位</td><td colspan="2">北京停云馆文化投资有限公司</td><td colspan="3">项目负责人</td><td>王治涛</td><td colspan="2">保护修复场所</td><td>北京市朝阳区望京佳境天城大厦B2802</td><td>保管负责人</td><td>王治涛
刘亚昭</td></tr>
<tr><td rowspan="4">项目主要参与人员</td><td>姓名</td><td>性别</td><td>年龄</td><td colspan="2">职称</td><td>单位</td><td rowspan="4">项目主要参与人员</td><td>姓名</td><td>性别</td><td>年龄</td><td>职称</td><td>单位</td></tr>
<tr><td>陈鲜维</td><td>女</td><td>36</td><td colspan="2">无</td><td>本单位</td><td>王秀敏</td><td>女</td><td>25</td><td>无</td><td>本单位</td></tr>
<tr><td>姓名</td><td>性别</td><td>年龄</td><td colspan="2">职称</td><td>单位</td><td>姓名</td><td>性别</td><td>年龄</td><td>职称</td><td>单位</td></tr>
<tr><td>陈悦尔</td><td>女</td><td>26</td><td colspan="2">无</td><td>本单位</td><td>吴浩</td><td>男</td><td>23</td><td>无</td><td>本单位</td></tr>
<tr><td rowspan="2">保护场地状况</td><td>温度（℃）</td><td>温度控制</td><td>湿度（RH）</td><td colspan="2">湿度控制</td><td>光照度（lx）</td><td>紫外线控制</td><td>颗粒物控制</td><td>有害气体控制</td><td>污水处理</td><td>废料处理</td><td>安保措施</td></tr>
<tr><td>20℃～26℃</td><td>中央空调</td><td>55%～65%</td><td colspan="2">除湿机</td><td>760</td><td></td><td></td><td>通风</td><td>集中排放</td><td>集中处理</td><td>红外／监控</td></tr>
<tr><td colspan="2" rowspan="2">保护工作内容</td><td rowspan="2">时间</td><td colspan="6">使用工具材料</td><td rowspan="2">遇到主要问题及解决方法</td><td rowspan="2">保护效果</td><td colspan="2">文物替换下的辅料</td></tr>
<tr><td colspan="2">设备／工具</td><td>主要材料</td><td>辅助材料</td><td>试剂</td><td>颜料</td><td>名称</td><td>保存方式</td></tr>
<tr><td>加固／复原</td><td>加固</td><td>2015.9.9</td><td colspan="2">裱画台／毛笔</td><td>胶矾水</td><td></td><td></td><td></td><td></td><td></td><td></td><td></td></tr>
<tr><td rowspan="2">去污／脱酸</td><td>去污</td><td>2015.9.10</td><td colspan="2">裱画台／排笔</td><td>蒸馏水</td><td>喷壶／毛巾</td><td></td><td></td><td></td><td></td><td></td><td></td></tr>
<tr><td>脱酸</td><td>2015.9.10</td><td colspan="2">裱画台／排笔</td><td>蒸馏水</td><td>喷壶／毛巾</td><td></td><td></td><td></td><td></td><td></td><td></td></tr>
<tr><td rowspan="10">修复</td><td>揭画心</td><td>2015.9.10</td><td colspan="2">裱画台／镊子</td><td>水油纸</td><td></td><td></td><td></td><td></td><td></td><td>镶料／天地杆</td><td>登记存档</td></tr>
<tr><td>修补</td><td>2015.9.10</td><td colspan="2">手术刀／镊子／毛笔</td><td>补纸／嵌条</td><td>糨糊</td><td></td><td></td><td></td><td></td><td></td><td></td></tr>
<tr><td>托画心</td><td>2015.9.10</td><td colspan="2">排笔</td><td>宣纸</td><td>糨糊</td><td></td><td></td><td></td><td></td><td></td><td></td></tr>
<tr><td>全色</td><td>2015.9.17</td><td colspan="2">毛笔</td><td></td><td></td><td></td><td>赭石／花青／墨等</td><td></td><td></td><td></td><td></td></tr>
<tr><td>镶嵌</td><td>2015.9.23</td><td colspan="2">浆刷</td><td>宣纸</td><td></td><td></td><td>赭石／花青／墨等</td><td></td><td></td><td></td><td></td></tr>
<tr><td>覆背</td><td>2015.11.30</td><td colspan="2">排笔／鬃刷</td><td>宣纸／花绫／绢</td><td>糨糊</td><td></td><td></td><td></td><td></td><td></td><td></td></tr>
<tr><td>贴墙</td><td>2015.11.30</td><td colspan="2">鬃刷</td><td>糨糊</td><td></td><td></td><td></td><td></td><td></td><td></td><td></td></tr>
<tr><td>研光</td><td>2016.1.28</td><td colspan="2">研石</td><td>石蜡</td><td>宣纸</td><td></td><td></td><td></td><td></td><td></td><td></td></tr>
<tr><td>装天地杆／扎带</td><td>2016.2.5</td><td colspan="2">锯杆机</td><td>松木／丝带</td><td></td><td></td><td></td><td></td><td></td><td></td><td></td></tr>
<tr><td colspan="12"></td></tr>
<tr><td>整理／收藏</td><td>包装匣囊</td><td>2016.3.2</td><td colspan="2">锦盒</td><td>袋装樟脑球</td><td>手套</td><td></td><td></td><td></td><td></td><td></td><td></td></tr>
</table>

病害分布图

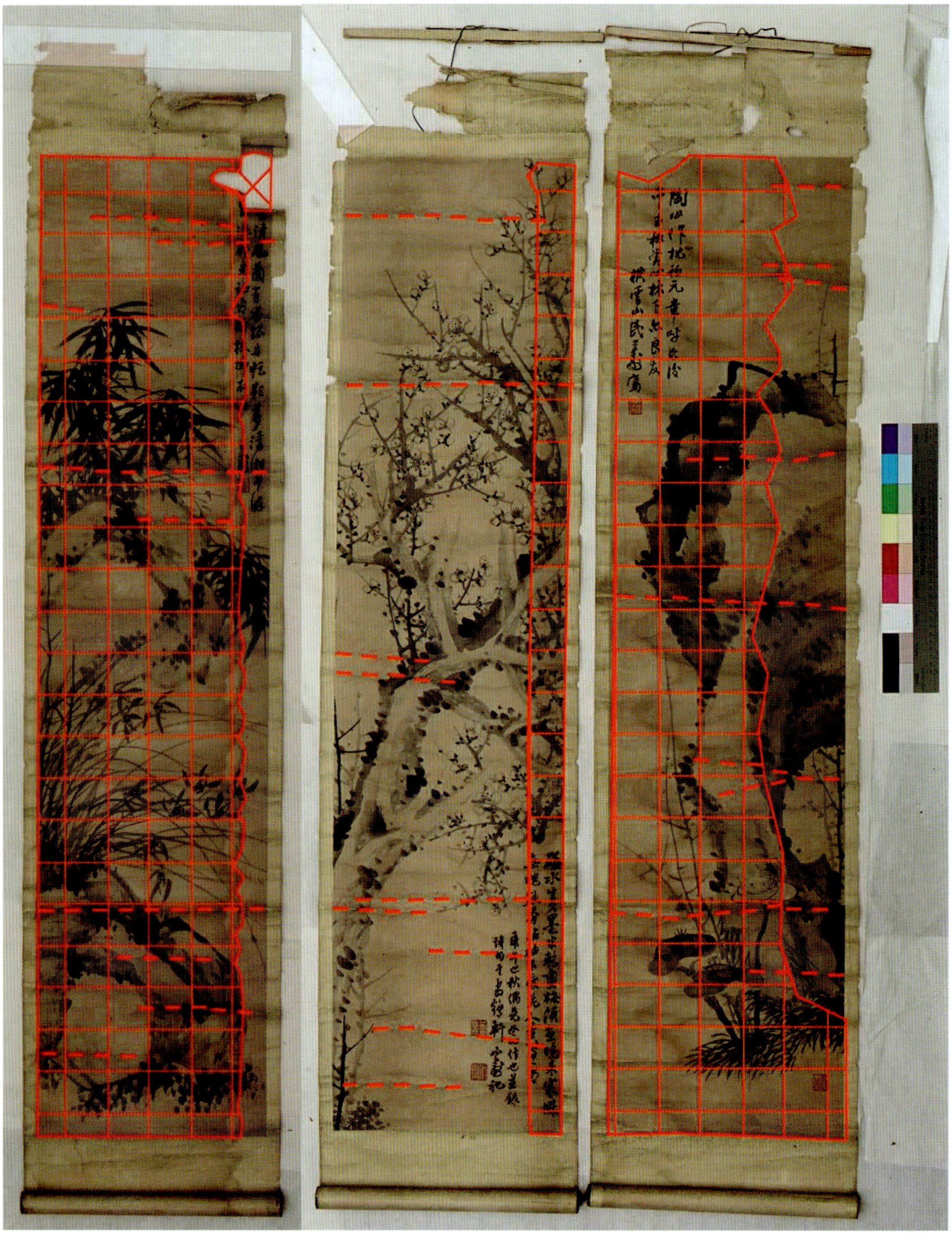

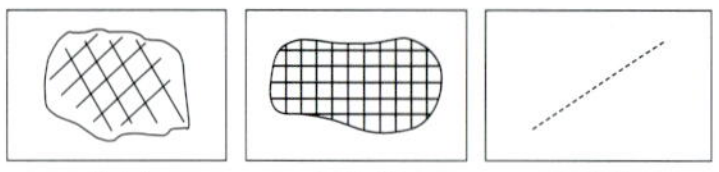

残缺　污渍　折痕

保护修复后的状况

保护修复前后局部对比

污渍修复前

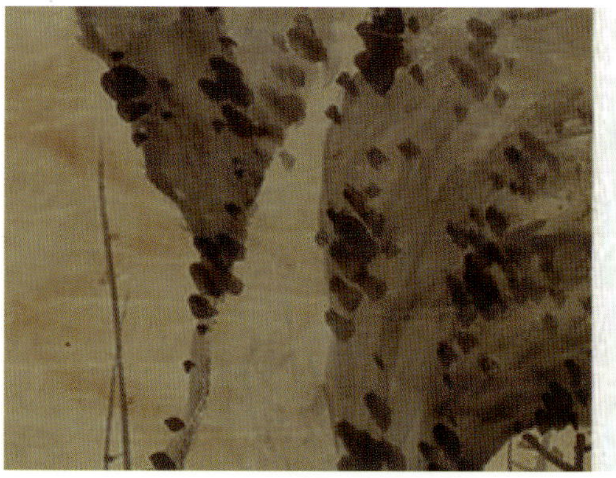
污渍修复后

折痕修复前

折痕修复后

残缺修复前

残缺修复后

《清乾隆十二年闵贞设色渔翁童子图轴》
保护修复档案

项目名称：宜昌博物馆馆藏书画保护修复

文物名称：清乾隆十二年闵贞设色渔翁童子图轴

2016 年 11 月

中华人民共和国国家文物局制

《清乾隆十二年闵贞设色渔翁童子图轴》保护修复前基本信息表

文物名称		清乾隆十二年闵贞设色渔翁童子图轴		
收藏单位		宜昌博物馆	藏品总登记号	Z681
来源		征集	年代	清
类别		绘画	装裱 / 装订形制	立轴
画心尺寸（纵 cm× 横 cm）		149.0 × 44.0	质地	纸
文物保存环境及病害防控措施	温度	自然环境	温度控制	无
	湿度		湿度控制	无
	紫外线		紫外线防控	无
	有害气体		有害气体防控	无
	微生物损害		微生物损害防控	无
	动物损害		动物损害防控	袋装樟脑球
以往保护修复记录	病害种类	不详	保护修复措施	不详
	保护修复时间	不详	保护修复效果评估	不详
保护前状况	病害种类	污渍、断裂、脱壳、微生物损害	病害程度	重度
	影像资料	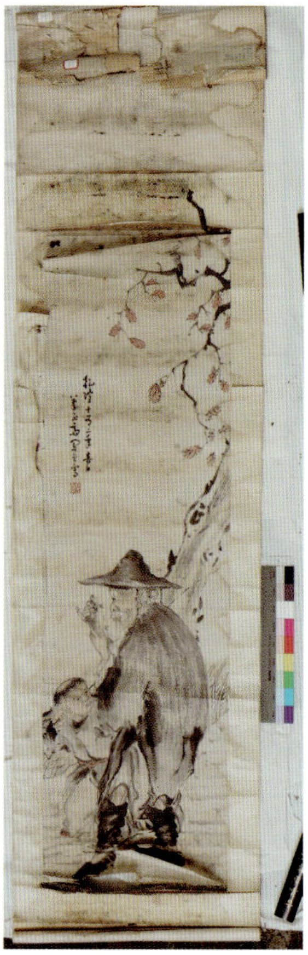		

保护修复方案	方案名称及编号	湖北省宜昌博物馆馆藏书画保护修复方案		
	设计单位	北京停云馆文化投资有限公司	资质证书编号	11010-2008
	批准单位	国家文物局	批准文号	文物博函〔2014〕773号
文物提取日期		2015.3.31	提取经办人	向光华　王治涛
文物返还日期		2016.11.17	返还经办人	王治涛　向光华
备注				

《清乾隆十二年闵贞设色渔翁童子图轴》保护修复检测记录表

文物名称		清乾隆十二年闵贞设色渔翁童子图轴		藏品总登记号	Z681		收藏单位		宜昌博物馆	
保护修复单位		北京停云馆文化投资有限公司		项目负责人	王治涛		保护修复场所		北京市朝阳区望京佳境天城大厦B2802	
保护阶段	检测内容	检测时间	检测目的	样品名称	样品编号	取样方法	检测方法	使用设备	检测结果	检测单位
保护前	pH值		纸张酸度				酸度仪	Clean.PH30	5.1	本单位
保护后	pH值		纸张酸度				酸度仪	Clean.PH30	6.7	本单位

《清乾隆十二年闵贞设色渔翁童子图轴》保护修复材料使用明细表

项目名称	宜昌博物馆馆藏书画保护修复			项目起始时间	2015.03 ~ 2016.11		
委托单位	宜昌博物馆			委托方负责人	向光华		
项目实施单位	北京停云馆文化投资有限公司			项目负责人	王治涛		
主要保护材料（纸 / 绫 / 绢 / 糨糊 / 胶等）	材料名称	宣纸	绫	绢	糨糊	胶	
	规格（cm）/ 材质	136 × 68	68 × 10000	83 × 10000	配制 /70 面粉	500g	
		180 × 95	80 × 10000				
			95 × 10000				
	产地 / 品牌	安徽红星	湖州呈祥	湖州呈祥	河北五得利	天津瑞金特	
	用途	画心命纸 / 覆褙纸	镶料	补画心	托画心 / 托花绫 / 覆褙	固色	
其他保护材料（镶料 / 天地杆等）	材料名称	花绫	天地杆	轴头			
	规格（cm）/ 材质	68 × 10000	定制	定制			
		80 × 10000					
		95 × 10000					
	产地 / 品牌	湖州呈祥	北京	北京			
	用途	镶料	保护画心				
各种试剂	试剂名称	明矾					
	规格（g）/ 材质						
	产地 / 品牌	北京北化					
	用途	固色					
主要颜料	颜料名称	花青	藤黄	赭石	石绿	朱砂	墨
	规格（ml）/ 材质	12	12	12	12	12	500
	产地 / 品牌	上海马利	上海马利	上海马利	上海马利	上海马利	北京一得阁
	用途	全色 / 染配	全色 / 染配	全色 / 染配	全色 / 染配	全色 / 染配	全色 / 染配
大型设备	设备名称	中央空调	除湿机	裱画台	锯杆机		
	规格 / 材质		D011A-22P	2 × 3m			
	产地 / 品牌	佛山美的	东莞金鸿盛	自制	石家庄永春		
	用途	温度控制	湿度控制	揭裱 / 装裱	制天地杆		
主要工具	工具名称	排笔	浆刷	喷壶	鬃刷	裁刀	毛笔
	规格（cm）/ 材质	20 × 17	15 × 13	1000ml	13 × 20	6 × 11	
	产地 / 品牌	北京	北京	北京	北京	北京	北京戴月轩
	用途	刷糨糊 / 托画心 / 褙纸 / 镶料 / 染色	镶活	喷水	托画心 / 褙纸 / 镶料	方裁画心 / 裁料	全色 / 固色 / 补画心

《清乾隆十二年闵贞设色渔翁童子图轴》保护修复过程记录表

文物名称	清乾隆十二年闵贞设色渔翁童子图轴	藏品总登记号	Z681	文物收藏单位	宜昌博物馆	保管负责人	向光华
保护修复单位	北京停云馆文化投资有限公司	项目负责人	王治涛	保护修复场所	北京市朝阳区望京佳境天城大厦B2802	保管负责人	王治涛 刘亚昭

项目主要参与人员	姓名	性别	年龄	职称	单位	项目主要参与人员	姓名	性别	年龄	职称	单位
	陈鲜维	女	36	无	本单位		王秀敏	女	25	无	本单位
	姓名	性别	年龄	职称	单位		姓名	性别	年龄	职称	单位
	陈悦尔	女	26	无	本单位		吴浩	男	23	无	本单位

保护场地状况	温度（℃）	温度控制	湿度（RH）	湿度控制	光照度（lx）	紫外线控制	颗粒物控制	有害气体控制	污水处理	废料处理	安保措施
	20℃ ~ 26℃	中央空调	55% ~ 65%	除湿机	760			通风	集中排放	集中处理	红外 / 监控

保护工作内容		时间	使用工具材料					遇到主要问题及解决方法	保护效果	文物替换下的辅料	
			设备 / 工具	主要材料	辅助材料	试剂	颜料			名称	保存方式
加固 / 复原	加固	2015.7.8	裱画台 / 毛笔	胶矾水							
去污 / 脱酸	去污	2015.7.9	裱画台 / 排笔	蒸馏水	喷壶 / 毛巾						
	脱酸	2015.7.9	裱画台 / 排笔	蒸馏水	喷壶 / 毛巾						
修复	揭画心	2015.7.9	裱画台 / 镊子	水油纸						镶料 / 天地杆	登记存档
	修补	2015.7.9	手术刀 / 镊子 / 毛笔	补纸 / 嵌条	糨糊						
	托画心	2015.7.9	排笔	宣纸	糨糊						
	全色	2015.7.12	毛笔				赭石 / 花青 / 墨等				
	镶嵌	2015.8.10	浆刷	宣纸			赭石 / 花青 / 墨等				
	覆背	2015.8.10	排笔 / 鬃刷	宣纸 / 花绫 / 绢	糨糊						
	贴墙	2015.8.10	鬃刷	糨糊							
	砑光	2015.8.24	砑石	石蜡	宣纸						
	装天地杆 / 扎带	2015.9.9	锯杆机	松木 / 丝带							
整理 / 收藏	包装匣囊	2015.9.19	锦盒	袋装樟脑球	手套						

病害分布图

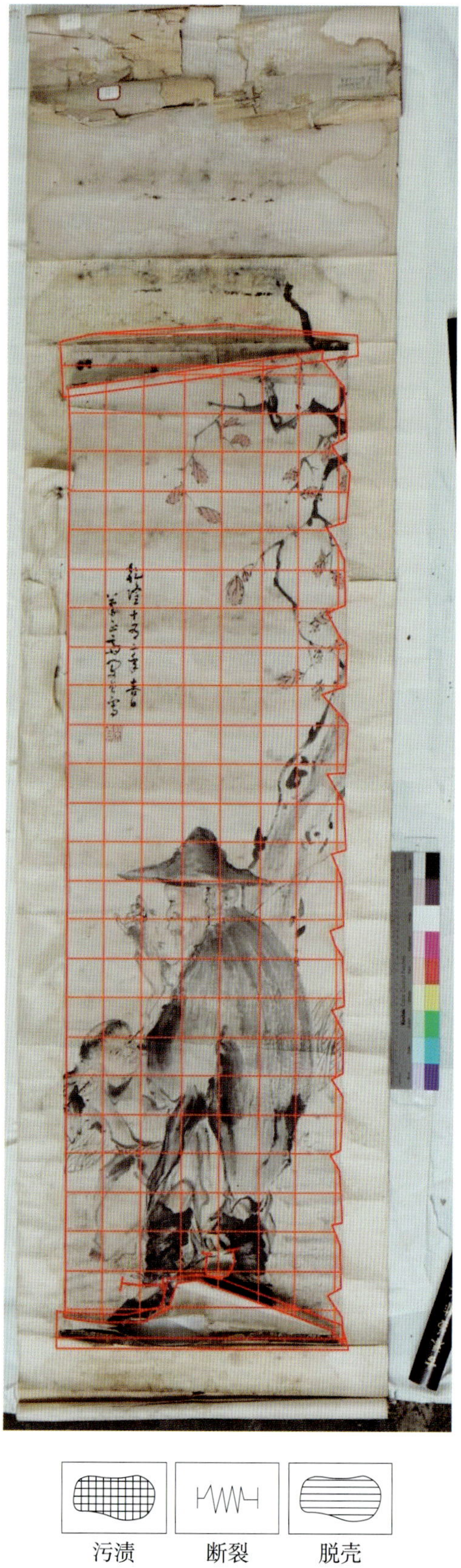

保护修复后的状况

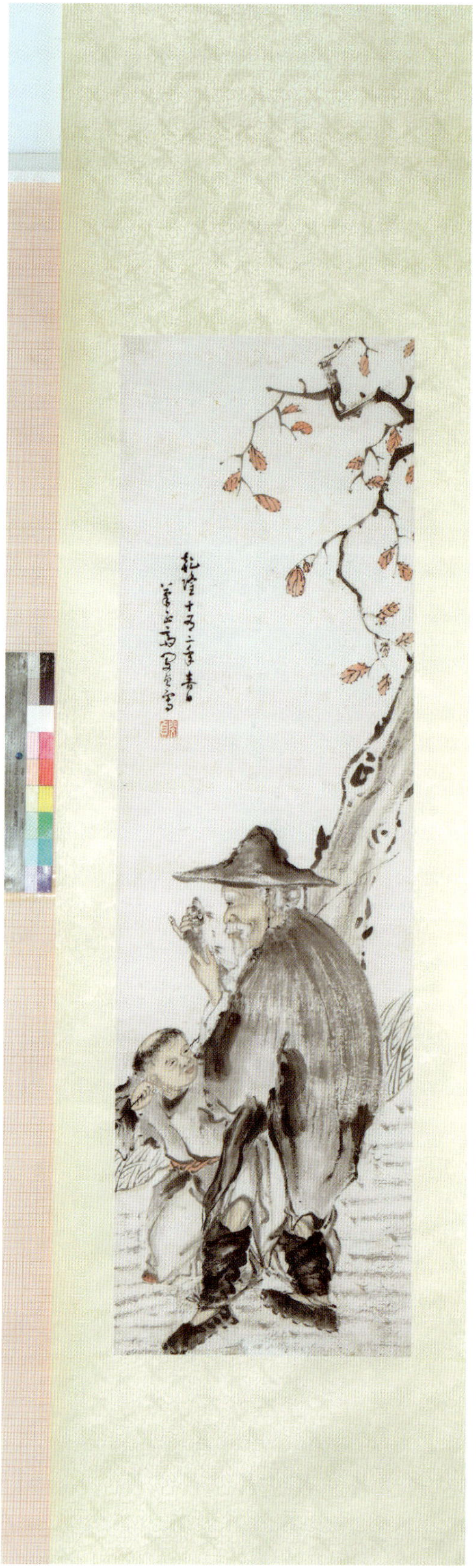

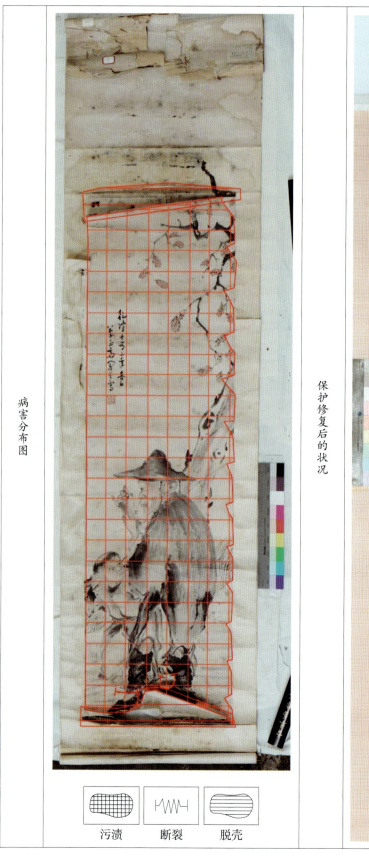

保护修复前后局部对比	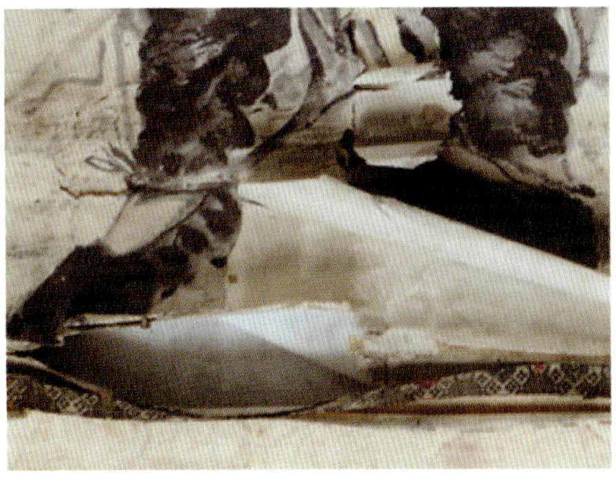	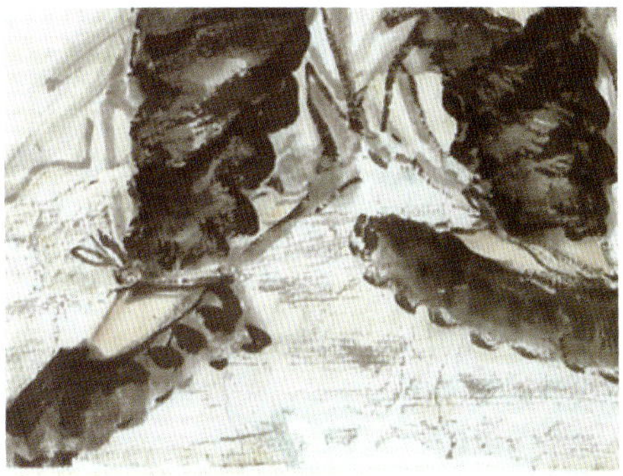
	断裂修复前	断裂修复后

	微生物损害修复前	微生物损害修复后
	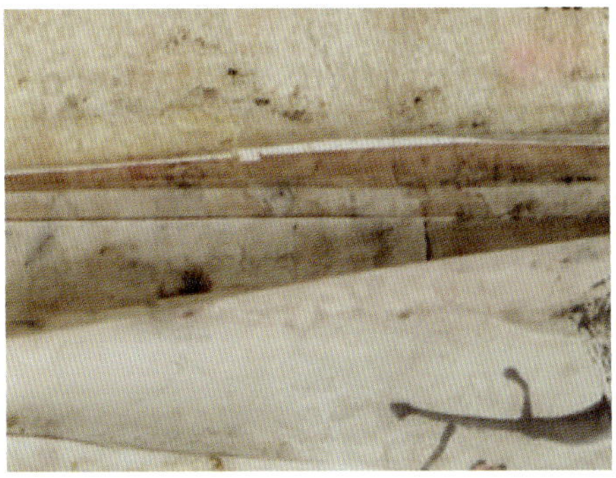	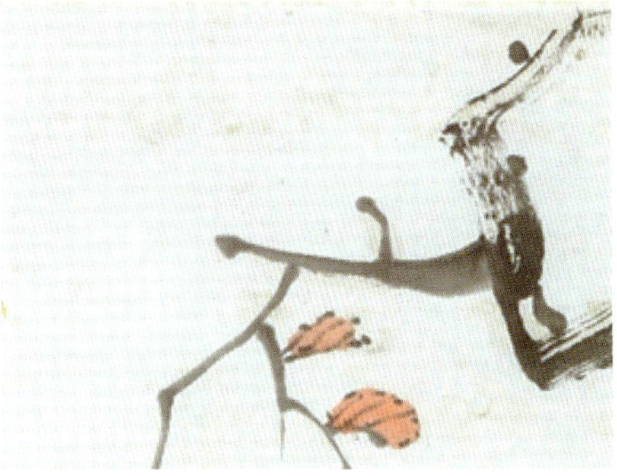
	脱壳修复前	脱壳修复后

	污渍修复前	污渍修复后

《清杨晋设色工笔山水图条屏》
保护修复档案

项目名称：宜昌博物馆馆藏书画保护修复

文物名称：清杨晋设色工笔山水图条屏

2016 年 11 月

中华人民共和国国家文物局制

《清杨晋设色工笔山水图条屏》保护修复前基本信息表

<table>
<tr><td colspan="2">文物名称</td><td colspan="3">清杨晋设色工笔山水图条屏</td></tr>
<tr><td colspan="2">收藏单位</td><td>宜昌博物馆</td><td>藏品总登记号</td><td>Y28023</td></tr>
<tr><td colspan="2">来源</td><td>征集</td><td>年代</td><td>清</td></tr>
<tr><td colspan="2">类别</td><td>绘画</td><td>装裱 / 装订形制</td><td>条屏</td></tr>
<tr><td colspan="2">画心尺寸（纵 cm× 横 cm）</td><td>171.5×45.5</td><td>质地</td><td>纸</td></tr>
<tr><td rowspan="6">文物保存环境及病害防控措施</td><td>温度</td><td rowspan="2">自然环境</td><td>温度控制</td><td>无</td></tr>
<tr><td>湿度</td><td>湿度控制</td><td>无</td></tr>
<tr><td>紫外线</td><td></td><td>紫外线防控</td><td>无</td></tr>
<tr><td>有害气体</td><td></td><td>有害气体防控</td><td>无</td></tr>
<tr><td>微生物损害</td><td></td><td>微生物损害防控</td><td>无</td></tr>
<tr><td>动物损害</td><td></td><td>动物损害防控</td><td>袋装樟脑球</td></tr>
<tr><td rowspan="2">以往保护修复记录</td><td>病害种类</td><td>不详</td><td>保护修复措施</td><td>不详</td></tr>
<tr><td>保护修复时间</td><td>不详</td><td>保护修复效果评估</td><td>不详</td></tr>
<tr><td rowspan="2">保护前状况</td><td>病害种类</td><td>断裂、残缺、脆化、动物损害</td><td>病害程度</td><td>中度</td></tr>
<tr><td>影像资料</td><td colspan="3"></td></tr>
<tr><td rowspan="3">保护修复方案</td><td>方案名称及编号</td><td colspan="3">湖北省宜昌博物馆馆藏书画保护修复方案</td></tr>
<tr><td>设计单位</td><td>北京停云馆文化投资有限公司</td><td>资质证书编号</td><td>11010-2008</td></tr>
<tr><td>批准单位</td><td>国家文物局</td><td>批准文号</td><td>文物博函〔2014〕773 号</td></tr>
<tr><td colspan="2">文物提取日期</td><td>2015.3.31</td><td>提取经办人</td><td>向光华　王治涛</td></tr>
<tr><td colspan="2">文物返还日期</td><td>2016.11.17</td><td>返还经办人</td><td>王治涛　向光华</td></tr>
<tr><td colspan="2">备注</td><td colspan="3"></td></tr>
</table>

《清杨晋设色工笔山水图条屏》保护修复检测记录表

<table>
<tr><td colspan="2">文物名称</td><td colspan="2">清杨晋设色工笔山水图条屏</td><td>藏品总登记号</td><td colspan="2">Y28023</td><td colspan="2">收藏单位</td><td colspan="2">宜昌博物馆</td></tr>
<tr><td colspan="2">保护修复单位</td><td colspan="2">北京停云馆文化投资有限公司</td><td>项目负责人</td><td colspan="2">王治涛</td><td colspan="2">保护修复场所</td><td colspan="2">北京市朝阳区望京佳境天城大厦 B2802</td></tr>
<tr><td>保护阶段</td><td>检测内容</td><td>检测时间</td><td>检测目的</td><td>样品名称</td><td>样品编号</td><td>取样方法</td><td>检测方法</td><td>使用设备</td><td>检测结果</td><td>检测单位</td></tr>
<tr><td rowspan="5">保护前</td><td>pH 值</td><td></td><td>纸张酸度</td><td></td><td></td><td></td><td>酸度仪</td><td>Clean.PH30</td><td>5.0</td><td>本单位</td></tr>
<tr><td></td><td></td><td></td><td></td><td></td><td></td><td></td><td></td><td></td><td></td></tr>
<tr><td></td><td></td><td></td><td></td><td></td><td></td><td></td><td></td><td></td><td></td></tr>
<tr><td></td><td></td><td></td><td></td><td></td><td></td><td></td><td></td><td></td><td></td></tr>
<tr><td></td><td></td><td></td><td></td><td></td><td></td><td></td><td></td><td></td><td></td></tr>
<tr><td rowspan="5">保护后</td><td>pH 值</td><td></td><td>纸张酸度</td><td></td><td></td><td></td><td>酸度仪</td><td>Clean.PH30</td><td>6.9</td><td>本单位</td></tr>
<tr><td></td><td></td><td></td><td></td><td></td><td></td><td></td><td></td><td></td><td></td></tr>
<tr><td></td><td></td><td></td><td></td><td></td><td></td><td></td><td></td><td></td><td></td></tr>
<tr><td></td><td></td><td></td><td></td><td></td><td></td><td></td><td></td><td></td><td></td></tr>
<tr><td></td><td></td><td></td><td></td><td></td><td></td><td></td><td></td><td></td><td></td></tr>
</table>

《清杨晋设色工笔山水图条屏》保护修复材料使用明细表

项目名称	宜昌博物馆馆藏书画保护修复			项目起始时间	2015.03 ～ 2016.11		
委托单位	宜昌博物馆			委托方负责人	向光华		
项目实施单位	北京停云馆文化投资有限公司			项目负责人	王治涛		
主要保护材料（纸/绫/绢/糨糊/胶等）	材料名称	宣纸	绫	绢	糨糊	胶	
	规格（cm）/材质	136×68	68×10000	83×10000	配制/70面粉	500g	
		180×95	80×10000				
			95×10000				
	产地/品牌	安徽红星	湖州呈祥	湖州呈祥	河北五得利	天津瑞金特	
	用途	画心命纸/覆褙纸	镶料	补画心	托画心/托花绫/覆褙	固色	
其他保护材料（镶料/天地杆等）	材料名称	花绫	天地杆	轴头			
	规格（cm）/材质	68×10000	定制	定制			
		80×10000					
		95×10000					
	产地/品牌	湖州呈祥	北京	北京			
	用途	镶料	保护画心				
各种试剂	试剂名称	明矾					
	规格（g）/材质						
	产地/品牌	北京北化					
	用途	固色					
主要颜料	颜料名称	花青	藤黄	赭石	石绿	朱砂	墨
	规格（ml）/材质	12	12	12	12	12	500
	产地/品牌	上海马利	上海马利	上海马利	上海马利	上海马利	北京一得阁
	用途	全色/染配	全色/染配	全色/染配	全色/染配	全色/染配	全色/染配
大型设备	设备名称	中央空调	除湿机	裱画台	锯杆机		
	规格/材质		D011A-22P	2×3m			
	产地/品牌	佛山美的	东莞金鸿盛	自制	石家庄永春		
	用途	温度控制	湿度控制	揭裱/装裱	制天地杆		
主要工具	工具名称	排笔	浆刷	喷壶	鬃刷	裁刀	毛笔
	规格（cm）/材质	20×17	15×13	1000ml	13×20	6×11	
	产地/品牌	北京	北京	北京	北京	北京	北京戴月轩
	用途	刷糨糊/托画心/褙纸/镶料/染色	镶活	喷水	托画心/褙纸/镶料	方裁画心/裁料	全色/固色/补画心

《清杨晋设色工笔山水图条屏》保护修复过程记录表

<table>
<tr><td colspan="2">文物名称</td><td colspan="2">清杨晋设色工笔山水图条屏</td><td colspan="2">藏品总登记号</td><td>Y28023</td><td colspan="2">文物收藏单位</td><td>宜昌博物馆</td><td>保管负责人</td><td>向光华</td></tr>
<tr><td colspan="2">保护修复单位</td><td colspan="2">北京停云馆文化投资有限公司</td><td colspan="2">项目负责人</td><td>王治涛</td><td colspan="2">保护修复场所</td><td>北京市朝阳区望京佳境天城大厦B2802</td><td>保管负责人</td><td>王治涛
刘亚昭</td></tr>
<tr><td rowspan="4">项目主要参与人员</td><td>姓名</td><td>性别</td><td>年龄</td><td>职称</td><td>单位</td><td rowspan="4">项目主要参与人员</td><td>姓名</td><td>性别</td><td>年龄</td><td>职称</td><td>单位</td></tr>
<tr><td>陈鲜维</td><td>女</td><td>36</td><td>无</td><td>本单位</td><td>王秀敏</td><td>女</td><td>25</td><td>无</td><td>本单位</td></tr>
<tr><td>姓名</td><td>性别</td><td>年龄</td><td>职称</td><td>单位</td><td>姓名</td><td>性别</td><td>年龄</td><td>职称</td><td>单位</td></tr>
<tr><td>陈悦尔</td><td>女</td><td>26</td><td>无</td><td>本单位</td><td>吴浩</td><td>男</td><td>23</td><td>无</td><td>本单位</td></tr>
<tr><td rowspan="2">保护场地状况</td><td>温度（℃）</td><td>温度控制</td><td>湿度（RH）</td><td>湿度控制</td><td>光照度（lx）</td><td>紫外线控制</td><td>颗粒物控制</td><td>有害气体控制</td><td>污水处理</td><td>废料处理</td><td>安保措施</td></tr>
<tr><td>20℃～26℃</td><td>中央空调</td><td>55℃～65℃</td><td>除湿机</td><td>760</td><td></td><td></td><td>通风</td><td>集中排放</td><td>集中处理</td><td>红外／监控</td></tr>
<tr><td colspan="2" rowspan="2">保护工作内容</td><td rowspan="2">时间</td><td colspan="5">使用工具材料</td><td rowspan="2">遇到主要问题及解决方法</td><td rowspan="2">保护效果</td><td colspan="2">文物替换下的辅料</td></tr>
<tr><td>设备／工具</td><td>主要材料</td><td>辅助材料</td><td>试剂</td><td>颜料</td><td>名称</td><td>保存方式</td></tr>
<tr><td>加固／复原</td><td>加固</td><td>2015.9.6</td><td>裱画台／毛笔</td><td>胶矾水</td><td></td><td></td><td></td><td></td><td></td><td></td><td></td></tr>
<tr><td rowspan="2">去污／脱酸</td><td>去污</td><td>2015.9.7</td><td>裱画台／排笔</td><td>蒸馏水</td><td>喷壶／毛巾</td><td></td><td></td><td></td><td></td><td></td><td></td></tr>
<tr><td>脱酸</td><td>2015.9.7</td><td>裱画台／排笔</td><td>蒸馏水</td><td>喷壶／毛巾</td><td></td><td></td><td></td><td></td><td></td><td></td></tr>
<tr><td rowspan="9">修复</td><td>揭画心</td><td>2015.9.8</td><td>裱画台／镊子</td><td>水油纸</td><td></td><td></td><td></td><td></td><td></td><td>镶料／天地杆</td><td>登记存档</td></tr>
<tr><td>修补</td><td>2015.9.8</td><td>手术刀／镊子／毛笔</td><td>补纸／嵌条</td><td>糨糊</td><td></td><td></td><td></td><td></td><td></td><td></td></tr>
<tr><td>托画心</td><td>2015.9.8</td><td>排笔</td><td>宣纸</td><td>糨糊</td><td></td><td></td><td></td><td></td><td></td><td></td></tr>
<tr><td>全色</td><td>2015.9.15</td><td>毛笔</td><td></td><td></td><td></td><td>赭石／花青／墨等</td><td></td><td></td><td></td><td></td></tr>
<tr><td>镶嵌</td><td>2015.9.26</td><td>浆刷</td><td>宣纸</td><td></td><td></td><td>赭石／花青／墨等</td><td></td><td></td><td></td><td></td></tr>
<tr><td>覆背</td><td>2015.9.30</td><td>排笔／鬃刷</td><td>宣纸／花绫／绢</td><td>糨糊</td><td></td><td></td><td></td><td></td><td></td><td></td></tr>
<tr><td>贴墙</td><td>2015.9.30</td><td>鬃刷</td><td>糨糊</td><td></td><td></td><td></td><td></td><td></td><td></td><td></td></tr>
<tr><td>研光</td><td>2015.12.18</td><td>研石</td><td>石蜡</td><td>宣纸</td><td></td><td></td><td></td><td></td><td></td><td></td></tr>
<tr><td>装天地杆／扎带</td><td>2015.12.20</td><td>锯杆机</td><td>松木／丝带</td><td></td><td></td><td></td><td></td><td></td><td></td><td></td></tr>
<tr><td>整理／收藏</td><td>包装匣囊</td><td>2015.12.26</td><td>锦盒</td><td>袋装樟脑球</td><td>手套</td><td></td><td></td><td></td><td></td><td></td><td></td></tr>
</table>

病害分布图

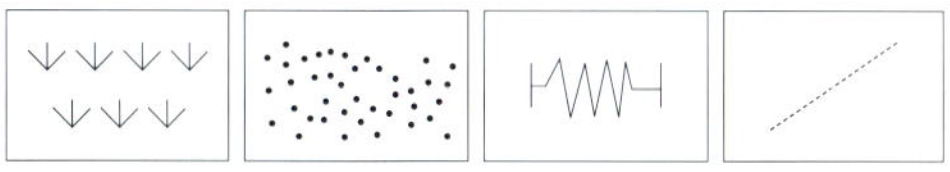

动物损害 脆化 断裂 折痕

病害分布图

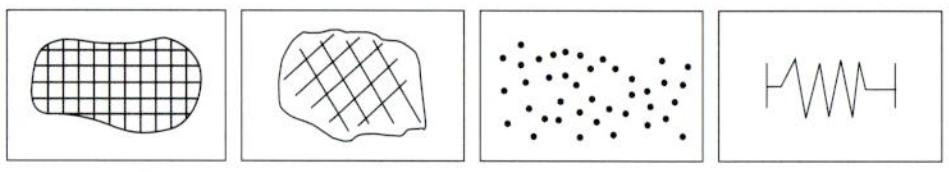

污渍 残缺 脆化 断裂

保护修复后的状况

保护修复后的状况

<table>
<tr><td rowspan="8">保护修复前后局部对比</td><td></td><td>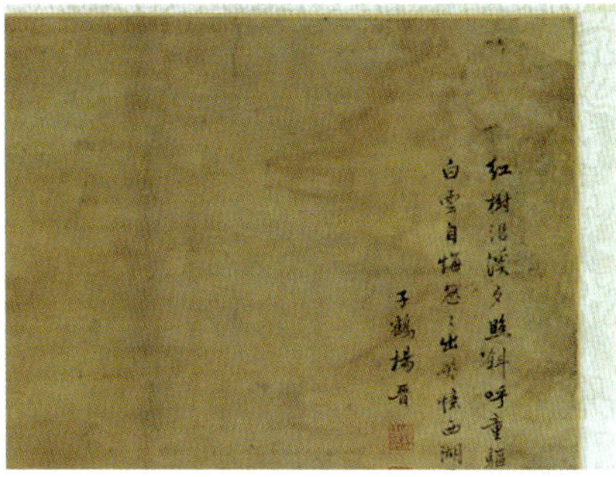</td></tr>
<tr><td>残缺修复前</td><td>残缺修复后</td></tr>
<tr><td></td><td></td></tr>
<tr><td>断裂修复前</td><td>断裂修复后</td></tr>
<tr><td></td><td></td></tr>
<tr><td>脆化修复前</td><td>脆化修复后</td></tr>
<tr><td></td><td></td></tr>
<tr><td>动物损害修复前</td><td>动物损害修复后</td></tr>
</table>

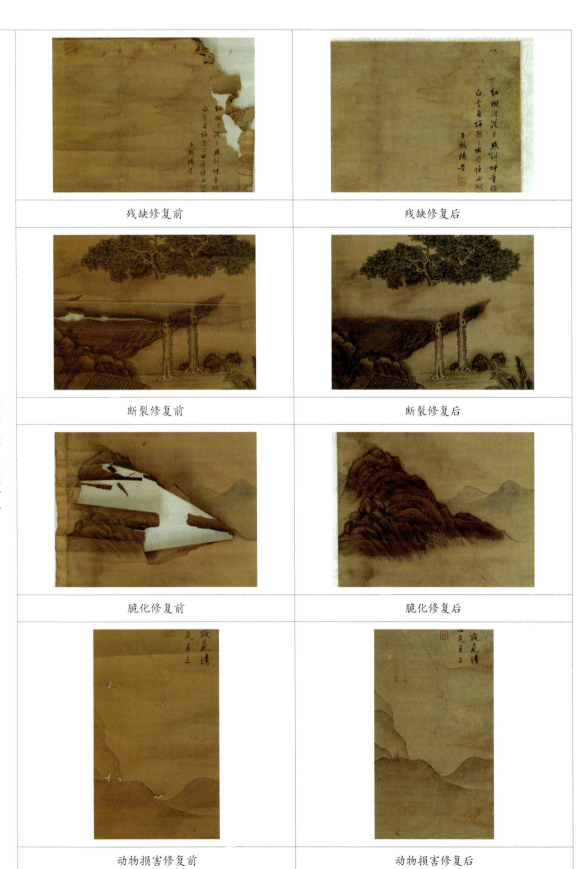

《清郭垣写意水墨鱼戏图条屏》
保护修复档案

项目名称：宜昌博物馆馆藏书画保护修复

文物名称：清郭垣写意水墨鱼戏图条屏

2016 年 11 月

中华人民共和国国家文物局制

《清郭垣写意水墨鱼戏图条屏》保护修复前基本信息表

<table>
<tr><td colspan="2">文物名称</td><td colspan="3">清郭垣写意水墨鱼戏图条屏</td></tr>
<tr><td colspan="2">收藏单位</td><td>宜昌博物馆</td><td>藏品总登记号</td><td>Y28027</td></tr>
<tr><td colspan="2">来源</td><td>征集</td><td>年代</td><td>清</td></tr>
<tr><td colspan="2">类别</td><td>绘画</td><td>装裱 / 装订形制</td><td>条屏</td></tr>
<tr><td colspan="2">画心尺寸（纵 cm× 横 cm）</td><td>147.0×35.7</td><td>质地</td><td>纸</td></tr>
<tr><td rowspan="6">文物保存环境及病害防控措施</td><td>温度</td><td rowspan="2">自然环境</td><td>温度控制</td><td>无</td></tr>
<tr><td>湿度</td><td>湿度控制</td><td>无</td></tr>
<tr><td>紫外线</td><td></td><td>紫外线防控</td><td>无</td></tr>
<tr><td>有害气体</td><td></td><td>有害气体防控</td><td>无</td></tr>
<tr><td>微生物损害</td><td></td><td>微生物损害防控</td><td>无</td></tr>
<tr><td>动物损害</td><td></td><td>动物损害防控</td><td>袋装樟脑球</td></tr>
<tr><td rowspan="2">以往保护修复记录</td><td>病害种类</td><td>不详</td><td>保护修复措施</td><td>不详</td></tr>
<tr><td>保护修复时间</td><td>不详</td><td>保护修复效果评估</td><td>不详</td></tr>
<tr><td rowspan="2">保护前状况</td><td>病害种类</td><td>折痕、污渍、残缺、媒体脱落</td><td>病害程度</td><td>中度</td></tr>
<tr><td>影像资料</td><td colspan="3">    </td></tr>
</table>

保护修复方案	方案名称及编号	湖北省宜昌博物馆馆藏书画保护修复方案		
	设计单位	北京停云馆文化投资有限公司	资质证书编号	11010-2008
	批准单位	国家文物局	批准文号	文物博函〔2014〕773号
文物提取日期		2015.3.31	提取经办人	向光华　王治涛
文物返还日期		2016.11.17	返还经办人	王治涛　向光华
备注				

《清郭垣写意水墨鱼戏图条屏》保护修复检测记录表

文物名称		清郭垣写意水墨鱼戏图条屏		藏品总登记号	Y28027		收藏单位		宜昌博物馆	
保护修复单位		北京停云馆文化投资有限公司		项目负责人	王治涛		保护修复场所		北京市朝阳区望京佳境天城大厦B2802	
保护阶段	检测内容	检测时间	检测目的	样品名称	样品编号	取样方法	检测方法	使用设备	检测结果	检测单位
保护前	pH值		纸张酸度				酸度仪	Clean.PH30	5.1	本单位
保护后	pH值		纸张酸度				酸度仪	Clean.PH30	6.8	本单位

《清郭垣写意水墨鱼戏图条屏》保护修复材料使用明细表

项目名称	宜昌博物馆馆藏书画保护修复			项目起始时间	2015.03 ～ 2016.10		
委托单位	宜昌博物馆			委托方负责人	向光华		
项目实施单位	北京停云馆文化投资有限公司			项目负责人	王治涛		
主要保护材料（纸／绫／绢／糨糊／胶等）	材料名称	宣纸	绫	绢	糨糊	胶	
	规格（cm）／材质	136×68	68×10000	83×10000	配制 /70 面粉	500g	
		180×95	80×10000				
			95×10000				
	产地／品牌	安徽红星	湖州呈祥	湖州呈祥	河北五得利	天津瑞金特	
	用途	画心命纸／覆褙纸	镶料	补画心	托画心／托花绫／覆褙	固色	
其他保护材料（镶料／天地杆等）	材料名称	花绫	天地杆	轴头			
	规格（cm）／材质	68×10000	定制	定制			
		80×10000					
		95×10000					
	产地／品牌	湖州呈祥	北京	北京			
	用途	镶料	保护画心				
各种试剂	试剂名称	明矾					
	规格（g）／材质						
	产地／品牌	北京北化					
	用途	固色					
主要颜料	颜料名称	花青	藤黄	赭石	石绿	朱砂	墨
	规格（ml）／材质	12	12	12	12	12	500
	产地／品牌	上海马利	上海马利	上海马利	上海马利	上海马利	北京一得阁
	用途	全色／染配	全色／染配	全色／染配	全色／染配	全色／染配	全色／染配
大型设备	设备名称	中央空调	除湿机	裱画台	锯杆机		
	规格／材质		D011A-22P	2×3m			
	产地／品牌	佛山美的	东莞全鸿盛	自制	石家庄永春		
	用途	温度控制	湿度控制	揭裱／装裱	制天地杆		
主要工具	工具名称	排笔	浆刷	喷壶	鬃刷	裁刀	毛笔
	规格（cm）／材质	20×17	15×13	1000ml	13×20	6×11	
	产地／品牌	北京	北京	北京	北京	北京	北京戴月轩
	用途	刷糨糊／托画心／褙纸／镶料／染色	镶活	喷水	托画心／褙纸／镶料	方裁画心／裁料	全色／固色／补画心

《清郭垣写意水墨鱼戏图条屏》保护修复过程记录表

文物名称		清郭垣写意水墨鱼戏图条屏		藏品总登记号		176	文物收藏单位		宜昌博物馆	保管负责人	向光华
保护修复单位		北京停云馆文化投资有限公司		项目负责人		王治涛	保护修复场所		北京市朝阳区望京佳境天城大厦B2802	保管负责人	王治涛 刘亚昭
项目主要参与人员	姓名	性别	年龄	职称	单位	项目主要参与人员	姓名	性别	年龄	职称	单位
	陈鲜维	女	36	无	本单位		王秀敏	女	25	无	本单位
	姓名	性别	年龄	职称	单位		姓名	性别	年龄	职称	单位
	陈悦尔	女	26	无	本单位		吴浩	男	23	无	本单位
保护场地状况	温度（℃）	温度控制	湿度（RH）	湿度控制	光照度（lx）	紫外线控制	颗粒物控制	有害气体控制	污水处理	废料处理	安保措施
	20℃～26℃	中央空调	55%～65%	除湿机	760			通风	集中排放	集中处理	红外/监控
保护工作内容		时间	使用工具材料					遇到主要问题及解决方法	保护效果	文物替换下的辅料	
			设备/工具	主要材料	辅助材料	试剂	颜料			名称	保存方式
加固/复原	加固	2016.5.18	裱画台/毛笔	胶矾水							
去污/脱酸	去污	2016.5.19	裱画台/排笔	蒸馏水	喷壶/毛巾						
	脱酸	2016.5.19	裱画台/排笔	蒸馏水	喷壶/毛巾						
修复	揭画心	2016.5.20	裱画台/镊子	水油纸						镶料/天地杆	登记存档
	修补	2016.5.23	手术刀/镊子/毛笔	补纸/嵌条	糨糊						
	托画心	2016.5.24	排笔	宣纸	糨糊						
	全色	2016.5.25	毛笔				赭石/花青/墨等				
	镶嵌	2016.6.14	浆刷	宣纸			赭石/花青/墨等				
	覆背	2016.6.15	排笔/鬃刷	宣纸/花绫/绢	糨糊						
	贴墙	2016.6.15	鬃刷	糨糊							
	研光	2016.7.6	研石	石蜡	宣纸						
	装天地杆/扎带	2016.8.29	锯杆机	松木/丝带							
整理/收藏	包装匣囊	2016.8.31	锦盒	袋装樟脑球	手套						

病害分布图	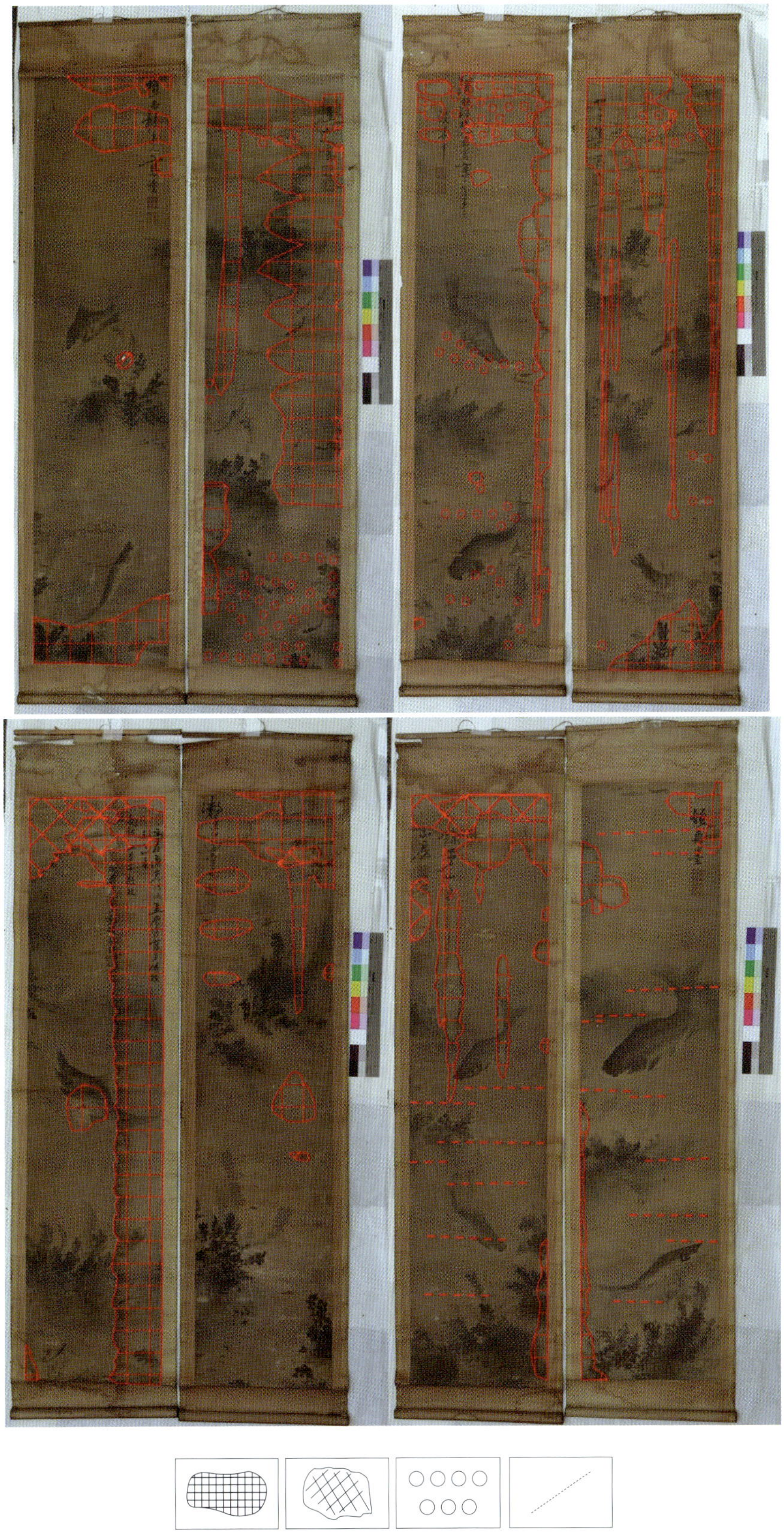 污渍 残缺 媒体脱落 折痕

病害分布图

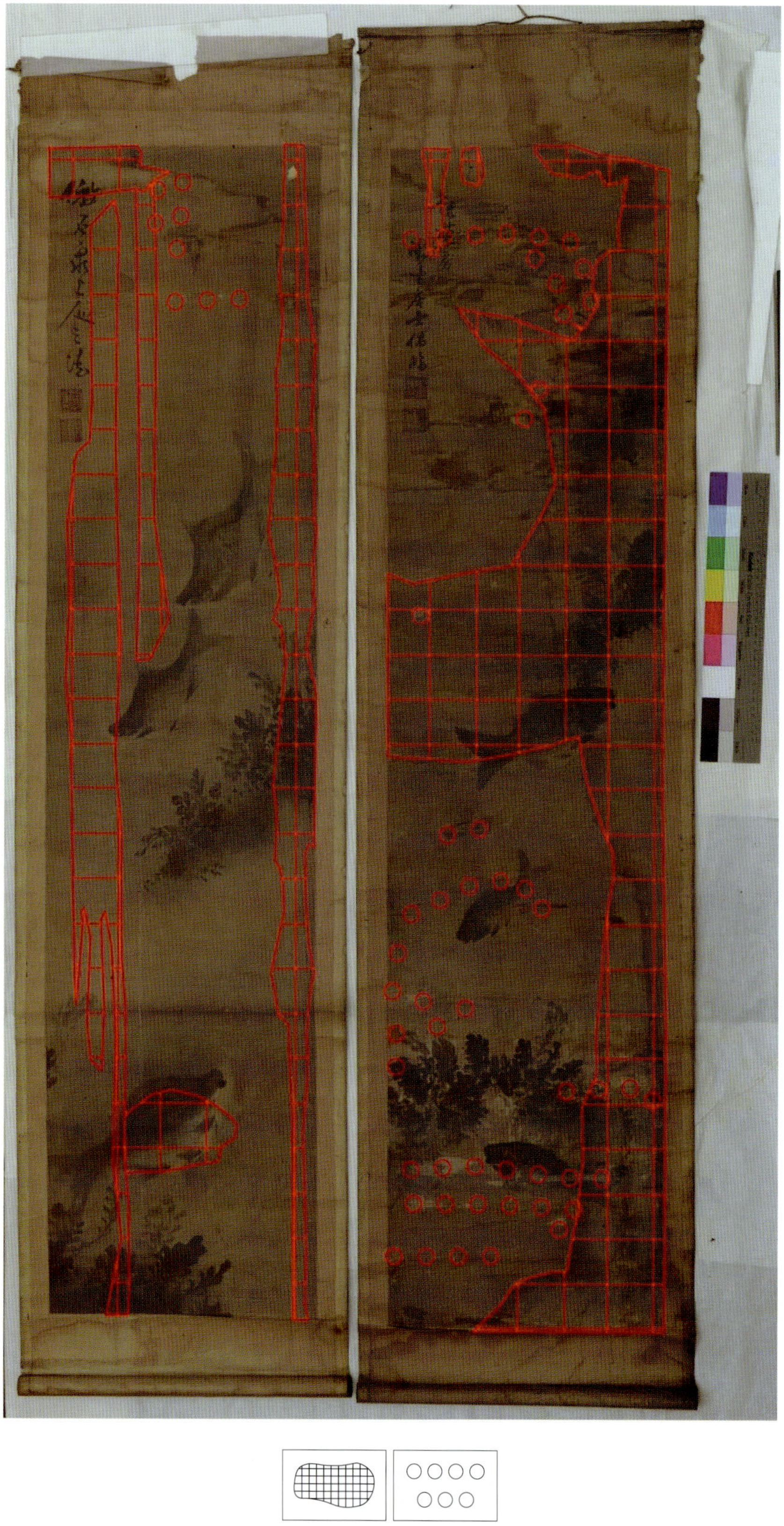

污渍　媒体脱落

保护修复后的状况

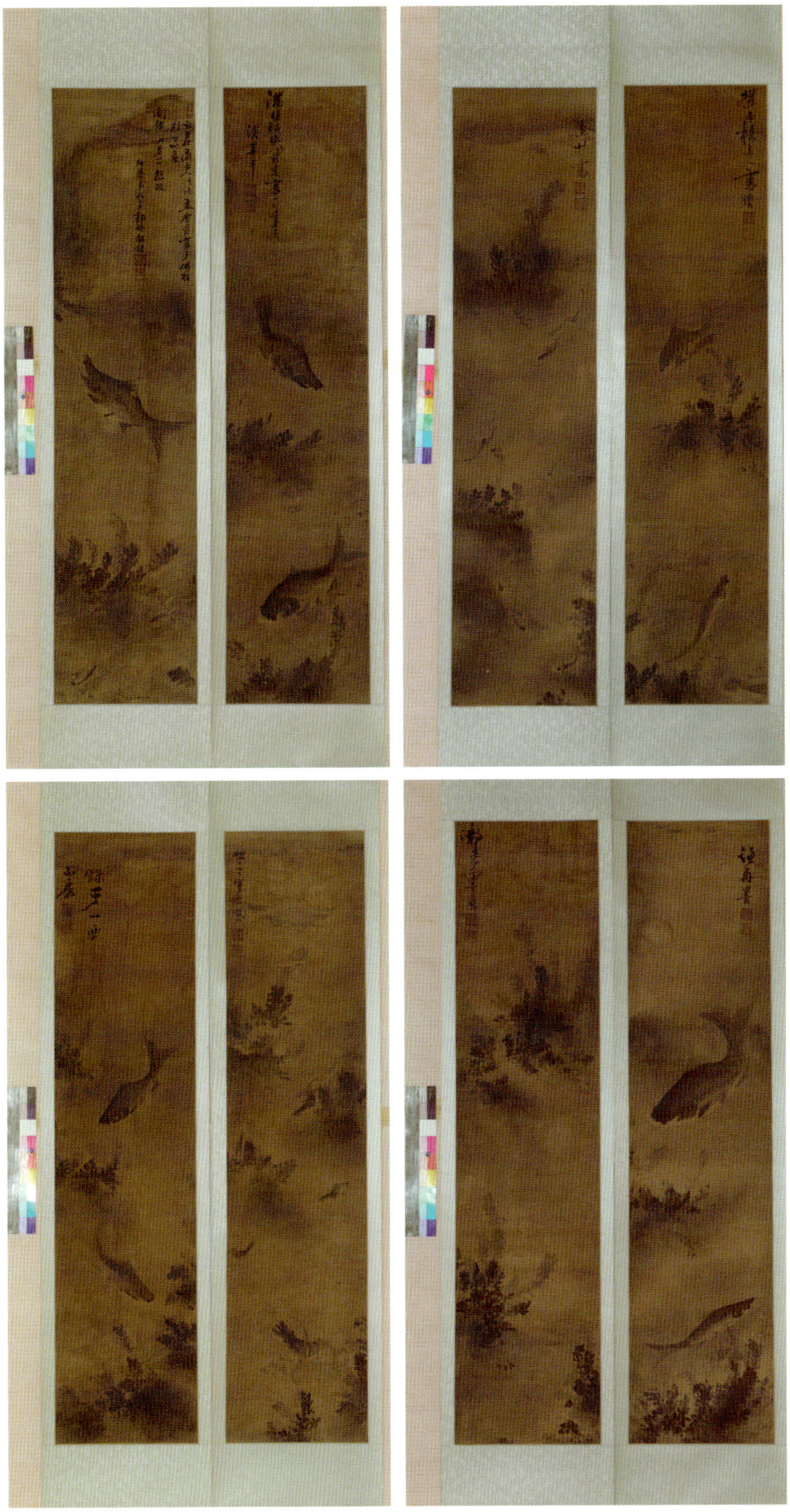

保护修复后的状况

<table>
<tr><td rowspan="8">保护修复前后局部对比</td><td></td><td></td></tr>
<tr><td>残缺修复前</td><td>残缺修复后</td></tr>
<tr><td></td><td></td></tr>
<tr><td>污渍修复前</td><td>污渍修复后</td></tr>
<tr><td></td><td></td></tr>
<tr><td>折痕修复前</td><td>折痕修复后</td></tr>
<tr><td></td><td></td></tr>
<tr><td>媒体脱落修复前</td><td>媒体脱落修复后</td></tr>
</table>

《清孙焕设色渔樵耕读图条屏》
保护修复档案

项目名称：宜昌博物馆馆藏书画保护修复

文物名称：清孙焕设色渔樵耕读图条屏

2016 年 11 月

中华人民共和国国家文物局制

《清孙焕设色渔樵耕读图条屏》保护修复前基本信息表

<table>
<tr><td colspan="2">文物名称</td><td colspan="3">清孙焕设色渔樵耕读图条屏</td></tr>
<tr><td colspan="2">收藏单位</td><td>宜昌博物馆</td><td>藏品总登记号</td><td>Y28014</td></tr>
<tr><td colspan="2">来源</td><td>征集</td><td>年代</td><td>清</td></tr>
<tr><td colspan="2">类别</td><td>绘画</td><td>装裱 / 装订形制</td><td>条屏</td></tr>
<tr><td colspan="2">画心尺寸（纵 cm× 横 cm）</td><td>154.0×43.0</td><td>质地</td><td>纸</td></tr>
<tr><td rowspan="6">文物保存环境及病害防控措施</td><td>温度</td><td rowspan="2">自然环境</td><td>温度控制</td><td>无</td></tr>
<tr><td>湿度</td><td>湿度控制</td><td>无</td></tr>
<tr><td>紫外线</td><td></td><td>紫外线防控</td><td>无</td></tr>
<tr><td>有害气体</td><td></td><td>有害气体防控</td><td>无</td></tr>
<tr><td>微生物损害</td><td></td><td>微生物损害防控</td><td>无</td></tr>
<tr><td>动物损害</td><td></td><td>动物损害防控</td><td>袋装樟脑球</td></tr>
<tr><td rowspan="2">以往保护修复记录</td><td>病害种类</td><td>不详</td><td>保护修复措施</td><td>不详</td></tr>
<tr><td>保护修复时间</td><td>不详</td><td>保护修复效果评估</td><td>不详</td></tr>
<tr><td rowspan="2">保护前状况</td><td>病害种类</td><td>折痕、断裂、残缺、脆化</td><td>病害程度</td><td>重度</td></tr>
<tr><td>影像资料</td><td colspan="3"></td></tr>
<tr><td rowspan="3">保护修复方案</td><td>方案名称及编号</td><td colspan="3">湖北省宜昌博物馆馆藏书画保护修复方案</td></tr>
<tr><td>设计单位</td><td>北京停云馆文化投资有限公司</td><td>资质证书编号</td><td>11010-2008</td></tr>
<tr><td>批准单位</td><td>国家文物局</td><td>批准文号</td><td>文物博函〔2014〕773 号</td></tr>
<tr><td colspan="2">文物提取日期</td><td>2015.3.31</td><td>提取经办人</td><td>向光华　王治涛</td></tr>
<tr><td colspan="2">文物返还日期</td><td>2016.11.17</td><td>返还经办人</td><td>王治涛　向光华</td></tr>
<tr><td colspan="2">备注</td><td colspan="3"></td></tr>
</table>

《清孙焕设色渔樵耕读图条屏》保护修复检测记录表

文物名称		清孙焕设色渔樵耕读图条屏		藏品总登记号	Y28014		收藏单位		宜昌博物馆	
保护修复单位		北京停云馆文化投资有限公司		项目负责人	王治涛		保护修复场所		北京市朝阳区望京佳境天城大厦 B2802	
保护阶段	检测内容	检测时间	检测目的	样品名称	样品编号	取样方法	检测方法	使用设备	检测结果	检测单位
	pH 值		纸张酸度				酸度仪	Clean.PH30	4.6	本单位
保护前										
	pH 值		纸张酸度				酸度仪	Clean.PH30	6.8	本单位
保护后										

《清孙焕设色渔樵耕读图条屏》保护修复材料使用明细表

项目名称	宜昌博物馆馆藏书画保护修复			项目起始时间	2015.03 ~ 2016.11		
委托单位	宜昌博物馆			委托方负责人	向光华		
项目实施单位	北京停云馆文化投资有限公司			项目负责人	王治涛		
主要保护材料（纸/绫/绢/糨糊/胶等）	材料名称	宣纸	绫	绢	糨糊	胶	
	规格（cm）/材质	136×68	68×10000	83×10000	配制/70面粉	500g	
		180×95	80×10000				
			95×10000				
	产地/品牌	安徽红星	湖州呈祥	湖州呈祥	河北五得利	天津瑞金特	
	用途	画心命纸/覆褙纸	镶料	补画心	托画心/托花绫/覆褙	固色	
其他保护材料（镶料/天地杆等）	材料名称	花绫	天地杆	轴头			
	规格（cm）/材质	68×10000	定制	定制			
		80×10000					
		95×10000					
	产地/品牌	湖州呈祥	北京	北京			
	用途	镶料	保护画心				
各种试剂	试剂名称	明矾					
	规格（g）/材质						
	产地/品牌	北京北化					
	用途	固色					
主要颜料	颜料名称	花青	藤黄	赭石	石绿	朱砂	墨
	规格（ml）/材质	12	12	12	12	12	500
	产地/品牌	上海马利	上海马利	上海马利	上海马利	上海马利	北京一得阁
	用途	全色/染配	全色/染配	全色/染配	全色/染配	全色/染配	全色/染配
大型设备	设备名称	中央空调	除湿机	裱画台	锯杆机		
	规格/材质		D011A-22P	2×3m			
	产地/品牌	佛山美的	东莞全鸿盛	自制	石家庄永春		
	用途	温度控制	湿度控制	揭裱/装裱	制天地杆		
主要工具	工具名称	排笔	浆刷	喷壶	鬃刷	裁刀	毛笔
	规格（cm）/材质	20×17	15×13	1000ml	13×20	6×11	
	产地/品牌	北京	北京	北京	北京	北京	北京戴月轩
	用途	刷糨糊/托画心/褙纸/镶料/染色	镶活	喷水	托画心/褙纸/镶料	方裁画心/裁料	全色/固色/补画心

《清孙焕设色渔樵耕读图条屏》保护修复过程记录表

文物名称		清孙焕设色渔樵耕读图条屏		藏品总登记号		Y28014	文物收藏单位		宜昌博物馆	保管负责人	向光华
保护修复单位		北京停云馆文化投资有限公司		项目负责人		王治涛	保护修复场所		北京市朝阳区望京佳境天城大厦B2802	保管负责人	王治涛 刘亚昭
项目主要参与人员	姓名	性别	年龄	职称	单位	项目主要参与人员	姓名	性别	年龄	职称	单位
	陈鲜维	女	36	无	本单位		王秀敏	女	25	无	本单位
	姓名	性别	年龄	职称	单位		姓名	性别	年龄	职称	单位
	陈悦尔	女	26	无	本单位		吴浩	男	23	无	本单位
保护场地状况	温度（℃）	温度控制	湿度（RH）	湿度控制	光照度（lx）	紫外线控制	颗粒物控制	有害气体控制	污水处理	废料处理	安保措施
	20℃～26℃	中央空调	55%～65%	除湿机	760			通风	集中排放	集中处理	红外/监控
保护工作内容		时间	使用工具材料					遇到主要问题及解决方法	保护效果	文物替换下的辅料	
			设备/工具	主要材料	辅助材料	试剂	颜料			名称	保存方式
加固/复原	加固	2016.3.1	裱画台/毛笔	胶矾水							
去污/脱酸	去污	2016.3.2	裱画台/排笔	蒸馏水	喷壶/毛巾						
	脱酸	2016.3.2	裱画台/排笔	蒸馏水	喷壶/毛巾						
修复	揭画心	2016.3.3	裱画台/镊子	水油纸						镶料/天地杆	登记存档
	修补	2016.3.4	手术刀/镊子/毛笔	补纸/嵌条	糨糊						
	托画心	2016.3.4	排笔	宣纸	糨糊						
	全色	2016.4.25	毛笔				赭石/花青/墨等				
	镶嵌	2016.5.14	浆刷	宣纸			赭石/花青/墨等				
	覆背	2016.5.15	排笔/鬃刷	宣纸/花绫/绢	糨糊						
	贴墙	2016.5.15	鬃刷	糨糊							
	砑光	2016.6.6	砑石	石蜡	宣纸						
	装天地杆/扎带	2016.7.2	锯杆机	松木/丝带							
整理/收藏	包装匣囊	2016.7.14	锦盒	袋装樟脑球	手套						

病害分布图

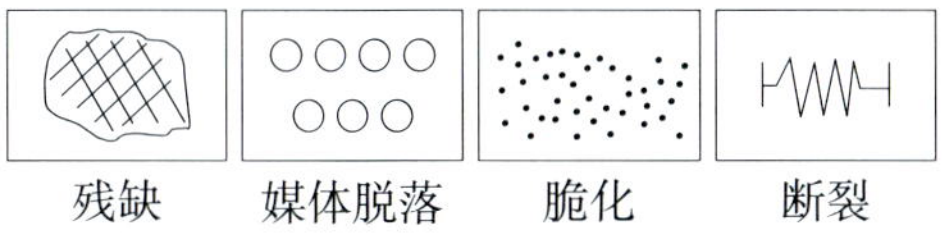

残缺 媒体脱落 脆化 断裂

病害分布图

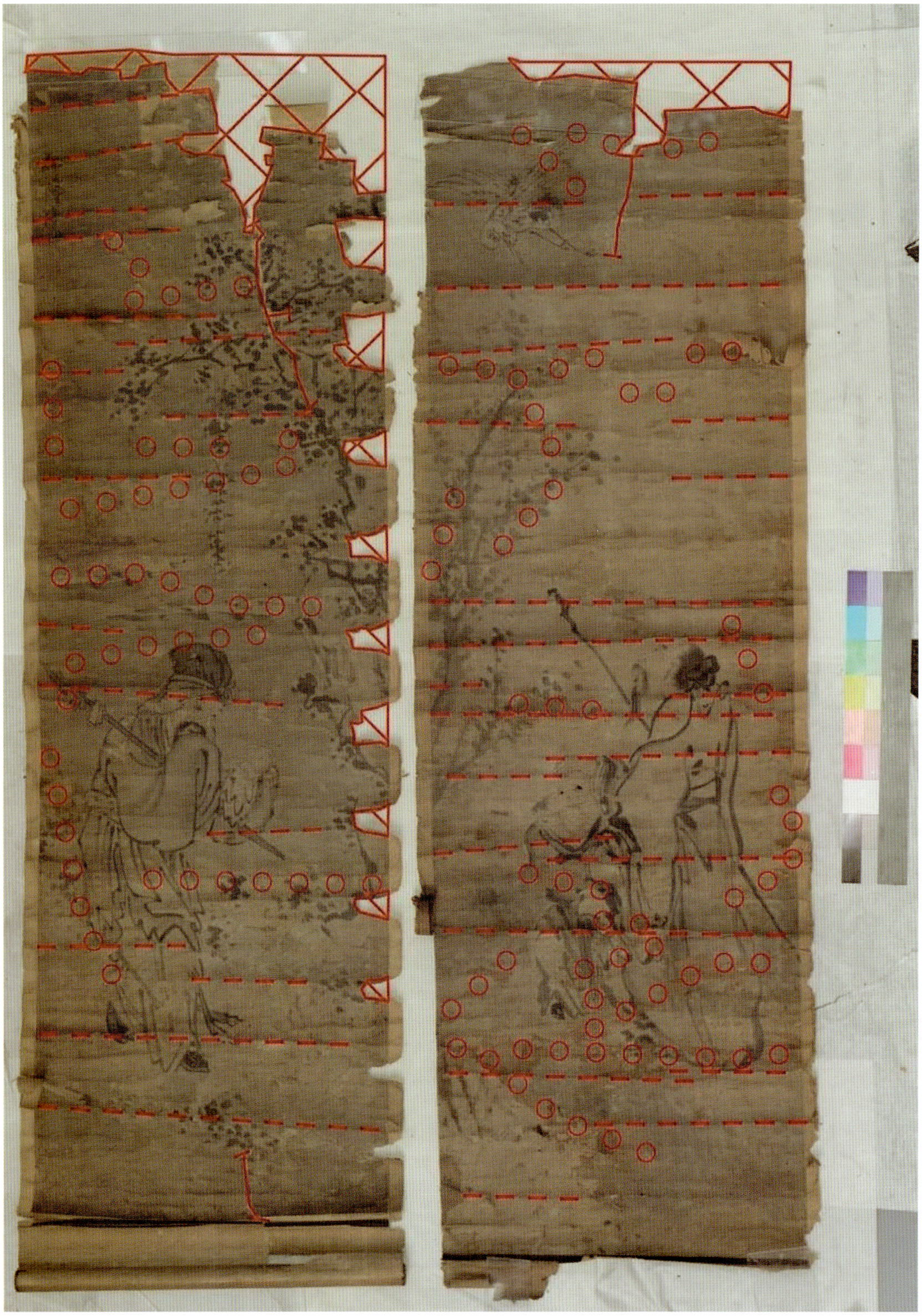

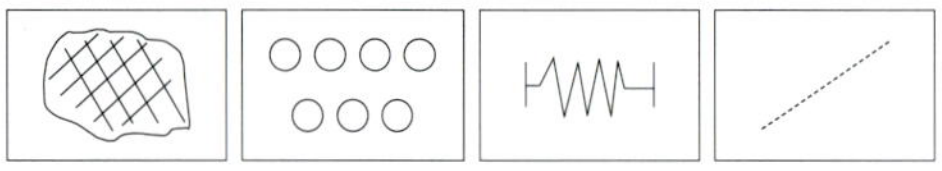

残缺　媒体脱落　断裂　折痕

保护修复后的状况

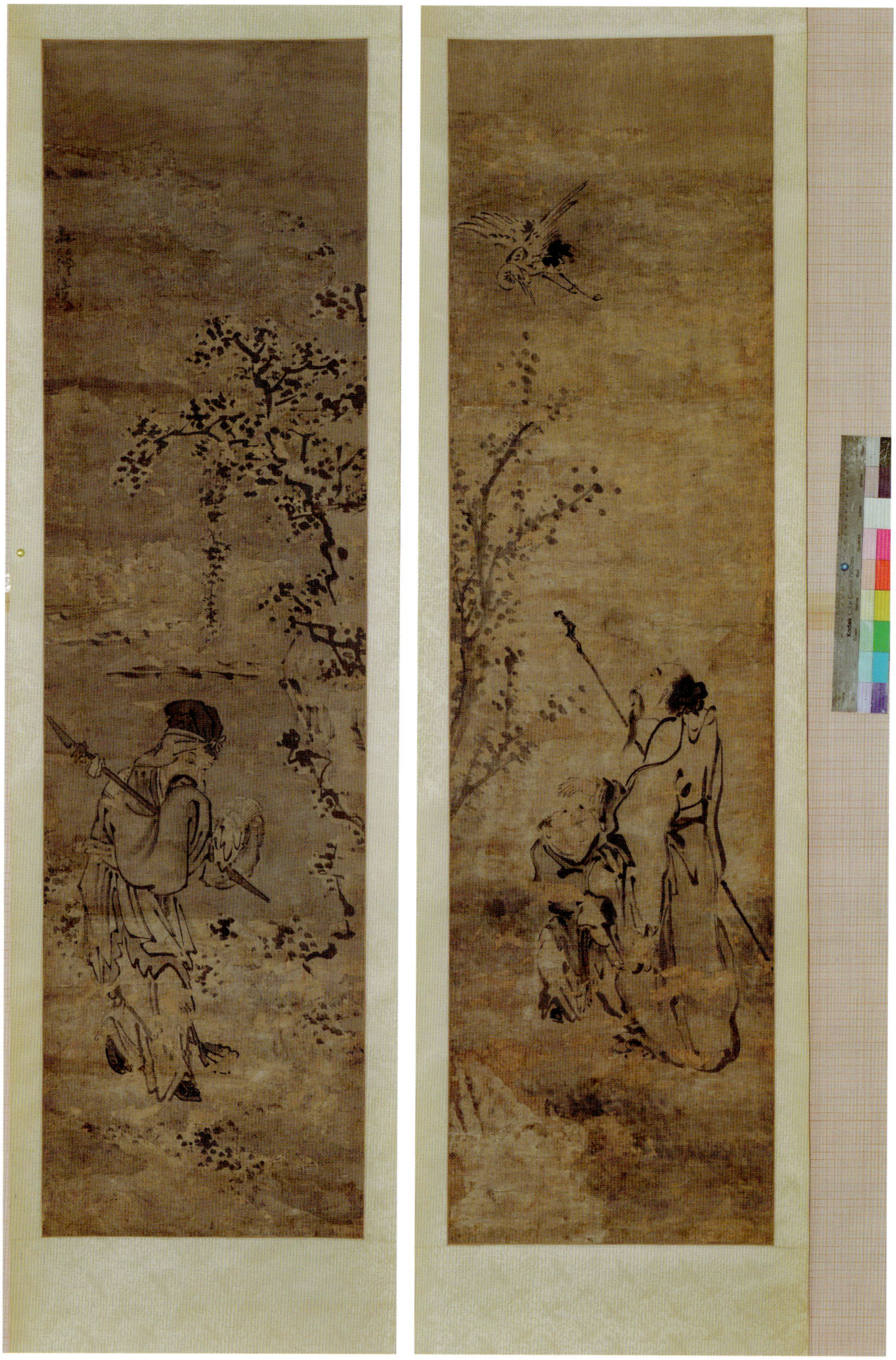

保护修复后的状况

<table>
<tr><td rowspan="8">保护修复前后局部对比</td><td></td><td></td></tr>
<tr><td>残缺修复前</td><td>残缺修复后</td></tr>
<tr><td></td><td></td></tr>
<tr><td>断裂修复前</td><td>断裂修复后</td></tr>
<tr><td></td><td></td></tr>
<tr><td>折痕修复前</td><td>折痕修复后</td></tr>
<tr><td></td><td></td></tr>
<tr><td>脆化修复前</td><td>脆化修复后</td></tr>
</table>

《中华民国苏家驹朱柏庐〈治家格言〉条屏》
保护修复档案

项目名称：宜昌博物馆馆藏书画保护修复

文物名称：中华民国苏家驹朱柏庐《治家格言》条屏

2016 年 11 月

中华人民共和国国家文物局制

《中华民国苏家驹朱柏庐〈治家格言〉条屏》保护修复前基本信息表

文物名称		中华民国苏家驹朱柏庐《治家格言》条屏		
收藏单位		宜昌博物馆	藏品总登记号	Y28017
来源		征集	年代	中华民国
类别		书法	装裱 / 装订形制	条屏
画心尺寸（纵 cm× 横 cm）		139.0×41.0	质地	纸
文物保存环境及病害防控措施	温度	自然环境	温度控制	无
	湿度		湿度控制	无
	紫外线		紫外线防控	无
	有害气体		有害气体防控	无
	微生物损害		微生物损害防控	无
	动物损害		动物损害防控	袋装樟脑球
以往保护修复记录	病害种类	不详	保护修复措施	不详
	保护修复时间	不详	保护修复效果评估	不详
保护前状况	病害种类	折痕、污渍、断裂	病害程度	中度
	影像资料	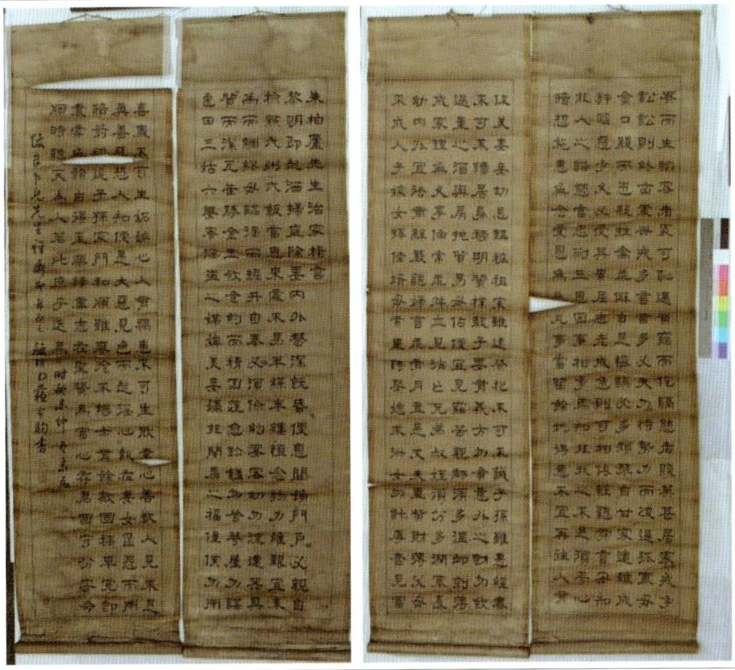		
保护修复方案	方案名称及编号	湖北省宜昌博物馆馆藏书画保护修复方案		
	设计单位	北京停云馆文化投资有限公司	资质证书编号	11010-2008
	批准单位	国家文物局	批准文号	文物博函〔2014〕773 号
文物提取日期		2015.3.31	提取经办人	向光华　王治涛
文物返还日期		2016.11.17	返还经办人	王治涛　向光华
备注				

《中华民国苏家驹朱柏庐〈治家格言〉条屏》保护修复检测记录表

文物名称		隶书《朱柏庐先生治家格言》		藏品总登记号	Y28017		收藏单位		宜昌博物馆	
保护修复单位		北京停云馆文化投资有限公司		项目负责人	王治涛		保护修复场所		北京市朝阳区望京佳境天城大厦 B2802	
保护阶段	检测内容	检测时间	检测目的	样品名称	样品编号	取样方法	检测方法	使用设备	检测结果	检测单位
保护前	pH 值		纸张酸度				酸度仪	Clean.PH30	5.2	本单位
保护后	pH 值		纸张酸度				酸度仪	Clean.PH30	6.8	本单位

《中华民国苏家驹朱柏庐〈治家格言〉条屏》保护修复材料使用明细表

项目名称	宜昌博物馆馆藏书画保护修复			项目起始时间	2015.03 ～ 2016.11		
委托单位	宜昌博物馆			委托方负责人	向光华		
项目实施单位	北京停云馆文化投资有限公司			项目负责人	王治涛		
主要保护材料（纸/绫/绢/糨糊/胶等）	材料名称	宣纸	绫	绢	糨糊	胶	
	规格（cm）/材质	136×68	68×10000	83×10000	配制/70面粉	500g	
		180×95	80×10000				
			95×10000				
	产地/品牌	安徽红星	湖州呈祥	湖州呈祥	河北五得利	天津瑞金特	
	用途	画心命纸/覆褙纸	镶料	补画心	托画心/托花绫/覆褙	固色	
其他保护材料（镶料/天地杆等）	材料名称	花绫	天地杆	轴头			
	规格（cm）/材质	68×10000	定制	定制			
		80×10000					
		95×10000					
	产地/品牌	湖州呈祥	北京	北京			
	用途	镶料	保护画心				
各种试剂	试剂名称	明矾					
	规格（g）/材质						
	产地/品牌	北京北化					
	用途	固色					
主要颜料	颜料名称	花青	藤黄	赭石	石绿	朱砂	墨
	规格（ml）/材质	12	12	12	12	12	500
	产地/品牌	上海马利	上海马利	上海马利	上海马利	上海马利	北京一得阁
	用途	全色/染配	全色/染配	全色/染配	全色/染配	全色/染配	全色/染配
大型设备	设备名称	中央空调	除湿机	裱画台	锯杆机		
	规格/材质		D011A-22P	2×3m			
	产地/品牌	佛山美的	东莞金鸿盛	自制	石家庄永春		
	用途	温度控制	湿度控制	揭裱/装裱	制天地杆		
主要工具	工具名称	排笔	浆刷	喷壶	鬃刷	裁刀	毛笔
	规格（cm）/材质	20×17	15×13	1000ml	13×20	6×11	
	产地/品牌	北京	北京	北京	北京	北京	北京戴月轩
	用途	刷糨糊/托画心/褙纸/镶料/染色	镶活	喷水	托画心/褙纸/镶料	方裁画心/裁料	全色/固色/补画心

《中华民国苏家驹朱柏庐〈治家格言〉条屏》保护修复过程记录表

文物名称		中华民国苏家驹朱柏庐《治家格言》条屏		藏品总登记号		Y28017	文物收藏单位		宜昌博物馆	保管负责人	向光华
保护修复单位		北京停云馆文化投资有限公司		项目负责人		王治涛	保护修复场所		北京市朝阳区望京佳境天城大厦B2802	保管负责人	王治涛 刘亚昭
项目主要参与人员	姓名	性别	年龄	职称	单位	项目主要参与人员	姓名	性别	年龄	职称	单位
	陈鲜维	女	36	无	本单位		王秀敏	女	25	无	本单位
	姓名	性别	年龄	职称	单位		姓名	性别	年龄	职称	单位
	陈悦尔	女	26	无	本单位		吴浩	男	23	无	本单位
保护场地状况	温度（℃）	温度控制	湿度（RH）	湿度控制	光照度（lx）	紫外线控制	颗粒物控制	有害气体控制	污水处理	废料处理	安保措施
	20℃～26℃	中央空调	55%～65%	除湿机	760			通风	集中排放	集中处理	红外／监控
保护工作内容		时间	使用工具材料					遇到主要问题及解决方法	保护效果	文物替换下的辅料	
			设备／工具	主要材料	辅助材料	试剂	颜料			名称	保存方式
加固／复原	加固	2015.10.16	裱画台／毛笔	胶矾水							
去污／脱酸	去污	2015.10.19	裱画台／排笔	蒸馏水	喷壶／毛巾						
	脱酸	2015.10.19	裱画台／排笔	蒸馏水	喷壶／毛巾						
修复	揭画心	2015.10.22	裱画台／镊子	水油纸						镶料／天地杆	登记存档
	修补	2015.10.23	手术刀／镊子／毛笔	补纸／嵌条	糨糊						
	托画心	2015.10.23	排笔	宣纸	糨糊						
	全色	2015.10.19	毛笔				赭石／花青／墨等				
	镶嵌	2015.11.24	浆刷	宣纸			赭石／花青／墨等				
	覆背	2015.11.26	排笔／鬃刷	宣纸／花绫／绢	糨糊						
	贴墙	2015.11.26	鬃刷	糨糊							
	砑光	2015.11.30	砑石	石蜡	宣纸						
	装天地杆／扎带	2015.12.8	锯杆机	松木／丝带							
整理／收藏	包装匣囊	2015.12.19	锦盒	袋装樟脑球	手套						

病害分布图

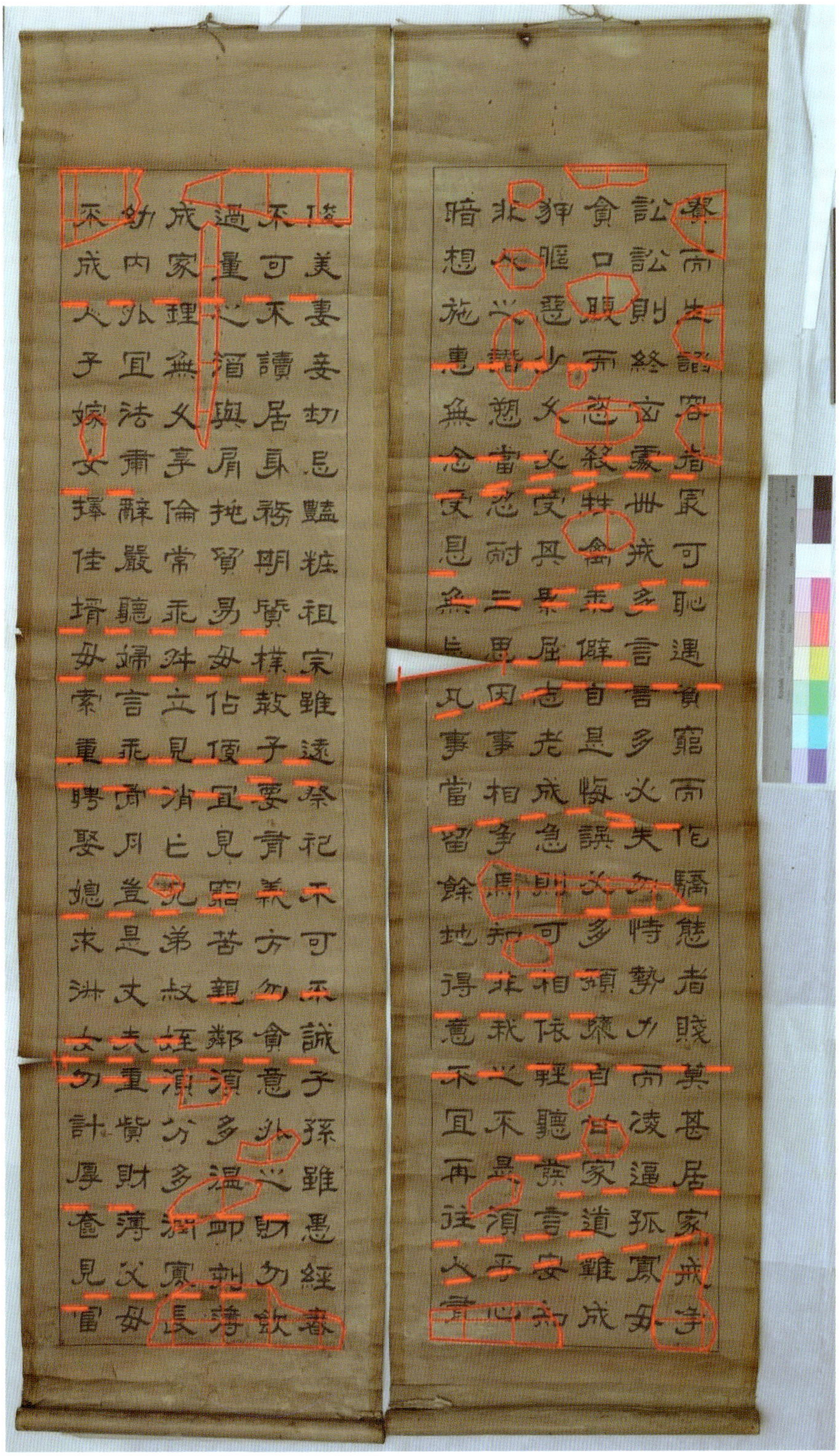

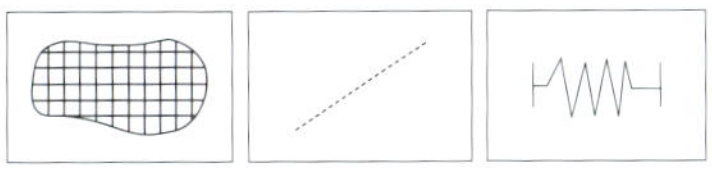

污渍　折痕　断裂

病害分布图

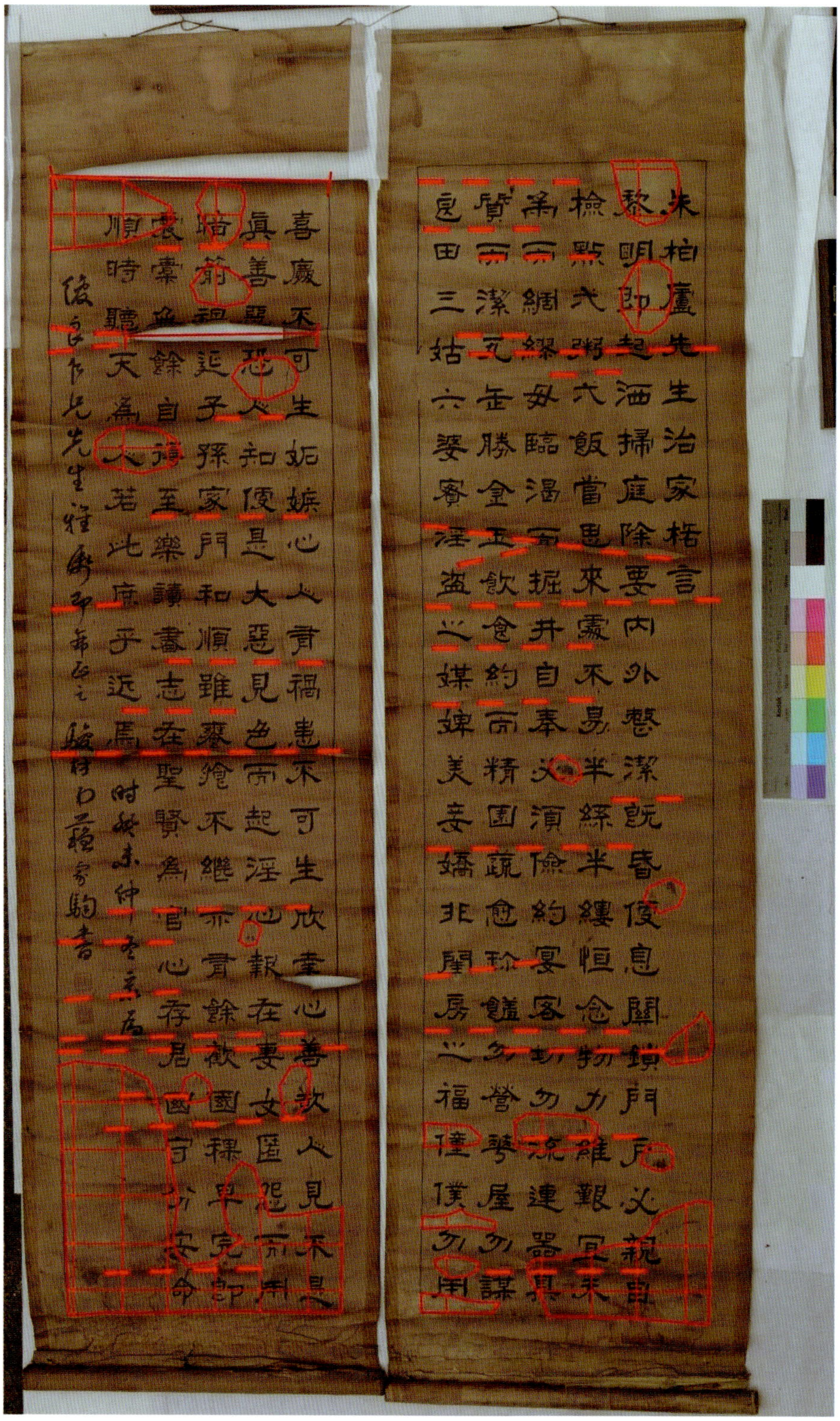

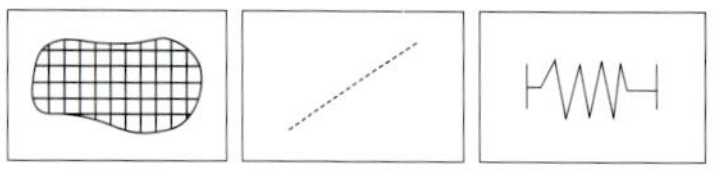

污渍 折痕 断裂

保护修复后的状况

朱柏庐先生治家格言

黎明即起，洒扫庭除，要内外整洁；既昏便息，关锁门户，必亲自检点。

一粥一饭，当思来处不易；半丝半缕，恒念物力维艰。

宜未雨而绸缪，毋临渴而掘井。

自奉必须俭约，宴客切勿流连。

器具质而洁，瓦缶胜金玉；饮食约而精，园蔬愈珍馐。

勿营华屋，勿谋良田。

三姑六婆，实淫盗之媒；婢美妾娇，非闺房之福。

居家戒争讼，讼则终凶；处世戒多言，言多必失。

勿恃势力而凌逼孤寡，毋贪口腹而恣杀牲禽。

乖僻自是，悔误必多；颓惰自甘，家道难成。

狎昵恶少，久必受其累；屈志老成，急则可相依。

轻听发言，安知非人之谮诉，当忍耐三思；因事相争，焉知非我之不是，须平心暗想。

施惠无念，受恩莫忘。

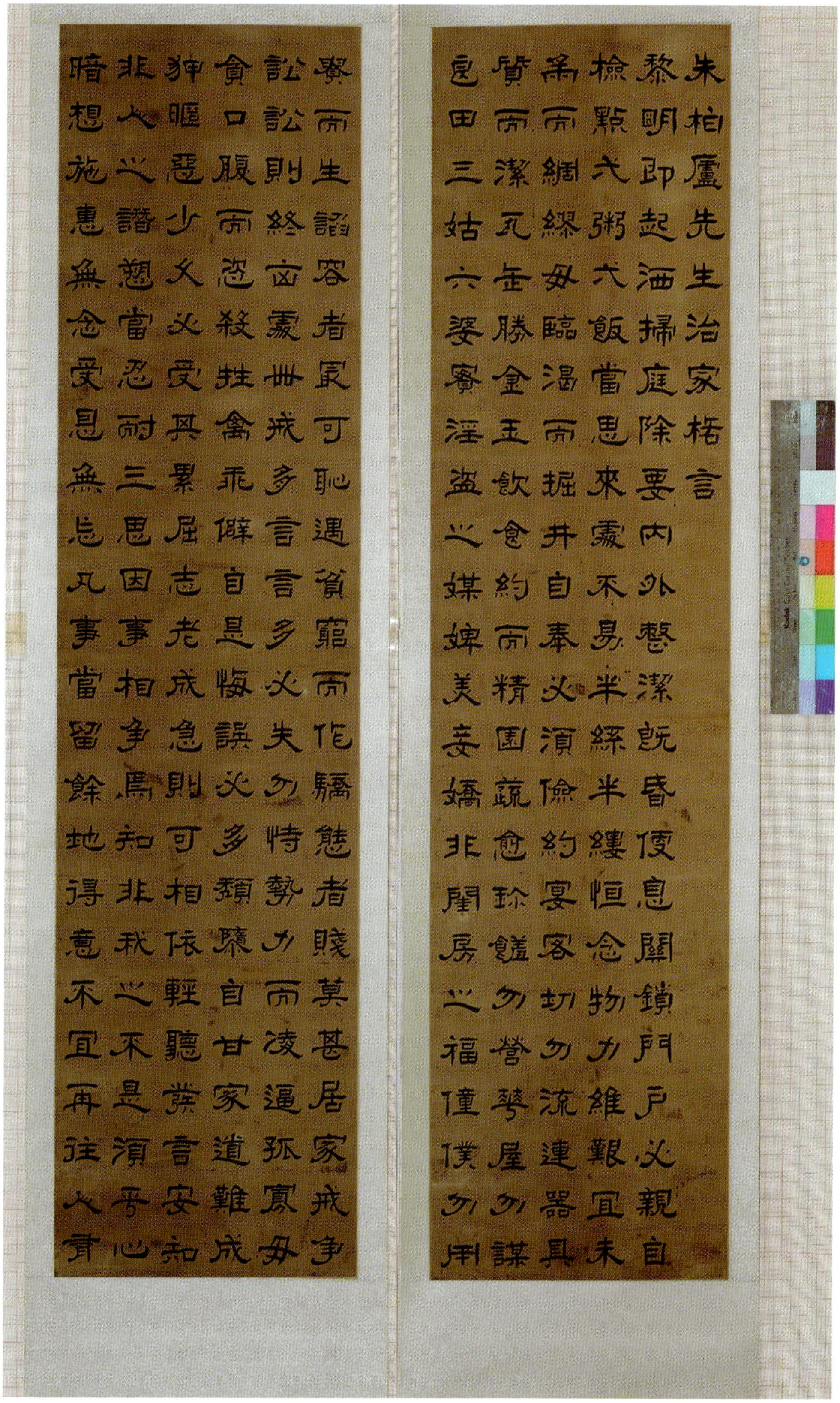

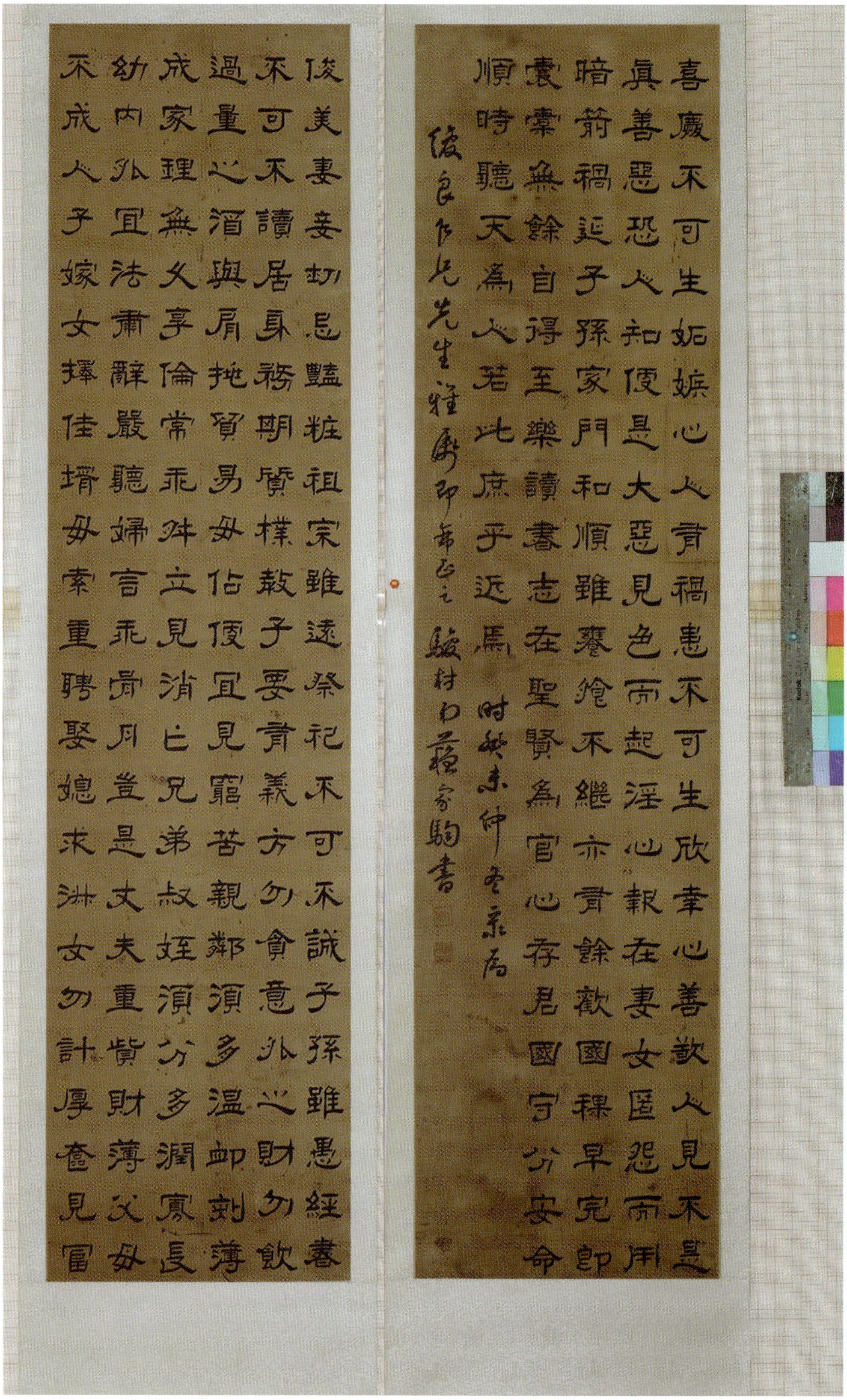
僕美妻妾切忌豔粧祖宗雖遠祭祀不可不誠子孫雖愚經書
不可不讀居身務期質樸教子要有義方勿貪意外之財勿飲
過量之酒與肩挑貿易毋佔便宜見窮苦親鄰須多溫卹刻薄
成家理無久享倫常乖舛立見消亡兄弟叔姪須分多潤寡長
幼內外宜法肅辭嚴聽婦言乖骨肉豈是丈夫重貲財薄父母
不成人子嫁女擇佳壻毋索重聘娶媳求淑女勿計厚奩見富
喜處不可生妒嫉心人有禍患不可生欣幸心善欲人見不是
真善惡恐人知便是大惡見色而起淫心報在妻女匿怨而用
暗箭禍延子孫家門和順雖饔飧不繼亦有餘歡國課早完即
囊橐無餘自得至樂讀書志在聖賢為官心存君國守分安命
順時聽天為人若此庶乎近焉

保护修复后的状况

保护修复前后局部对比	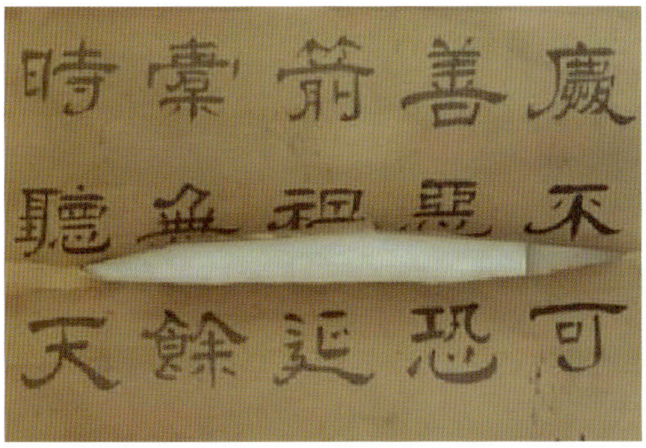	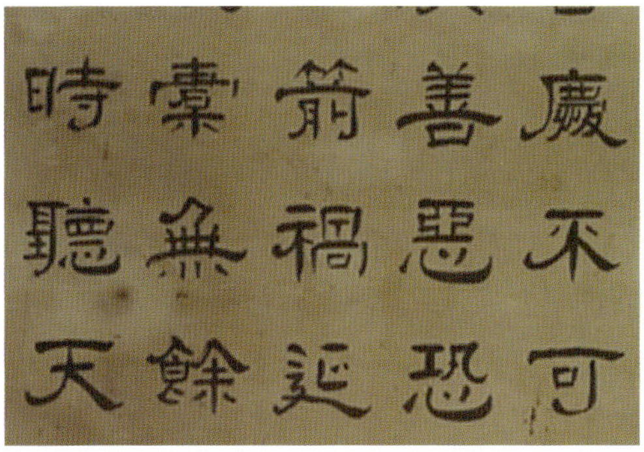
	断裂修复前	断裂修复后
	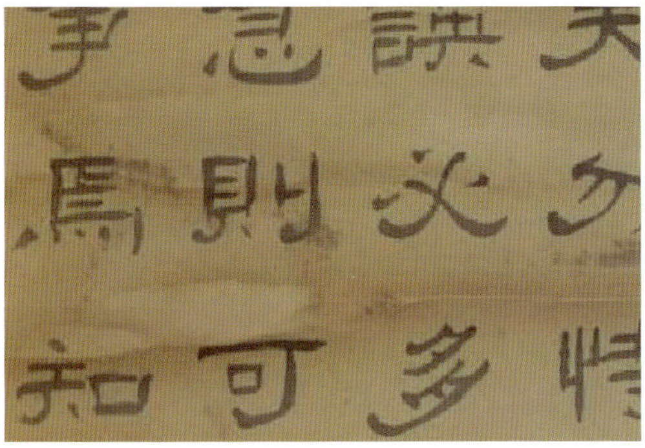	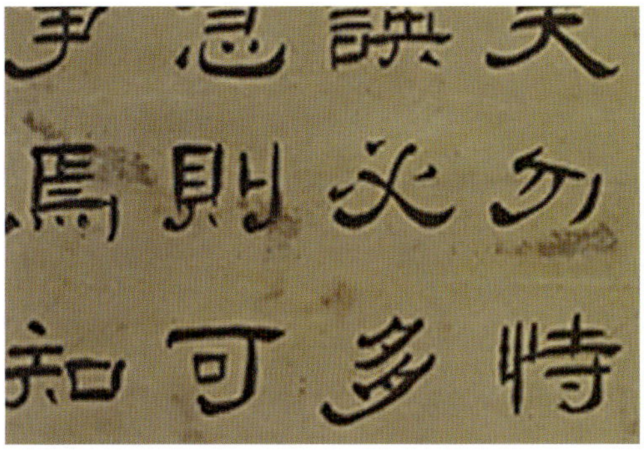
	折痕修复前	折痕修复后
	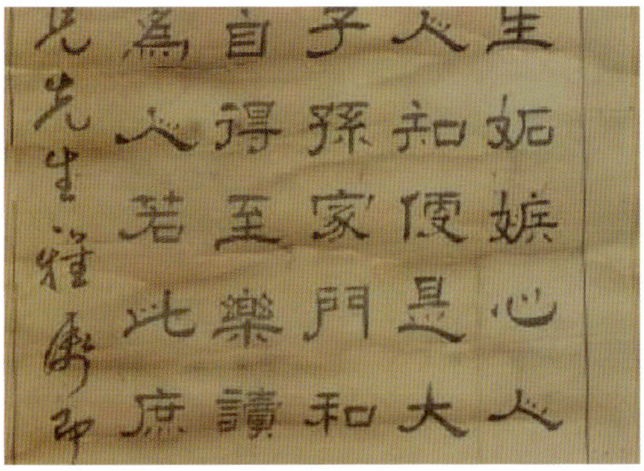	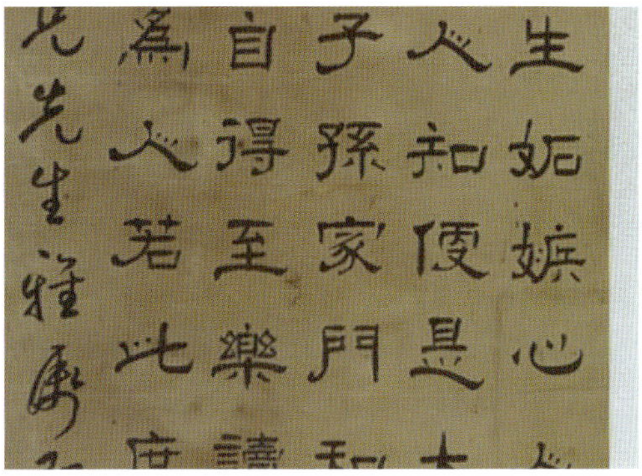
	污渍修复前	污渍修复后

《明张居正行书书轴》
保护修复档案

项目名称：宜昌博物馆馆藏书画保护修复

文物名称：明张居正行书书轴

2016年11月

中华人民共和国国家文物局制

《明张居正行书书轴》保护修复前基本信息表

<table>
<tr><td colspan="2">文物名称</td><td colspan="3">明张居正行书书轴</td></tr>
<tr><td colspan="2">收藏单位</td><td>宜昌博物馆</td><td>藏品总登记号</td><td>Y27977</td></tr>
<tr><td colspan="2">来源</td><td>征集</td><td>年代</td><td>明</td></tr>
<tr><td colspan="2">类别</td><td>书法</td><td>装裱 / 装订形制</td><td>立轴</td></tr>
<tr><td colspan="2">画心尺寸（纵 cm× 横 cm）</td><td>175.0×65.0</td><td>质地</td><td>纸</td></tr>
<tr><td colspan="2">装裱 / 装订形制</td><td>立轴</td><td>包装</td><td>无</td></tr>
<tr><td rowspan="6">文物保存环境及病害防控措施</td><td>温度</td><td rowspan="2">自然环境</td><td>温度控制</td><td>无</td></tr>
<tr><td>湿度</td><td>湿度控制</td><td>无</td></tr>
<tr><td>紫外线</td><td></td><td>紫外线防控</td><td>无</td></tr>
<tr><td>有害气体</td><td></td><td>有害气体防控</td><td>无</td></tr>
<tr><td>微生物损害</td><td></td><td>微生物损害防控</td><td>无</td></tr>
<tr><td>动物损害</td><td></td><td>动物损害防控</td><td>袋装樟脑球</td></tr>
<tr><td rowspan="2">以往保护修复记录</td><td>病害种类</td><td>不详</td><td>保护修复措施</td><td>不详</td></tr>
<tr><td>保护修复时间</td><td>不详</td><td>保护修复效果评估</td><td>不详</td></tr>
<tr><td rowspan="2">保护前状况</td><td>病害种类</td><td>污渍、断裂、脆化</td><td>病害程度</td><td>中度</td></tr>
<tr><td>影像资料</td><td colspan="3">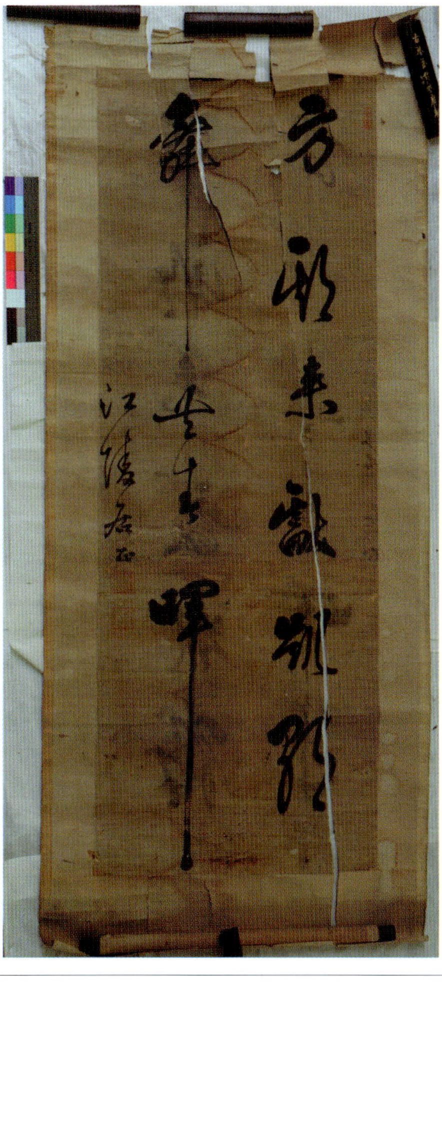</td></tr>
</table>

保护修复方案	方案名称及编号	湖北省宜昌博物馆馆藏书画保护修复方案		
	设计单位	北京停云馆文化投资有限公司	资质证书编号	11010-2008
	批准单位	国家文物局	批准文号	文物博函〔2014〕773 号
文物提取日期		2015.3.31	提取经办人	向光华王治涛
文物返还日期		2016.11.17	返还经办人	向光华王治涛
备注				

《明张居正行书书轴》保护修复检测记录表

文物名称		明张居正行书书轴		藏品总登记号	Y27977		收藏单位		宜昌博物馆	
保护修复单位		北京停云馆文化投资有限公司		项目负责人	王治涛		保护修复场所		北京市朝阳区望京佳境天城大厦 B2802	
保护阶段	检测内容	检测时间	检测目的	样品名称	样品编号	取样方法	检测方法	使用设备	检测结果	检测单位
保护前	pH 值		纸张酸度				酸度仪	Clean.PH30	4.7	本单位
保护后	pH 值		纸张酸度				酸度仪	Clean.PH30	6.7	本单位

《明张居正行书书轴》保护修复材料使用明细表

项目名称	宜昌博物馆馆藏书画保护修复		项目起始时间	2015.03 ~ 2016.11			
委托单位	宜昌博物馆		委托方负责人	向光华			
项目实施单位	北京停云馆文化投资有限公司		项目负责人	王治涛			
主要保护材料（纸／绫／绢／糨糊／胶等）	材料名称	宣纸	绫	绢	糨糊	胶	
	规格（cm）／材质	136×68	68×10000	83×10000	配制 /70 面粉	500g	
		180×95	80×10000				
			95×10000				
	产地／品牌	安徽红星	湖州呈祥	湖州呈祥	河北五得利	天津瑞金特	
	用途	画心命纸／覆褙纸	镶料	补画心	托画心／托花绫／覆褙	固色	
其他保护材料（镶料／天地杆等）	材料名称	花绫	天地杆	轴头			
	规格（cm）／材质	68×10000	定制	定制			
		80×10000					
		95×10000					
	产地／品牌	湖州呈祥	北京	北京			
	用途	镶料	保护画心				
各种试剂	试剂名称	明矾					
	规格（g）／材质						
	产地／品牌	北京北化					
	用途	固色					
主要颜料	颜料名称	花青	藤黄	赭石	石绿	朱砂	墨
	规格（ml）／材质	12	12	12	12	12	500
	产地／品牌	上海马利	上海马利	上海马利	上海马利	上海马利	北京一得阁
	用途	全色／染配	全色／染配	全色／染配	全色／染配	全色／染配	全色／染配
大型设备	设备名称	中央空调	除湿机	裱画台	锯杆机		
	规格／材质		D011A-22P	2×3m			
	产地／品牌	佛山美的	东莞金鸿盛	自制	石家庄永春		
	用途	温度控制	湿度控制	揭裱／装裱	制天地杆		
主要工具	工具名称	排笔	浆刷	喷壶	鬃刷	裁刀	毛笔
	规格（cm）／材质	20×17	15×13	1000ml	13×20	6×11	
	产地／品牌	北京	北京	北京	北京	北京	北京戴月轩
	用途	刷糨糊／托画心／褙纸／镶料／染色	镶活	喷水	托画心／褙纸／镶料	方裁画心／裁料	全色／固色／补画心

《明张居正行书书轴》保护修复过程记录表

文物名称	明张居正行书书轴	藏品总登记号	Y27977	文物收藏单位	宜昌博物馆	保管负责人	向光华
保护修复单位	北京停云馆文化投资有限公司	项目负责人	王治涛	保护修复场所	北京市朝阳区望京佳境天城大厦B2802	保管负责人	王治涛 刘亚昭

项目主要参与人员	姓名	性别	年龄	职称	单位	项目主要参与人员	姓名	性别	年龄	职称	单位
	陈鲜维	女	36	无	本单位		王秀敏	女	25	无	本单位
	姓名	性别	年龄	职称	单位		姓名	性别	年龄	职称	单位
	陈悦尔	女	26	无	本单位		吴浩	男	23	无	本单位

保护场地状况	温度（℃）	温度控制	湿度（RH）	湿度控制	光照度（lx）	紫外线控制	颗粒物控制	有害气体控制	污水处理	废料处理	安保措施
	20℃～26℃	中央空调	55%～65%	除湿机	760			通风	集中排放	集中处理	红外/监控

保护工作内容		时间	使用工具材料					遇到主要问题及解决方法	保护效果	文物替换下的辅料	
			设备/工具	主要材料	辅助材料	试剂	颜料			名称	保存方式
加固/复原	加固	2016.5.18	裱画台/毛笔	胶矾水							
去污/脱酸	去污	2016.5.19	裱画台/排笔	蒸馏水	喷壶/毛巾						
	脱酸	2016.5.19	裱画台/排笔	蒸馏水	喷壶/毛巾						
修复	揭画心	2016.5.20	裱画台/镊子	水油纸						镶料/天地杆	登记存档
	修补	2016.5.23	手术刀/镊子/毛笔	补纸/嵌条	糨糊						
	托画心	2016.5.24	排笔	宣纸	糨糊						
	全色	2016.5.25	毛笔				赭石/花青/墨等				
	镶嵌	2016.6.14	浆刷	宣纸			赭石/花青/墨等				
	覆背	2016.6.15	排笔/鬃刷	宣纸/花绫/绢	糨糊						
	贴墙	2016.6.15	鬃刷	糨糊							
	砑光	2016.7.6	砑石	石蜡	宣纸						
	装天地杆/扎带	2016.8.29	锯杆机	松木/丝带							
整理/收藏	包装匣囊	2016.8.31	锦盒	袋装樟脑球	手套						

病害分布图

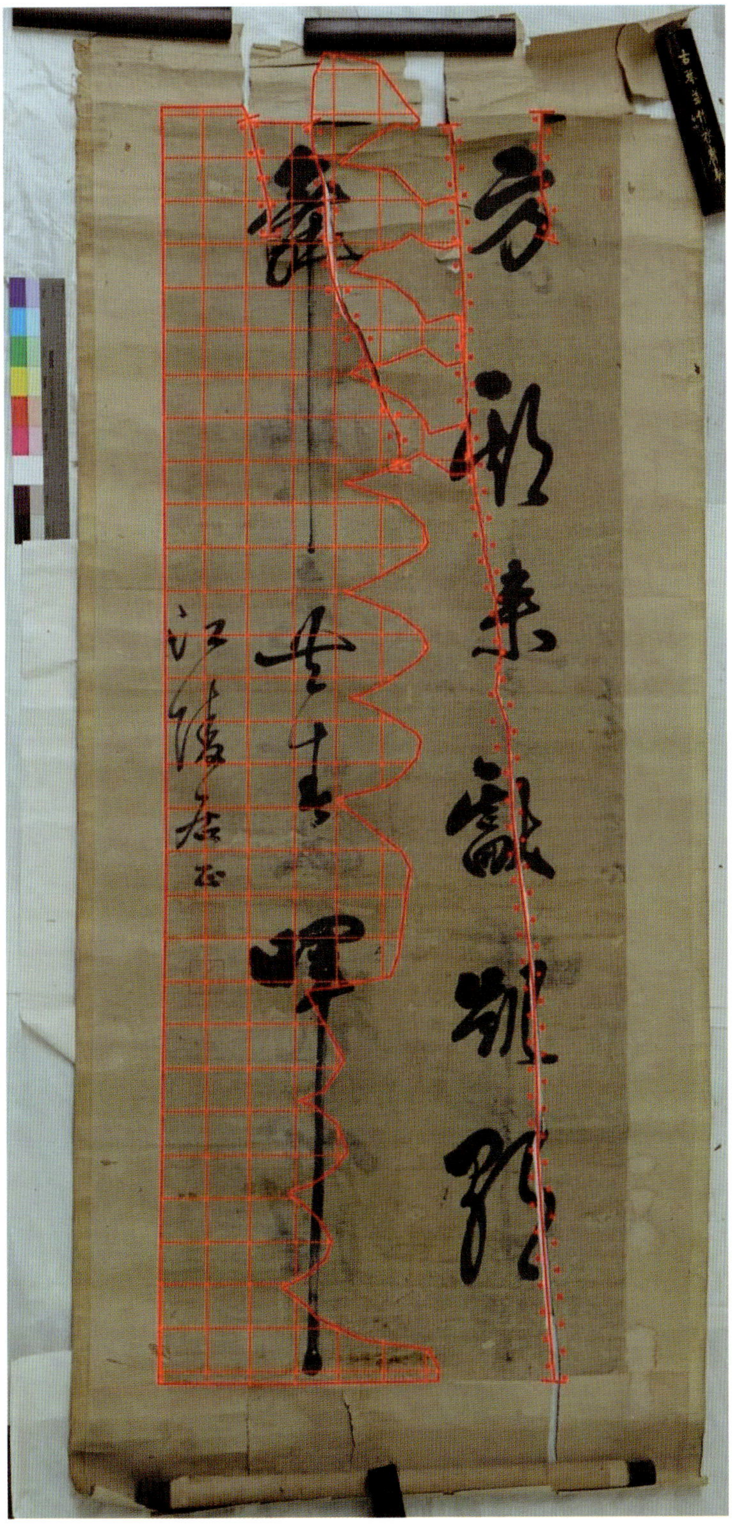

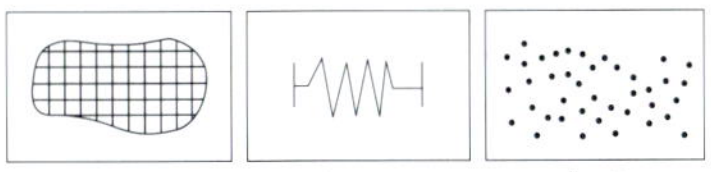

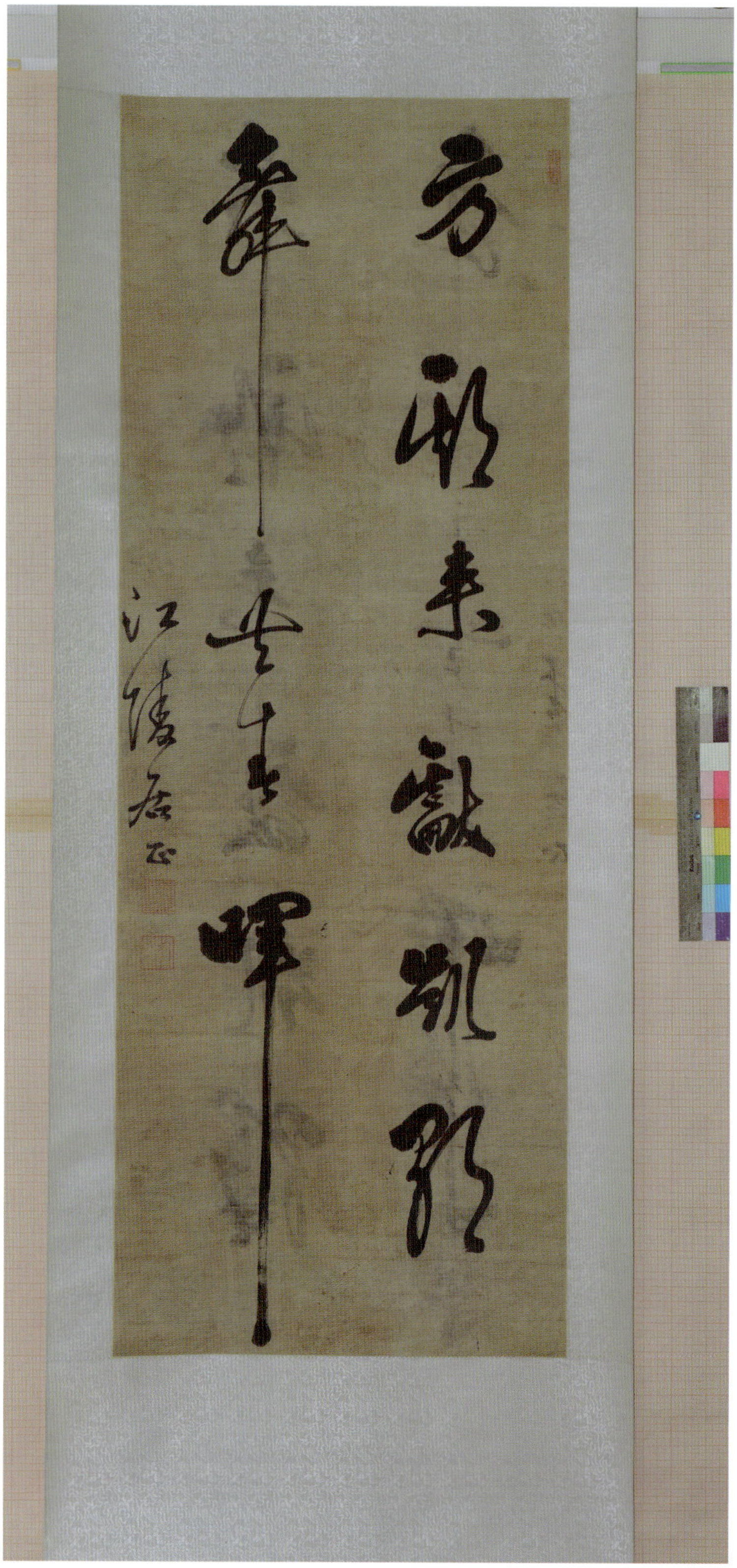

保护修复后的状况

保护修复前后局部对比		

	断裂修复前	断裂修复后

	污渍修复前	污渍修复后

《清左宗棠行书“养气不动真豪杰”对联》保护修复档案

项目名称：宜昌博物馆馆藏书画保护修复

文物名称：清左宗棠行书“养气不动真豪杰”对联

2016 年 11 月

中华人民共和国国家文物局制

《清左宗棠行书“养气不动真豪杰”对联》保护修复前基本信息表

<table>
<tr><td colspan="2">文物名称</td><td colspan="3">清左宗棠行书“养气不动真豪杰”对联</td></tr>
<tr><td colspan="2">收藏单位</td><td>宜昌博物馆</td><td>藏品总藏品总登记号</td><td>Z683</td></tr>
<tr><td colspan="2">来源</td><td>征集</td><td>年代</td><td>清</td></tr>
<tr><td colspan="2">类别</td><td>书法</td><td>装裱 / 装订形制</td><td>对联</td></tr>
<tr><td colspan="2">画心尺寸（纵 cm× 横 cm）</td><td>130.0 × 37.5</td><td>质地</td><td>纸</td></tr>
<tr><td rowspan="6">文物保存环境及病害防控措施</td><td>温度</td><td rowspan="2">自然环境</td><td>温度控制</td><td>无</td></tr>
<tr><td>湿度</td><td>湿度控制</td><td>无</td></tr>
<tr><td>紫外线</td><td></td><td>紫外线防控</td><td>无</td></tr>
<tr><td>有害气体</td><td></td><td>有害气体防控</td><td>无</td></tr>
<tr><td>微生物损害</td><td></td><td>微生物损害防控</td><td>无</td></tr>
<tr><td>动物损害</td><td></td><td>动物损害防控</td><td>袋装樟脑球</td></tr>
<tr><td rowspan="2">以往保护修复记录</td><td>病害种类</td><td>不详</td><td>保护修复措施</td><td>不详</td></tr>
<tr><td>保护修复时间</td><td>不详</td><td>保护修复效果评估</td><td>不详</td></tr>
<tr><td rowspan="2">保护前状况</td><td>病害种类</td><td>折痕、污渍、断裂、残缺</td><td>病害程度</td><td>重度</td></tr>
<tr><td>影像资料</td><td colspan="3">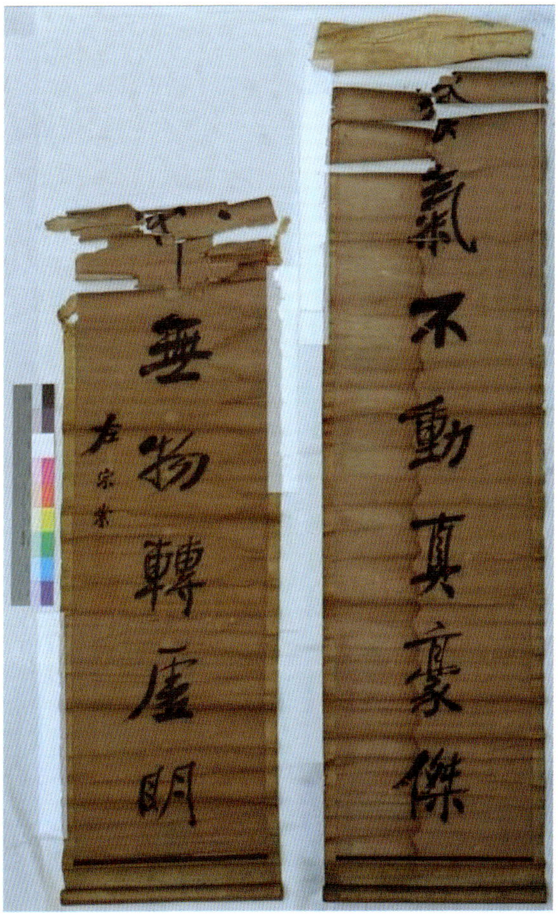</td></tr>
</table>

<table>
<tr><td rowspan="3">保护修复方案</td><td>方案名称及编号</td><td colspan="3">湖北省宜昌博物馆馆藏书画保护修复方案</td></tr>
<tr><td>设计单位</td><td>北京停云馆文化投资有限公司</td><td>资质证书编号</td><td>11010-2008</td></tr>
<tr><td>批准单位</td><td>国家文物局</td><td>批准文号</td><td>文物博函〔2014〕773号</td></tr>
<tr><td colspan="2">文物提取日期</td><td>2015.3.31</td><td>提取经办人</td><td>向光华　王治涛</td></tr>
<tr><td colspan="2">文物返还日期</td><td>2016.11.17</td><td>返还经办人</td><td>王治涛　向光华</td></tr>
<tr><td colspan="2">备注</td><td colspan="3"></td></tr>
</table>

《清左宗棠行书“养气不动真豪杰”对联》保护修复检测记录表

<table>
<tr><td colspan="2">文物名称</td><td colspan="2">清左宗棠行书“养气不动真豪杰”对联</td><td>藏品总登记号</td><td colspan="2">Z683</td><td colspan="2">收藏单位</td><td colspan="2">宜昌博物馆</td></tr>
<tr><td colspan="2">保护修复单位</td><td colspan="2">北京停云馆文化投资有限公司</td><td>项目负责人</td><td colspan="2">王治涛</td><td colspan="2">保护修复场所</td><td colspan="2">北京市朝阳区望京佳境天城大厦B2802</td></tr>
<tr><td>保护阶段</td><td>检测内容</td><td>检测时间</td><td>检测目的</td><td>样品名称</td><td>样品编号</td><td>取样方法</td><td>检测方法</td><td>使用设备</td><td>检测结果</td><td>检测单位</td></tr>
<tr><td rowspan="5">保护前</td><td>pH值</td><td></td><td>纸张酸度</td><td></td><td></td><td></td><td>酸度仪</td><td>Clean.PH30</td><td>4.8</td><td>本单位</td></tr>
<tr><td></td><td></td><td></td><td></td><td></td><td></td><td></td><td></td><td></td><td></td></tr>
<tr><td></td><td></td><td></td><td></td><td></td><td></td><td></td><td></td><td></td><td></td></tr>
<tr><td></td><td></td><td></td><td></td><td></td><td></td><td></td><td></td><td></td><td></td></tr>
<tr><td></td><td></td><td></td><td></td><td></td><td></td><td></td><td></td><td></td><td></td></tr>
<tr><td rowspan="5">保护后</td><td>pH值</td><td></td><td>纸张酸度</td><td></td><td></td><td></td><td>酸度仪</td><td>Clean.PH30</td><td>6.7</td><td>本单位</td></tr>
<tr><td></td><td></td><td></td><td></td><td></td><td></td><td></td><td></td><td></td><td></td></tr>
<tr><td></td><td></td><td></td><td></td><td></td><td></td><td></td><td></td><td></td><td></td></tr>
<tr><td></td><td></td><td></td><td></td><td></td><td></td><td></td><td></td><td></td><td></td></tr>
<tr><td></td><td></td><td></td><td></td><td></td><td></td><td></td><td></td><td></td><td></td></tr>
</table>

《清左宗棠行书“养气不动真豪杰”对联》保护修复材料使用明细表

项目名称	宜昌博物馆馆藏书画保护修复			项目起始时间	2015.03 ~ 2016.11		
委托单位	宜昌博物馆			委托方负责人	向光华		
项目实施单位	北京停云馆文化投资有限公司			项目负责人	王治涛		
主要保护材料（纸／绫／绢／糨糊／胶等）	材料名称	宣纸	绫	绢	糨糊	胶	
	规格（cm）／材质	136×68	68×10000	83×10000	配制/70面粉	500g	
		180×95	80×10000				
			95×10000				
	产地／品牌	安徽红星	湖州呈祥	湖州呈祥	河北五得利	天津瑞金特	
	用途	画心命纸／覆褙纸	镶料	补画心	托画心／托花绫／覆褙	固色	
其他保护材料（镶料／天地杆等）	材料名称	花绫	天地杆	轴头			
	规格（cm）／材质	68×10000	定制	定制			
		80×10000					
		95×10000					
	产地／品牌	湖州呈祥	北京	北京			
	用途	镶料	保护画心				
各种试剂	试剂名称	明矾					
	规格（g）／材质						
	产地／品牌	北京北化					
	用途	固色					
主要颜料	颜料名称	花青	藤黄	赭石	石绿	朱砂	墨
	规格（ml）／材质	12	12	12	12	12	500
	产地／品牌	上海马利	上海马利	上海马利	上海马利	上海马利	北京一得阁
	用途	全色／染配	全色／染配	全色／染配	全色／染配	全色／染配	全色／染配
大型设备	设备名称	中央空调	除湿机	裱画台	锯杆机		
	规格／材质		D011A-22P	2×3m			
	产地／品牌	佛山美的	东莞金鸿盛	自制	石家庄永春		
	用途	温度控制	湿度控制	揭裱／装裱	制天地杆		
主要工具	工具名称	排笔	浆刷	喷壶	鬃刷	裁刀	毛笔
	规格（cm）／材质	20×17	15×13	1000ml	13×20	6×11	
	产地／品牌	北京	北京	北京	北京	北京	北京戴月轩
	用途	刷糨糊／托画心／褙纸／镶料／染色	镶活	喷水	托画心／褙纸／镶料	方裁画心／裁料	全色／固色／补画心

《清左宗棠行书“养气不动真豪杰”对联》保护修复过程记录表

文物名称		清左宗棠行书“养气不动真豪杰”对联		藏品总登记号		Z683	文物收藏单位		宜昌博物馆	保管负责人	向光华
保护修复单位		北京停云馆文化投资有限公司		项目负责人		王治涛	保护修复场所		北京市朝阳区望京佳境天城大厦B2802	保管负责人	王治涛 刘亚昭
项目主要参与人员	姓名	性别	年龄	职称	单位	项目主要参与人员	姓名	性别	年龄	职称	单位
	陈鲜维	女	36	无	本单位		王秀敏	女	25	无	本单位
	姓名	性别	年龄	职称	单位		姓名	性别	年龄	职称	单位
	陈悦尔	女	26	无	本单位		吴浩	男	23	无	本单位
保护场地状况	温度（℃）	温度控制	湿度（RH）	湿度控制	光照度（lx）	紫外线控制	颗粒物控制	有害气体控制	污水处理	废料处理	安保措施
	20℃～26℃	中央空调	55%～65%	除湿机	760			通风	集中排放	集中处理	红外/监控
保护工作内容		时间	使用工具材料					遇到主要问题及解决方法	保护效果	文物替换下的辅料	
			设备/工具	主要材料	辅助材料	试剂	颜料			名称	保存方式
加固/复原	加固	2015.12.29	裱画台/毛笔	胶矾水							
去污/脱酸	去污	2015.12.30	裱画台/排笔	蒸馏水	喷壶/毛巾						
	脱酸	2015.12.30	裱画台/排笔	蒸馏水	喷壶/毛巾						
修复	揭画心	2015.12.30	裱画台/镊子	水油纸						镶料/天地杆	登记存档
	修补	2015.12.30	手术刀/镊子/毛笔	补纸/嵌条	糨糊						
	托画心	2015.12.30	排笔	宣纸	糨糊						
	全色	2016.1.6	毛笔				赭石/花青/墨等				
	镶嵌	2016.1.14	浆刷	宣纸			赭石/花青/墨等				
	覆背	2016.1.15	排笔/鬃刷	宣纸/花绫/绢	糨糊						
	贴墙	2016.1.15	鬃刷	糨糊							
	研光	2016.5.6	研石	石蜡	宣纸						
	装天地杆/扎带	2016.8.23	锯杆机	松木/丝带							
整理/收藏	包装匣囊	2016.9.24	锦盒	袋装樟脑球	手套						

病害分布图

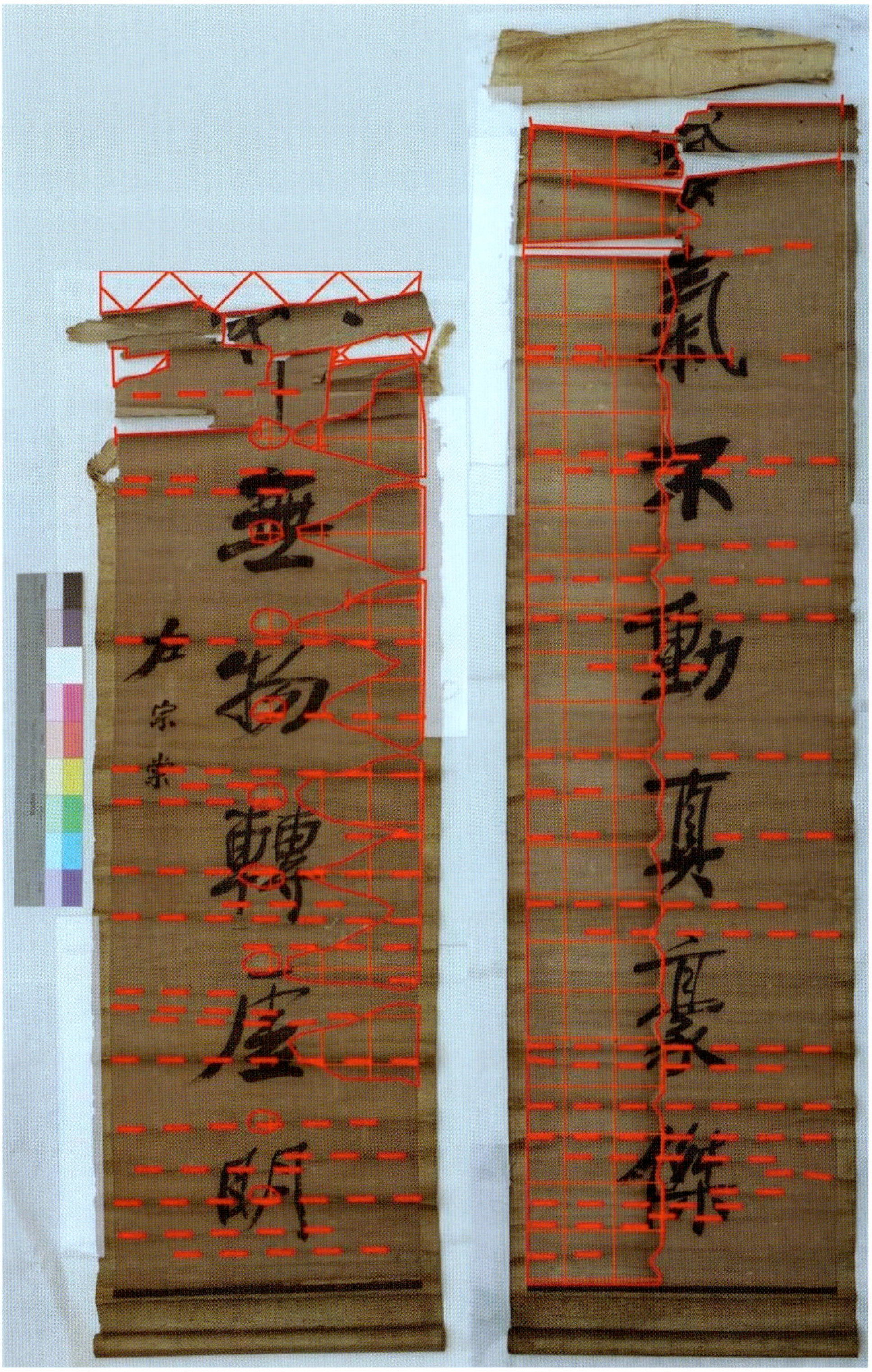

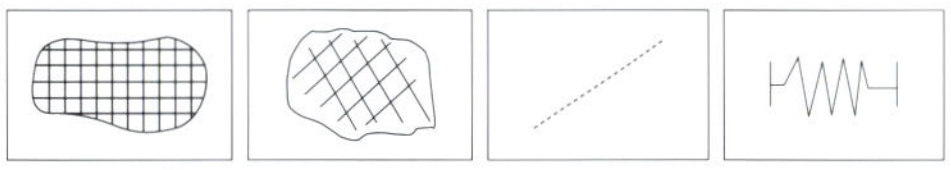

污渍 残缺 折痕 断裂

保护修复后的状况

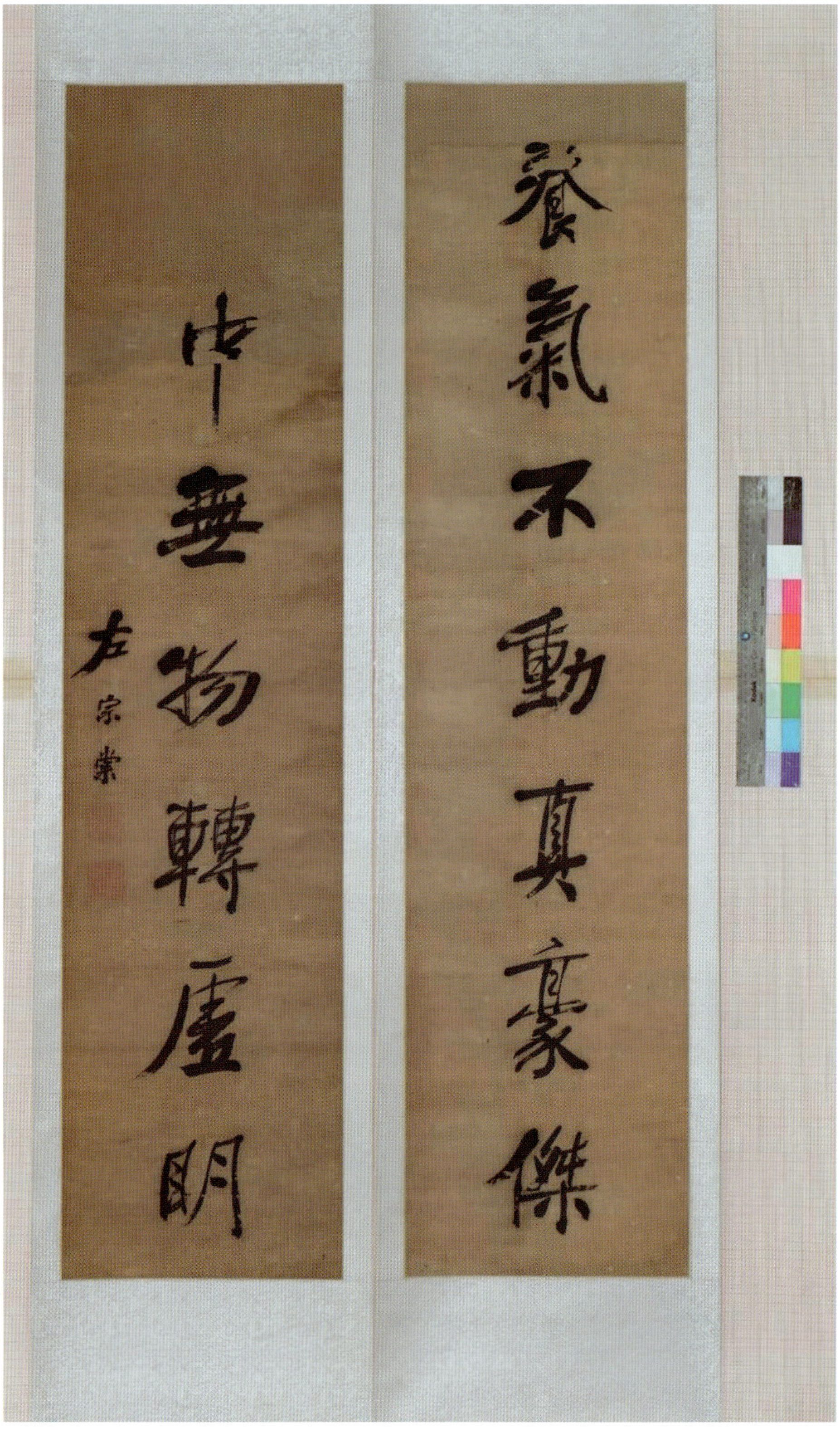

保护修复前后局部对比

修复前	修复后
	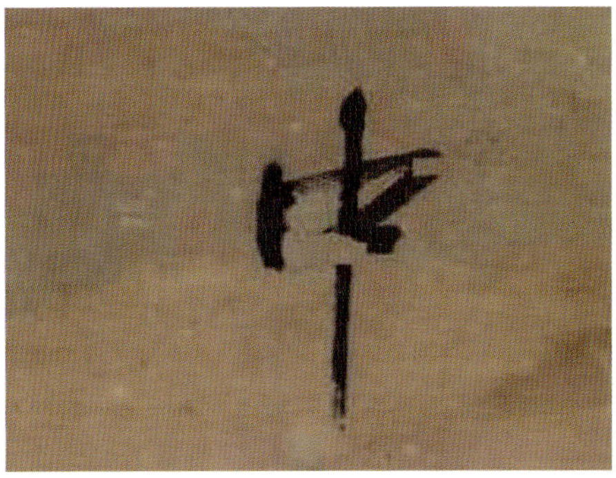
残缺修复前	残缺修复后
	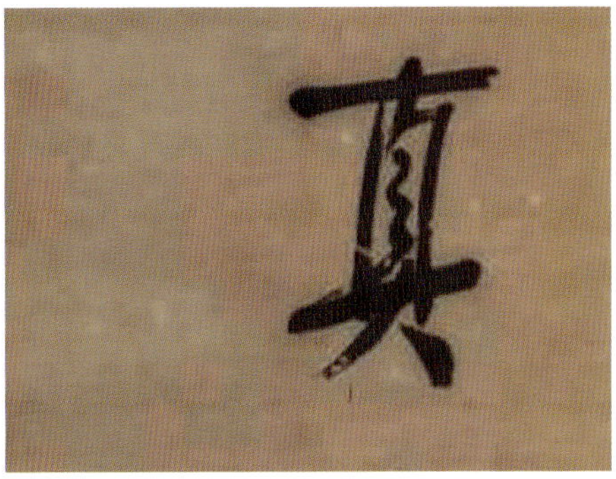
污渍修复前	污渍修复后

折痕修复前	折痕修复后
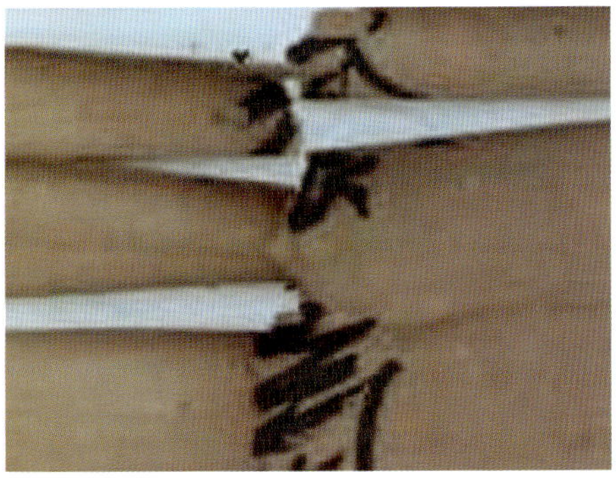	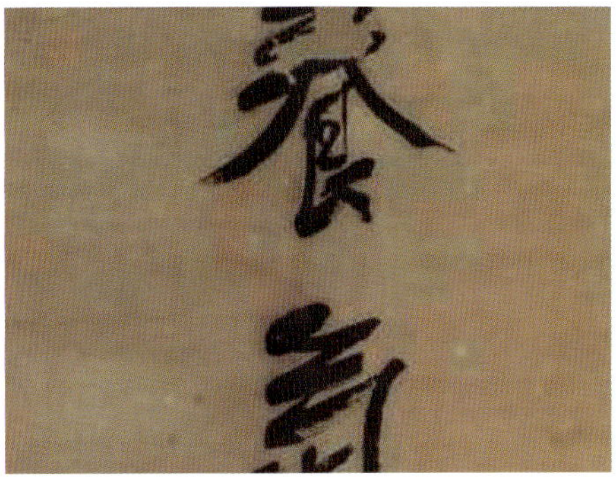
断裂修复前	断裂修复后

《清光绪杨守敬行书“独骑瘦马踏残月”对联》
保护修复档案

项目名称：宜昌博物馆馆藏书画保护修复

文物名称：清光绪杨守敬行书“独骑瘦马踏残月”对联

2016 年 11 月

中华人民共和国国家文物局制

《清光绪杨守敬行书“独骑瘦马踏残月”对联》保护修复前基本信息表

<table>
<tr><td colspan="2">文物名称</td><td colspan="3">清光绪杨守敬行书“独骑瘦马踏残月”对联</td></tr>
<tr><td colspan="2">收藏单位</td><td>宜昌博物馆</td><td>藏品总登记号</td><td>Z680</td></tr>
<tr><td colspan="2">来源</td><td>征集</td><td>年代</td><td>清</td></tr>
<tr><td colspan="2">类别</td><td>书法</td><td>级别</td><td>3</td></tr>
<tr><td colspan="2">画心尺寸（纵 cm× 横 cm）</td><td>95.0×26.0</td><td>质地</td><td>纸</td></tr>
<tr><td colspan="2">装裱 / 装订形制</td><td>画心</td><td>包装</td><td>无</td></tr>
<tr><td rowspan="6">文物保存环境及病害防控措施</td><td>温度</td><td rowspan="2">自然环境</td><td>温度控制</td><td>无</td></tr>
<tr><td>湿度</td><td>湿度控制</td><td>无</td></tr>
<tr><td>紫外线</td><td></td><td>紫外线防控</td><td>无</td></tr>
<tr><td>有害气体</td><td></td><td>有害气体防控</td><td>无</td></tr>
<tr><td>微生物损害</td><td></td><td>微生物损害防控</td><td>无</td></tr>
<tr><td>动物损害</td><td></td><td>动物损害防控</td><td>袋装樟脑球</td></tr>
<tr><td rowspan="2">以往保护修复记录</td><td>病害种类</td><td>不详</td><td>保护修复措施</td><td>不详</td></tr>
<tr><td>保护修复时间</td><td>不详</td><td>保护修复效果评估</td><td>不详</td></tr>
<tr><td rowspan="2">保护前状况</td><td>病害种类</td><td>污渍、断裂、残缺</td><td>病害程度</td><td>中度</td></tr>
<tr><td>影像资料</td><td colspan="3">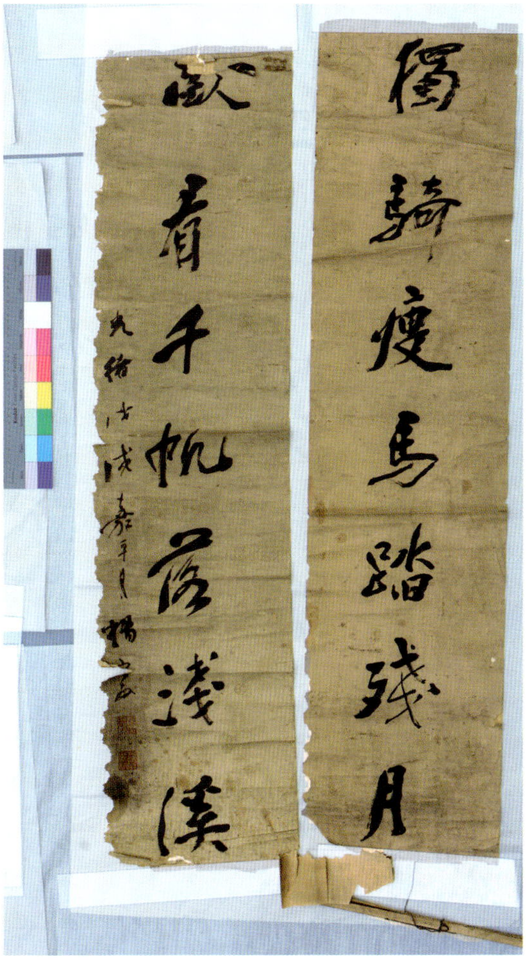
</td></tr>
</table>

<table>
<tr><td rowspan="3">保护修复方案</td><td>方案名称及编号</td><td colspan="3">湖北省宜昌博物馆馆藏书画保护修复方案</td></tr>
<tr><td>设计单位</td><td>北京停云馆文化投资有限公司</td><td>资质证书编号</td><td>11010-2008</td></tr>
<tr><td>批准单位</td><td>国家文物局</td><td>批准文号</td><td>文物博函〔2014〕773 号</td></tr>
<tr><td colspan="2">文物提取日期</td><td>2015.3.31</td><td>提取经办人</td><td>向光华　王治涛</td></tr>
<tr><td colspan="2">文物返还日期</td><td>2016.11.17</td><td>返还经办人</td><td>王治涛　向光华</td></tr>
<tr><td colspan="2">备注</td><td colspan="3"></td></tr>
</table>

《清光绪杨守敬行书“独骑瘦马踏残月”对联》保护修复检测记录表

<table>
<tr><td colspan="2">文物名称</td><td colspan="2">清光绪杨守敬行书“独骑瘦马踏残月”对联</td><td>藏品总登记号</td><td colspan="2">Z680</td><td colspan="2">收藏单位</td><td colspan="2">宜昌博物馆</td></tr>
<tr><td colspan="2">保护修复单位</td><td colspan="2">北京停云馆文化投资有限公司</td><td>项目负责人</td><td colspan="2">王治涛</td><td colspan="2">保护修复场所</td><td colspan="2">北京市朝阳区望京佳境天城大厦 B2802</td></tr>
<tr><td>保护阶段</td><td>检测内容</td><td>检测时间</td><td>检测目的</td><td>样品名称</td><td>样品编号</td><td>取样方法</td><td>检测方法</td><td>使用设备</td><td>检测结果</td><td>检测单位</td></tr>
<tr><td rowspan="5">保护前</td><td>pH 值</td><td></td><td>纸张酸度</td><td></td><td></td><td></td><td>酸度仪</td><td>Clean.PH30</td><td>5.0</td><td>本单位</td></tr>
<tr><td></td><td></td><td></td><td></td><td></td><td></td><td></td><td></td><td></td><td></td></tr>
<tr><td></td><td></td><td></td><td></td><td></td><td></td><td></td><td></td><td></td><td></td></tr>
<tr><td></td><td></td><td></td><td></td><td></td><td></td><td></td><td></td><td></td><td></td></tr>
<tr><td></td><td></td><td></td><td></td><td></td><td></td><td></td><td></td><td></td><td></td></tr>
<tr><td rowspan="5">保护后</td><td>pH 值</td><td></td><td>纸张酸度</td><td></td><td></td><td></td><td>酸度仪</td><td>Clean.PH30</td><td>6.8</td><td>本单位</td></tr>
<tr><td></td><td></td><td></td><td></td><td></td><td></td><td></td><td></td><td></td><td></td></tr>
<tr><td></td><td></td><td></td><td></td><td></td><td></td><td></td><td></td><td></td><td></td></tr>
<tr><td></td><td></td><td></td><td></td><td></td><td></td><td></td><td></td><td></td><td></td></tr>
<tr><td></td><td></td><td></td><td></td><td></td><td></td><td></td><td></td><td></td><td></td></tr>
</table>

《清光绪杨守敬行书“独骑瘦马踏残月”对联》保护修复材料使用明细表

项目名称	宜昌博物馆馆藏书画保护修复			项目起始时间	2015.03 ~ 2016.11		
委托单位	宜昌博物馆			委托方负责人	向光华		
项目实施单位	北京停云馆文化投资有限公司			项目负责人	王治涛		
主要保护材料（纸 / 绫 / 绢 / 糨糊 / 胶等）	材料名称	宣纸	绫	绢	糨糊	胶	
	规格（cm）/ 材质	136×68	68×10000	83×10000	配制 /70 面粉	500g	
		180×95	80×10000				
			95×10000				
	产地 / 品牌	安徽红星	湖州呈祥	湖州呈祥	河北五得利	天津瑞金特	
	用途	画心命纸 / 覆褙纸	镶料	补画心	托画心 / 托花绫 / 覆褙	固色	
其他保护材料（镶料 / 天地杆等）	材料名称	花绫	天地杆	轴头			
	规格（cm）/ 材质	68×10000	定制	定制			
		80×10000					
		95×10000					
	产地 / 品牌	湖州呈祥	北京	北京			
	用途	镶料	保护画心				
各种试剂	试剂名称	明矾					
	规格（g）/ 材质						
	产地 / 品牌	北京北化					
	用途	固色					
主要颜料	颜料名称	花青	藤黄	赭石	石绿	朱砂	墨
	规格（ml）/ 材质	12	12	12	12	12	500
	产地 / 品牌	上海马利	上海马利	上海马利	上海马利	上海马利	北京一得阁
	用途	全色 / 染配	全色 / 染配	全色 / 染配	全色 / 染配	全色 / 染配	全色 / 染配
大型设备	设备名称	中央空调	除湿机	裱画台	锯杆机		
	规格 / 材质		D011A-22P	2×3m			
	产地 / 品牌	佛山美的	东莞全鸿盛	自制	石家庄永春		
	用途	温度控制	湿度控制	揭裱 / 装裱	制天地杆		
主要工具	工具名称	排笔	浆刷	喷壶	鬃刷	裁刀	毛笔
	规格（cm）/ 材质	20×17	15×13	1000ml	13×20	6×11	
	产地 / 品牌	北京	北京	北京	北京	北京	北京戴月轩
	用途	刷糨糊 / 托画心 / 褙纸 / 镶料 / 染色	镶活	喷水	托画心 / 褙纸 / 镶料	方裁画心 / 裁料	全色 / 固色 / 补画心

《清光绪杨守敬行书“独骑瘦马踏残月”对联》保护修复过程记录表

文物名称	清光绪杨守敬行书“独骑瘦马踏残月”对联	藏品总登记号	Z680	文物收藏单位	宜昌博物馆	保管负责人	向光华
保护修复单位	北京停云馆文化投资有限公司	项目负责人	王治涛	保护修复场所	北京市朝阳区望京佳境天城大厦B2802	保管负责人	王治涛 刘亚昭

项目主要参与人员	姓名	性别	年龄	职称	单位	项目主要参与人员	姓名	性别	年龄	职称	单位
	陈鲜维	女	36	无	本单位		王秀敏	女	25	无	本单位
	姓名	性别	年龄	职称	单位		姓名	性别	年龄	职称	单位
	陈悦尔	女	26	无	本单位		吴浩	男	23	无	本单位

保护场地状况	温度（℃）	温度控制	湿度（RH）	湿度控制	光照度（lx）	紫外线控制	颗粒物控制	有害气体控制	污水处理	废料处理	安保措施
	20℃～26℃	中央空调	55%～65%	除湿机	760			通风	集中排放	集中处理	红外/监控

保护工作内容		时间	使用工具材料					遇到主要问题及解决方法	保护效果	文物替换下的辅料	
			设备/工具	主要材料	辅助材料	试剂	颜料			名称	保存方式
加固/复原	加固	2015.12.21	裱画台/毛笔	胶矾水							
去污/脱酸	去污	2015.12.22	裱画台/排笔	蒸馏水	喷壶/毛巾						
	脱酸	2015.12.22	裱画台/排笔	蒸馏水	喷壶/毛巾						
修复	揭画心	2015.12.23	裱画台/镊子	水油纸						镶料/天地杆	登记存档
	修补	2015.12.23	手术刀/镊子/毛笔	补纸/嵌条	糨糊						
	托画心	2015.12.23	排笔	宣纸	糨糊						
	全色	2016.1.15	毛笔				赭石/花青/墨等				
	镶嵌	2016.1.24	浆刷	宣纸			赭石/花青/墨等				
	覆背	2016.1.25	排笔/鬃刷	宣纸/花绫/绢	糨糊						
	贴墙	2016.1.25	鬃刷	糨糊							
	砑光	2016.4.13	砑石	石蜡	宣纸						
	装天地杆/扎带	2016.5.29	锯杆机	松木/丝带							
整理/收藏	包装匣囊	2016.9.23	锦盒	袋装樟脑球	手套						

病害分布图

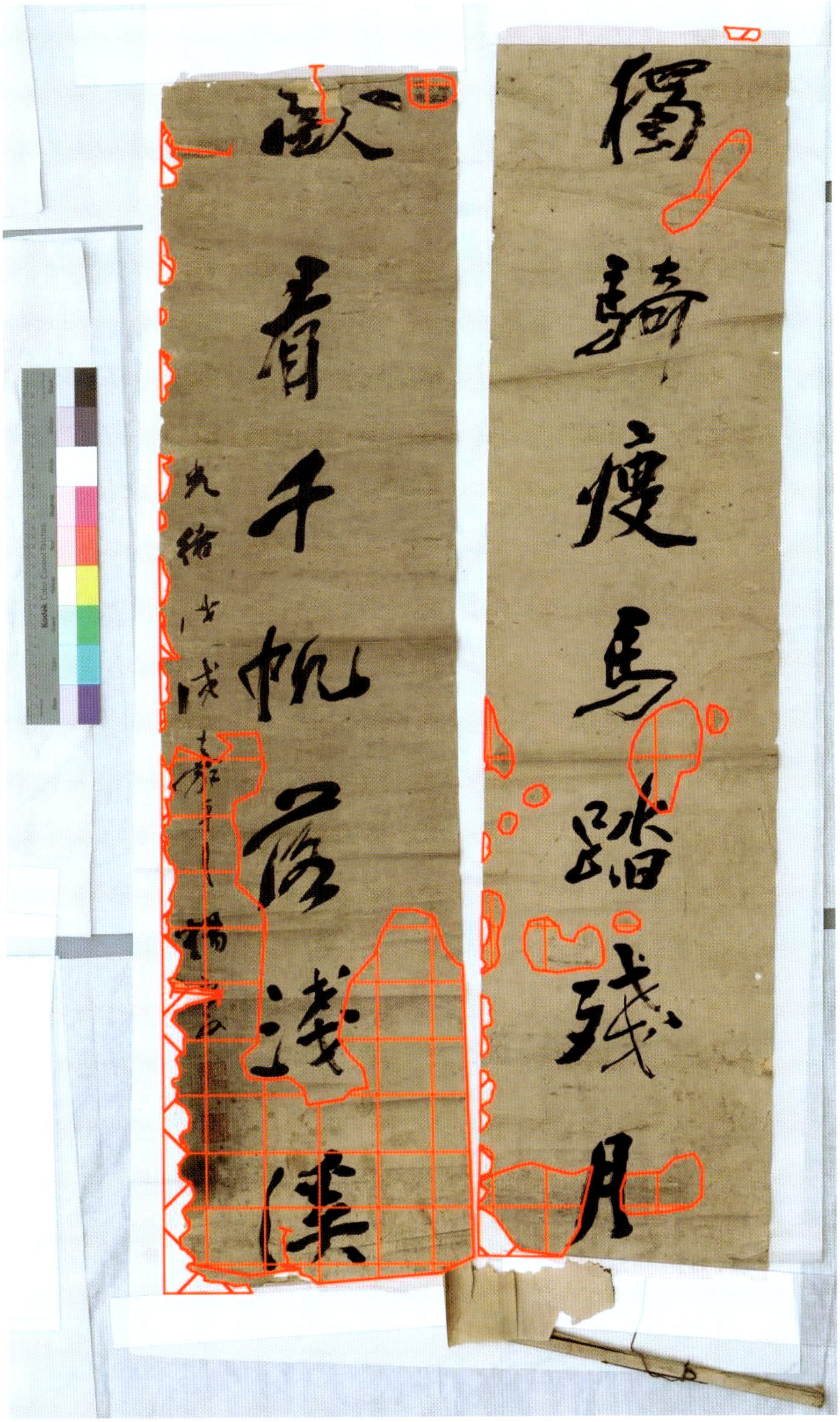

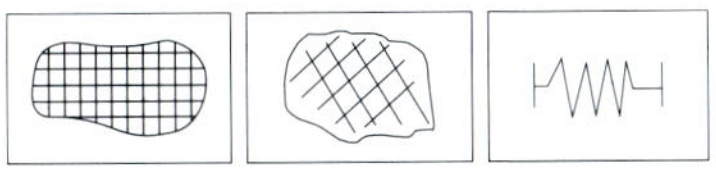

污渍　残缺　断裂

保护修复后的状况

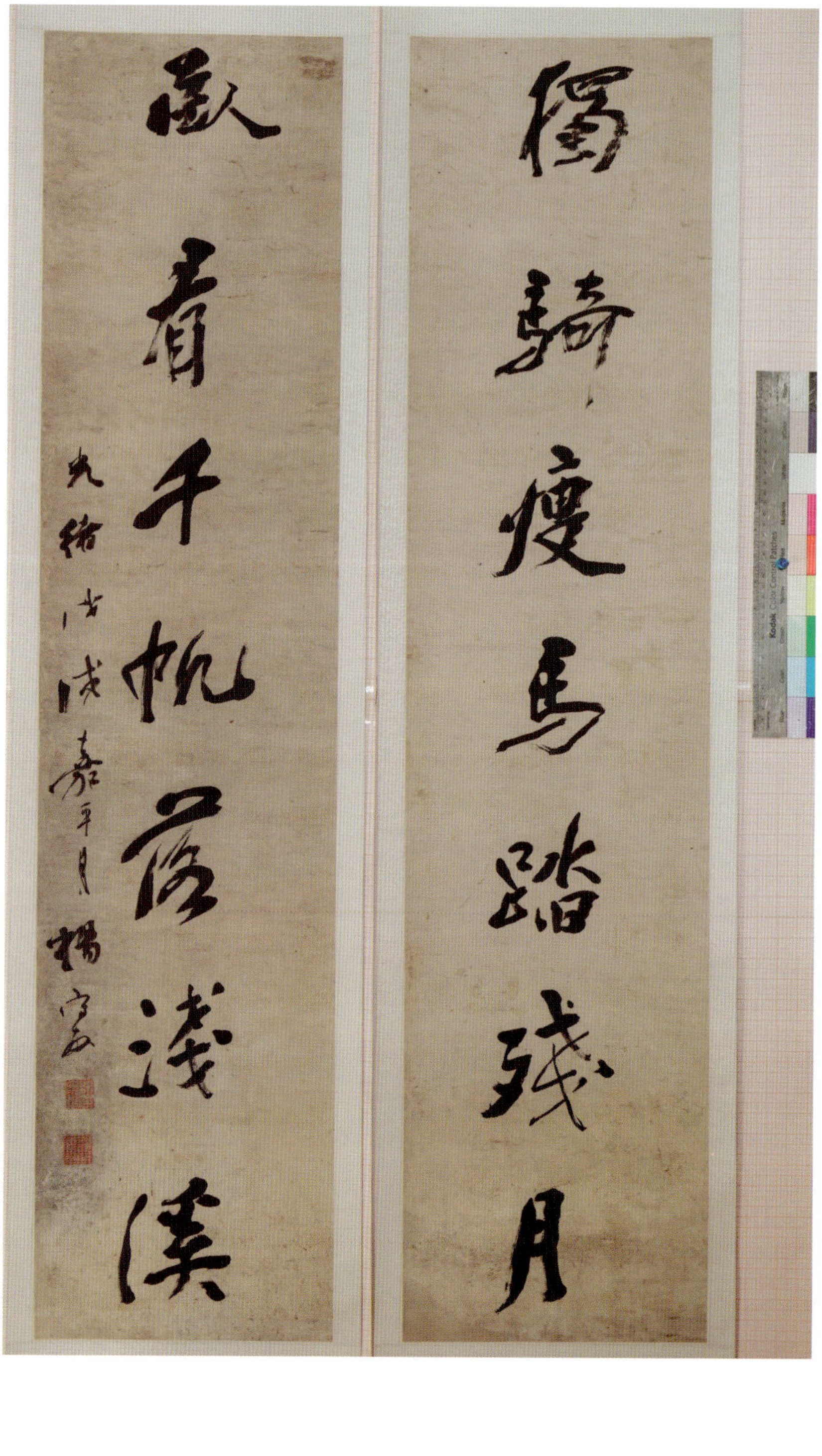

<table>
<tr><td rowspan="6">保护修复前后局部对比</td><td>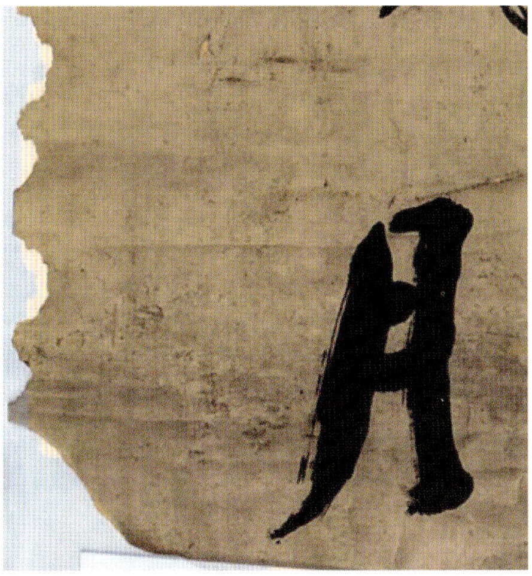</td><td></td></tr>
<tr><td>残缺修复前</td><td>残缺修复后</td></tr>
<tr><td></td><td></td></tr>
<tr><td>污渍修复前</td><td>污渍修复后</td></tr>
<tr><td></td><td></td></tr>
<tr><td>断裂修复前</td><td>断裂修复后</td></tr>
</table>

《清陶廷琡行楷〈东观余论〉节选轴》
保护修复档案

项目名称：宜昌博物馆馆藏书画保护修复

文物名称：清陶廷琡行楷《东观余论》节选轴

2019 年 4 月

中华人民共和国国家文物局制

《清陶廷琡行楷〈东观余论〉节选轴》保护修复前基本信息表

<table>
<tr><td colspan="2">文物名称</td><td colspan="3">清陶廷琡行楷《东观余论》节选轴</td></tr>
<tr><td colspan="2">收藏单位</td><td>宜昌博物馆</td><td>藏品总登记号</td><td>Z812</td></tr>
<tr><td colspan="2">来源</td><td>捐赠</td><td>年代</td><td>清</td></tr>
<tr><td colspan="2">类别</td><td>绘画</td><td>级别</td><td>3</td></tr>
<tr><td colspan="2">画心尺寸（纵 cm× 横 cm）</td><td>170.0×44.5</td><td>质地</td><td>纸</td></tr>
<tr><td colspan="2">装裱 / 装订形制</td><td>条屏</td><td>包装</td><td>无</td></tr>
<tr><td rowspan="6">文物保存环境及病害防控措施</td><td>温度</td><td rowspan="2">自然环境</td><td>温度控制</td><td>无</td></tr>
<tr><td>湿度</td><td>湿度控制</td><td>无</td></tr>
<tr><td>紫外线</td><td></td><td>紫外线防控</td><td>无</td></tr>
<tr><td>有害气体</td><td></td><td>有害气体防控</td><td>无</td></tr>
<tr><td>微生物损害</td><td></td><td>微生物损害防控</td><td>无</td></tr>
<tr><td>动物损害</td><td></td><td>动物损害防控</td><td>袋装樟脑球</td></tr>
<tr><td rowspan="2">以往保护修复记录</td><td>病害种类</td><td>不详</td><td>保护修复措施</td><td>不详</td></tr>
<tr><td>保护修复时间</td><td>不详</td><td>保护修复效果评估</td><td>不详</td></tr>
<tr><td rowspan="2">保护前状况</td><td>病害种类</td><td>污渍、残缺</td><td>病害程度</td><td>中度</td></tr>
<tr><td>影像资料</td><td colspan="3">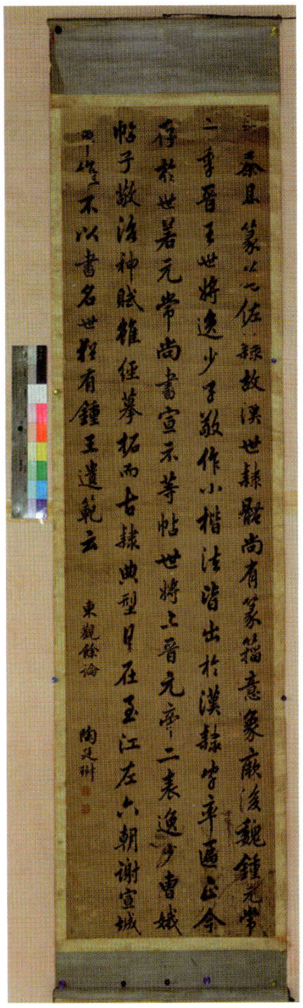</td></tr>
</table>

保护修复方案	方案名称及编号	宜昌博物馆馆藏书画保护修复方案		
	设计单位	北京停云馆文化投资有限公司	资质证书编号	11010-2008
	批准单位	国家文物局	批准文号	文物博函〔2016〕588号
文物提取日期		2017.3.28	提取经办人	向光华　刘亚昭
文物返还日期		2019.3.27	返还经办人	刘亚昭　向光华
备注				

《清陶廷琡行楷〈东观余论〉节选轴》保护修复检测记录表

文物名称		清陶廷琡行楷《东观余论》节选轴		藏品总登记号	Z812		收藏单位		宜昌博物馆	
保护修复单位		北京停云馆文化投资有限公司		项目负责人	王治涛		保护修复场所		北京停云馆古籍及文物保护中心	
保护阶段	检测内容	检测时间	检测目的	样品名称	样品编号	取样方法	检测方法	使用设备	检测结果	检测单位
保护前	pH 值		纸张酸度				酸度仪	Clean.PH30	6.01	本单位
保护后	pH 值		纸张酸度				酸度仪	Clean.PH30	6.82	本单位

《清陶廷琡行楷〈东观余论〉节选轴》保护修复材料使用明细表

项目名称	宜昌博物馆馆藏书画保护修复			项目起始时间	2017.3.28~2019.3.27		
委托单位	宜昌博物馆			委托方负责人	向光华		
项目实施单位	北京停云馆文化投资有限公司			项目负责人	王治涛		
主要保护材料（纸／绫／绢／糨糊／胶等）	材料名称	宣纸	绫	绢	糨糊	胶	
	规格（cm）／材质	136×68	68×10000	83×10000	配制 /70 面粉	500g	
		180×95	80×10000				
			95×10000				
	产地／品牌	安徽红星	湖州呈祥	湖州呈祥	河北五得利	天津瑞金特	
	用途	画心命纸／覆褙纸	镶料	补画心	托画心／托花绫／覆褙	固色	
其他保护材料（镶料／天地杆等）	材料名称	花绫	天地杆	轴头			
	规格（cm）／材质	68×10000	定制	定制			
		80×10000					
		95×10000					
	产地／品牌	湖州呈祥	北京	北京			
	用途	镶料	保护画心				
各种试剂	试剂名称	明矾					
	规格（g）／材质						
	产地／品牌						
	用途	固色					
主要颜料	颜料名称	花青	藤黄	赭石	石绿	朱砂	墨
	规格（ml）／材质	12	12	12	12	12	500
	产地／品牌	江苏姜思序堂	江苏姜思序堂	江苏姜思序堂	江苏姜思序堂	江苏姜思序堂	北京一得阁
	用途	全色／染配	全色／染配	全色／染配	全色／染配	全色／染配	全色／染配
大型设备	设备名称	中央空调	除湿机	裱画台	锯杆机		
	规格／材质		D011A-22P	2×3m			
	产地／品牌	佛山美的	东莞金鸿盛	自制	石家庄永春		
	用途	温度控制	湿度控制	揭裱／装裱	制天地杆		
主要工具	工具名称	排笔	浆刷	喷壶	鬃刷	裁刀	毛笔
	规格（cm）／材质	20×17	15×13	1000ml	13×20	6×11	
	产地／品牌	北京	北京	北京	北京	北京	北京戴月轩
	用途	刷糨糊／托画心／褙纸／镶料／染色	镶活	喷水	托画心／褙纸／镶料	方裁画心／裁料	全色／固色／补画心

《清陶廷琡行楷〈东观余论〉节选轴》保护修复过程记录表

文物名称	清陶廷琡行楷《东观余论》节选轴	藏品总登记号	Z812	文物收藏单位	宜昌市博物馆	保管负责人	向光华
保护修复单位	北京停云馆文化投资有限公司	项目负责人	王治涛	保护修复场所	北京停云馆古籍及文物保护中心	保管负责人	王治涛 刘亚昭

项目主要参与人员	姓名	性别	年龄	职称	单位	项目主要参与人员	姓名	性别	年龄	职称	单位
	陈鲜维	女	38	无	本单位		王秀敏	女	27	无	本单位
	姓名	性别	年龄	职称	单位		姓名	性别	年龄	职称	单位
	陈悦尔	女	28	无	本单位		任毅	男	37	无	本单位

保护场地状况	温度（℃）	温度控制	湿度（RH）	湿度控制	光照度（lx）	紫外线控制	颗粒物控制	有害气体控制	污水处理	废料处理	安保措施
	20℃～26℃	中央空调	55%～65%	除湿机	760			通风	集中排放	集中处理	红外/监控

保护工作内容		时间	使用工具材料					遇到主要问题及解决方法	保护效果	文物替换下的辅料	
			设备/工具	主要材料	辅助材料	试剂	颜料			名称	保存方式
加固/复原	加固	2018.8.28	裱画台/毛笔	胶矾水							
去污/脱酸	去污	2018.8.29	裱画台/排笔	蒸馏水	喷壶/毛巾						
	脱酸	2018.8.29	裱画台/排笔	蒸馏水	喷壶/毛巾						
修复	修补	2018.9.13	手术刀/镊子/毛笔	补纸/嵌条	糨糊						
	托画心	2018.9.28	排笔	宣纸	糨糊						
	全色	2018.10.17	毛笔				赭石/花青/墨等				
	镶嵌	2018.10.25	浆刷	宣纸			赭石/花青/墨等				
	覆背	2018.11.27	排笔/鬃刷	宣纸/花绫/绢	糨糊						
	贴墙	2018.11.28	鬃刷	糨糊							
	研光	2019.1.18	砑石	石蜡	宣纸						
	装天地杆/扎带	2019.3.18	锯杆机	松木/丝带							
整理/收藏	包装匣囊	2019.3.25	锦盒	袋装樟脑球	手套						

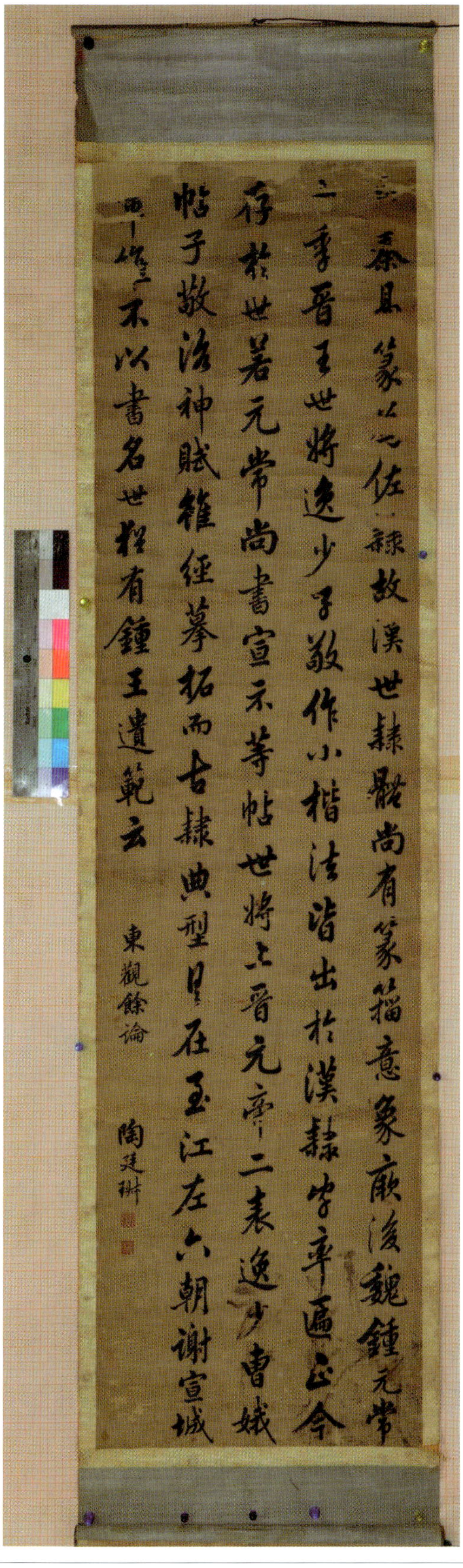

病害分布图

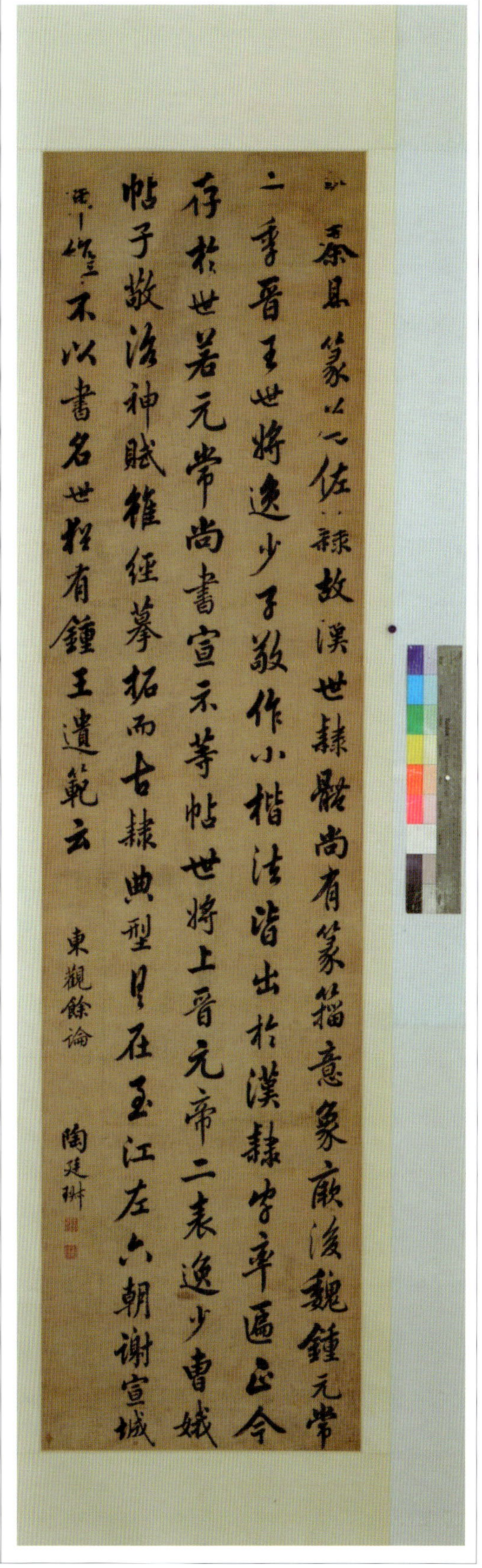

保护修复后的状况

<table>
<tr><td rowspan="4">保护修复前后局部对比</td><td>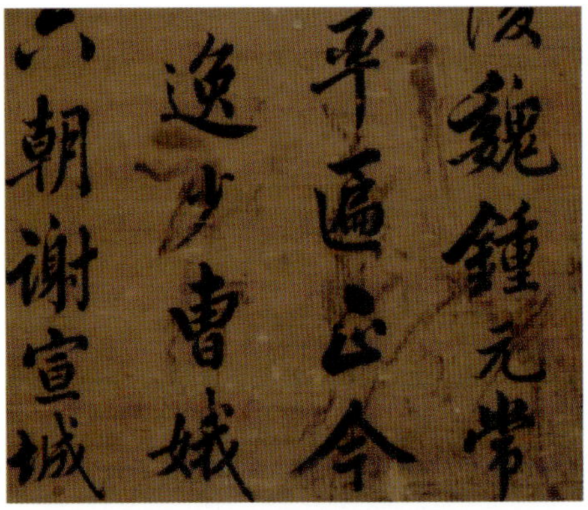</td><td>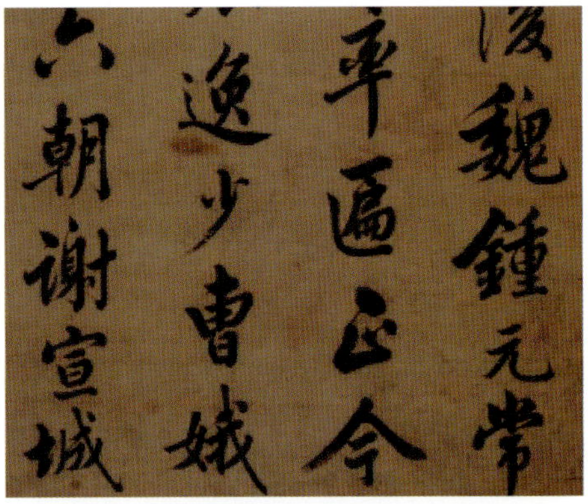</td></tr>
<tr><td>污渍修复前</td><td>污渍修复后</td></tr>
<tr><td>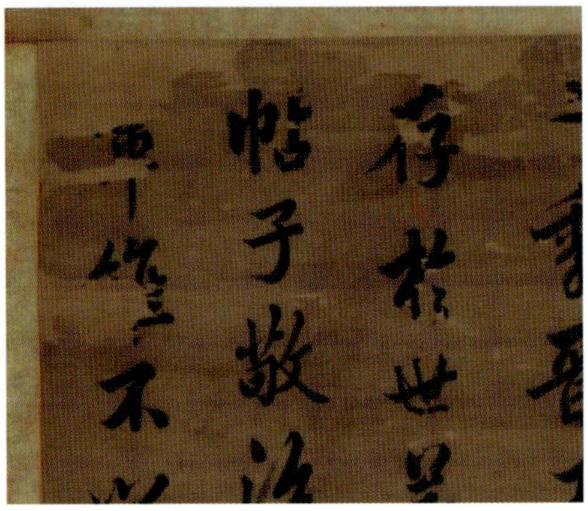</td><td>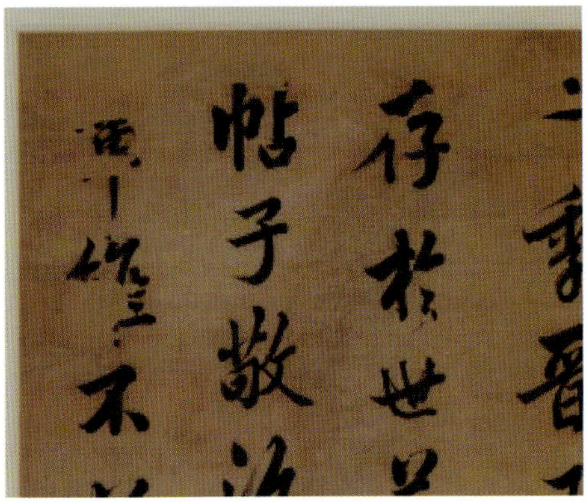</td></tr>
<tr><td>残缺修复前</td><td>残缺修复后</td></tr>
</table>

《清文运行书〈裴子语林〉节选轴》
保护修复档案

项目名称：宜昌博物馆馆藏书画保护修复

文物名称：清文运行书《裴子语林》节选轴

2019 年 4 月

中华人民共和国国家文物局制

《清文运书〈裴子语林〉节选轴》保护修复前基本信息表

<table>
<tr><td colspan="2">文物名称</td><td colspan="3">清文运行书《裴子语林》节选轴</td></tr>
<tr><td colspan="2">收藏单位</td><td>宜昌博物馆</td><td>藏品总登记号</td><td>Z810</td></tr>
<tr><td colspan="2">来源</td><td>捐赠</td><td>年代</td><td>清</td></tr>
<tr><td colspan="2">类别</td><td>书法</td><td>级别</td><td>3</td></tr>
<tr><td colspan="2">画心尺寸（纵 cm× 横 cm）</td><td>79.0×30.0</td><td>质地</td><td>纸</td></tr>
<tr><td colspan="2">装裱 / 装订形制</td><td>条屏</td><td>包装</td><td>无</td></tr>
<tr><td rowspan="6">文物保存环境及病害防控措施</td><td>温度</td><td rowspan="2">自然环境</td><td>温度控制</td><td>无</td></tr>
<tr><td>湿度</td><td>湿度控制</td><td>无</td></tr>
<tr><td>紫外线</td><td></td><td>紫外线防控</td><td>无</td></tr>
<tr><td>有害气体</td><td></td><td>有害气体防控</td><td>无</td></tr>
<tr><td>微生物损害</td><td></td><td>微生物损害防控</td><td>无</td></tr>
<tr><td>动物损害</td><td></td><td>动物损害防控</td><td>袋装樟脑球</td></tr>
<tr><td rowspan="2">以往保护修复记录</td><td>病害种类</td><td>不详</td><td>保护修复措施</td><td>不详</td></tr>
<tr><td>保护修复时间</td><td>不详</td><td>保护修复效果评估</td><td>不详</td></tr>
<tr><td rowspan="2">保护前状况</td><td>病害种类</td><td>折痕、残缺</td><td>病害程度</td><td>中度</td></tr>
<tr><td>影像资料</td><td colspan="3">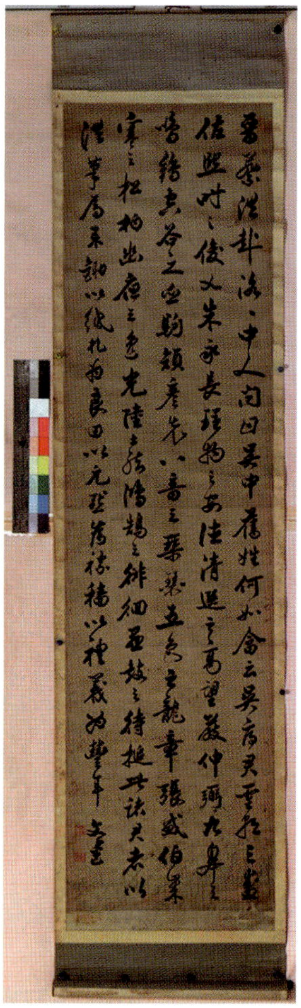</td></tr>
</table>

保护修复方案	方案名称及编号	宜昌博物馆馆藏书画保护修复方案		
	设计单位	北京停云馆文化投资有限公司	资质证书编号	11010–2008
	批准单位	国家文物局	批准文号	文物博函〔2016〕588 号
文物提取日期		2017.3.28	提取经办人	向光华 刘亚昭
文物返还日期		2019.3.27	返还经办人	刘亚昭 向光华
备注				

《清文运行书〈裴子语林〉节选轴》保护修复检测记录表

文物名称		清文运行书《裴子语林》节选轴		藏品总登记号	Z810		收藏单位		宜昌博物馆	
保护修复单位		北京停云馆文化投资有限公司		项目负责人	王治涛		保护修复场所		北京停云馆古籍及文物保护中心	
保护阶段	检测内容	检测时间	检测目的	样品名称	样品编号	取样方法	检测方法	使用设备	检测结果	检测单位
保护前	pH 值		纸张酸度				酸度仪	Clean.PH30	6.26	本单位
保护后	pH 值		纸张酸度				酸度仪	Clean.PH30	6.85	本单位

3《清文运行书〈裴子语林〉节选轴》保护修复材料使用明细表

项目名称	宜昌博物馆馆藏书画保护修复			项目起始时间	2017.3.28~2019.3.27		
委托单位	宜昌博物馆			委托方负责人	向光华		
项目实施单位	北京停云馆文化投资有限公司			项目负责人	王治涛		
主要保护材料（纸／绫／绢／糨糊／胶等）	材料名称	宣纸	绫	绢	糨糊	胶	
	规格（cm）／材质	136×68	68×10000	83×10000	配制 /70 面粉	500g	
		180×95	80×10000				
			95×10000				
	产地／品牌	安徽红星	湖州呈祥	湖州呈祥	河北五得利	天津瑞金特	
	用途	画心命纸／覆褙纸	镶料	补画心	托画心／托花绫／覆褙	固色	
其他保护材料（镶料／天地杆等）	材料名称	花绫	天地杆	轴头			
	规格（cm）／材质	68×10000	定制	定制			
		80×10000					
		95×10000					
	产地／品牌	湖州呈祥	北京	北京			
	用途	镶料	保护画心				
各种试剂	试剂名称	明矾					
	规格（g）／材质						
	产地／品牌						
	用途	固色					
主要颜料	颜料名称	花青	藤黄	赭石	石绿	朱砂	墨
	规格（ml）／材质	12	12	12	12	12	500
	产地／品牌	江苏姜思序堂	江苏姜思序堂	江苏姜思序堂	江苏姜思序堂	江苏姜思序堂	北京一得阁
	用途	全色／染配	全色／染配	全色／染配	全色／染配	全色／染配	全色／染配
大型设备	设备名称	中央空调	除湿机	裱画台	锯杆机		
	规格／材质		D011A-22P	2×3m			
	产地／品牌	佛山美的	东莞金鸿盛	自制	石家庄永春		
	用途	温度控制	湿度控制	揭裱／装裱	制天地杆		
主要工具	工具名称	排笔	浆刷	喷壶	鬃刷	裁刀	毛笔
	规格（cm）／材质	20×17	15×13	1000ml	13×20	6×11	
	产地／品牌	北京	北京	北京	北京	北京	北京戴月轩
	用途	刷糨糊／托画心／褙纸／镶料／染色	镶活	喷水	托画心／褙纸／镶料	方裁画心／裁料	全色／固色／补画心

《清文运行书〈裴子语林节〉选轴》保护修复过程记录表

<table>
<tr><td colspan="2">文物名称</td><td colspan="2">清文运行书《裴子语林》节选轴</td><td colspan="2">藏品总登记号</td><td>Z810</td><td colspan="2">文物收藏单位</td><td>宜昌市博物馆</td><td>保管负责人</td><td>向光华</td></tr>
<tr><td colspan="2">保护修复单位</td><td colspan="2">北京停云馆
文化投资有限公司</td><td colspan="2">项目负责人</td><td>王治涛</td><td colspan="2">保护修复场所</td><td>北京停云馆古籍及文物保护中心</td><td>保管负责人</td><td>王治涛
刘亚昭</td></tr>
<tr><td rowspan="4">项目主要参与人员</td><td>姓名</td><td>性别</td><td>年龄</td><td>职称</td><td>单位</td><td rowspan="4">项目主要参与人员</td><td>姓名</td><td>性别</td><td>年龄</td><td>职称</td><td>单位</td></tr>
<tr><td>陈鲜维</td><td>女</td><td>38</td><td>无</td><td>本单位</td><td>王秀敏</td><td>女</td><td>27</td><td>无</td><td>本单位</td></tr>
<tr><td>姓名</td><td>性别</td><td>年龄</td><td>职称</td><td>单位</td><td>姓名</td><td>性别</td><td>年龄</td><td>职称</td><td>单位</td></tr>
<tr><td>陈悦尔</td><td>女</td><td>28</td><td>无</td><td>本单位</td><td>任毅</td><td>男</td><td>37</td><td>无</td><td>本单位</td></tr>
<tr><td rowspan="2">保护场地状况</td><td>温度（℃）</td><td>温度控制</td><td>湿度（RH）</td><td>湿度控制</td><td>光照度（lx）</td><td>紫外线控制</td><td>颗粒物控制</td><td>有害气体控制</td><td>污水处理</td><td>废料处理</td><td>安保措施</td></tr>
<tr><td>20℃～26℃</td><td>中央空调</td><td>55%～65%</td><td>除湿机</td><td>760</td><td></td><td></td><td>通风</td><td>集中排放</td><td>集中处理</td><td>红外/监控</td></tr>
<tr><td colspan="2" rowspan="2">保护工作内容</td><td rowspan="2">时间</td><td colspan="5">使用工具材料</td><td rowspan="2">遇到主要问题及解决方法</td><td rowspan="2">保护效果</td><td colspan="2">文物替换下的辅料</td></tr>
<tr><td>设备/工具</td><td>主要材料</td><td>辅助材料</td><td>试剂</td><td>颜料</td><td>名称</td><td>保存方式</td></tr>
<tr><td>加固/复原</td><td>加固</td><td>2018.9.8</td><td>裱画台/毛笔</td><td>胶矾水</td><td></td><td></td><td></td><td></td><td></td><td></td><td></td></tr>
<tr><td rowspan="2">去污/脱酸</td><td>去污</td><td>2018.9.9</td><td>裱画台/排笔</td><td>蒸馏水</td><td>喷壶/毛巾</td><td></td><td></td><td></td><td></td><td></td><td></td></tr>
<tr><td>脱酸</td><td>2018.9.9</td><td>裱画台/排笔</td><td>蒸馏水</td><td>喷壶/毛巾</td><td></td><td></td><td></td><td></td><td></td><td></td></tr>
<tr><td rowspan="8">修复</td><td>修补</td><td>2018.9.25</td><td>手术刀/镊子/毛笔</td><td>补纸/嵌条</td><td>糨糊</td><td></td><td></td><td></td><td></td><td></td><td></td></tr>
<tr><td>托画心</td><td>2018.10.17</td><td>排笔</td><td>宣纸</td><td>糨糊</td><td></td><td></td><td></td><td></td><td></td><td></td></tr>
<tr><td>全色</td><td>2018.11.2</td><td>毛笔</td><td></td><td></td><td></td><td>赭石/花青/墨等</td><td></td><td></td><td></td><td></td></tr>
<tr><td>镶嵌</td><td>2018.11.14</td><td>浆刷</td><td>宣纸</td><td></td><td></td><td>赭石/花青/墨等</td><td></td><td></td><td></td><td></td></tr>
<tr><td>覆背</td><td>2018.12.3</td><td>排笔/鬃刷</td><td>宣纸/花绫/绢</td><td>糨糊</td><td></td><td></td><td></td><td></td><td></td><td></td></tr>
<tr><td>贴墙</td><td>2018.12.4</td><td>鬃刷</td><td>糨糊</td><td></td><td></td><td></td><td></td><td></td><td></td><td></td></tr>
<tr><td>砑光</td><td>2019.1.9</td><td>砑石</td><td>石蜡</td><td>宣纸</td><td></td><td></td><td></td><td></td><td></td><td></td></tr>
<tr><td>装天地杆/扎带</td><td>2019.3.18</td><td>锯杆机</td><td>松木/丝带</td><td></td><td></td><td></td><td></td><td></td><td></td><td></td></tr>
<tr><td>整理/收藏</td><td>包装匣囊</td><td>2019.3.25</td><td>锦盒</td><td>袋装樟脑球</td><td>手套</td><td></td><td></td><td></td><td></td><td></td><td></td></tr>
</table>

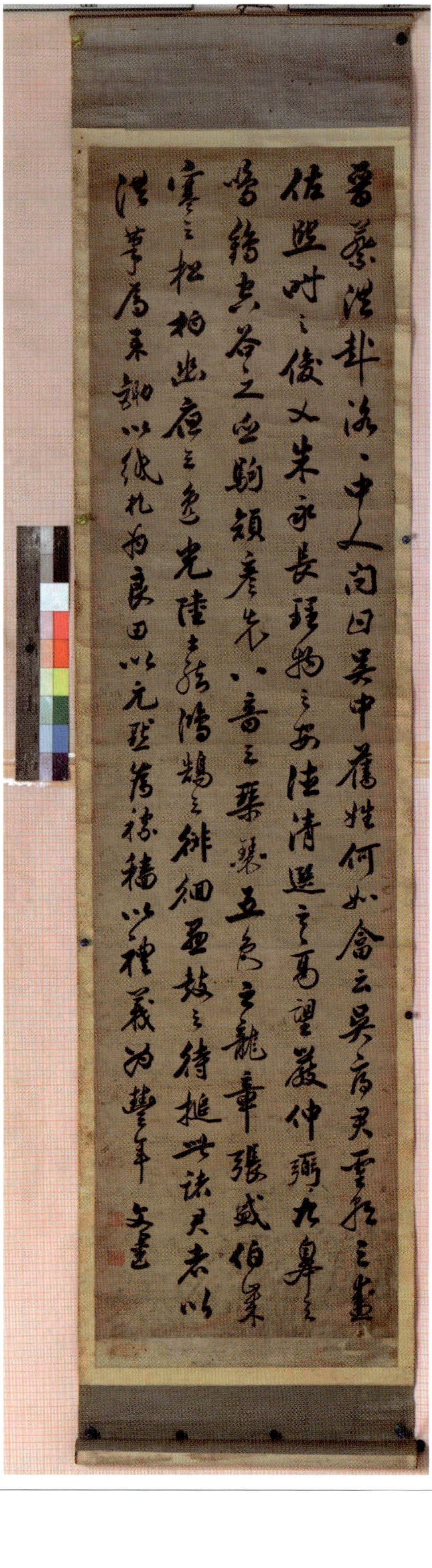

病害分布图

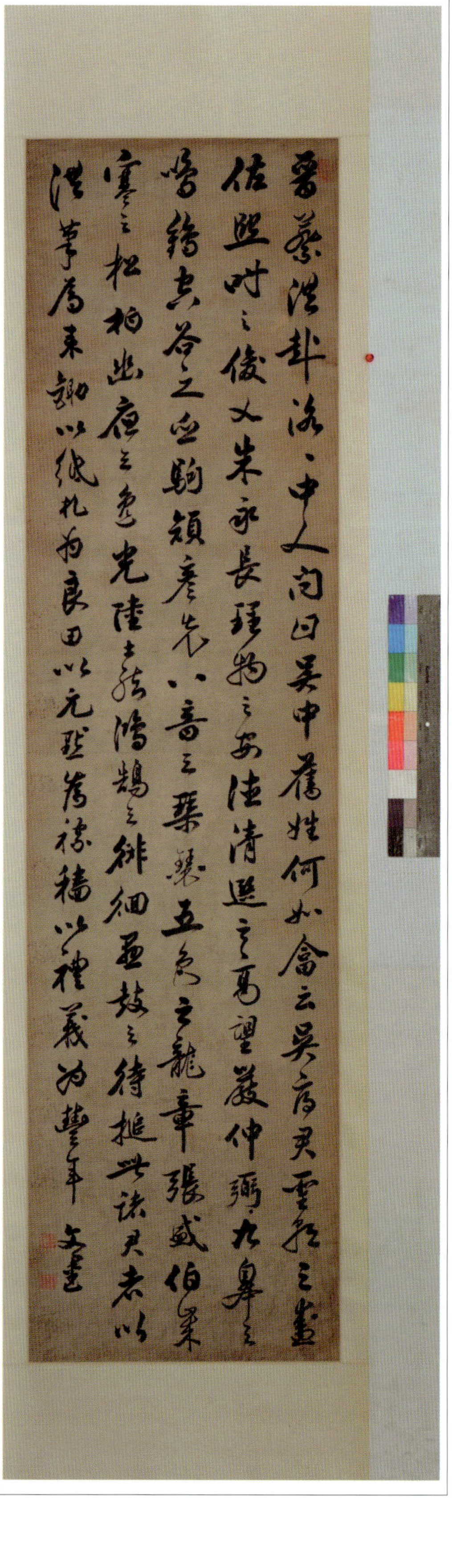

保护修复后的状况

<table>
<tr><td rowspan="4">保护修复前后局部对比</td><td>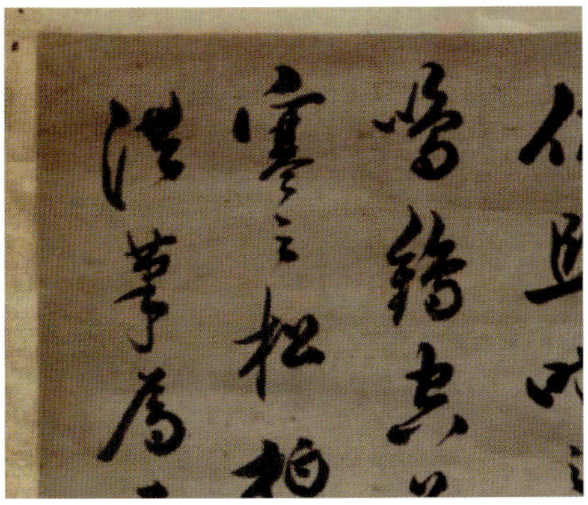</td><td>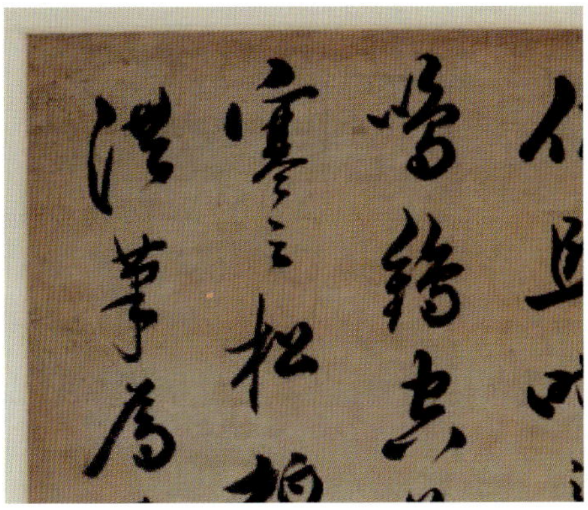</td></tr>
<tr><td>折痕修复前</td><td>折痕修复后</td></tr>
<tr><td>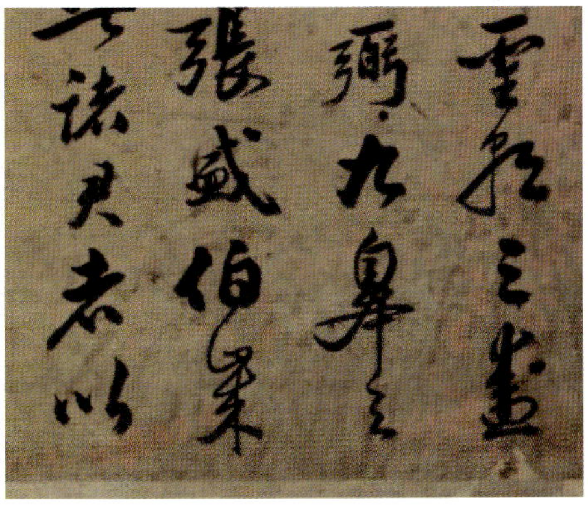</td><td>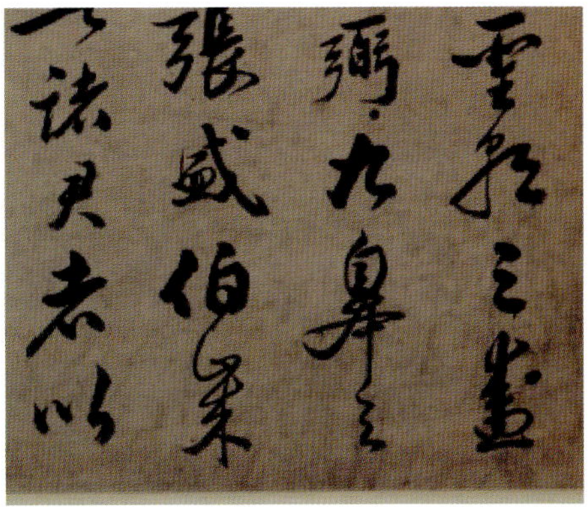</td></tr>
<tr><td>残缺修复前</td><td>残缺修复后</td></tr>
</table>

《清王柏心行草七言诗轴》
保护修复档案

项目名称：宜昌博物馆馆藏书画保护修复

文物名称：清王柏心行草七言诗轴

2019 年 4 月

中华人民共和国国家文物局制

《清王柏心行草七言诗轴》保护修复前基本信息表

文物名称		清王柏心行草七言诗轴		
收藏单位		宜昌博物馆	藏品总登记号	Z811
来源		捐赠	年代	清
类别		书法	级别	3
画心尺寸（纵 cm× 横 cm）		173.5×44.5	质地	纸
装裱 / 装订形制		条屏	包装	无
文物保存环境及病害防控措施	温度	自然环境	温度控制	无
	湿度		湿度控制	无
	紫外线		紫外线防控	无
	有害气体		有害气体防控	无
	微生物损害		微生物损害防控	无
	动物损害		动物损害防控	袋装樟脑球
以往保护修复记录	病害种类	不详	保护修复措施	不详
	保护修复时间	不详	保护修复效果评估	不详
保护前状况	病害种类	污渍、脱壳	病害程度	中度
	影像资料	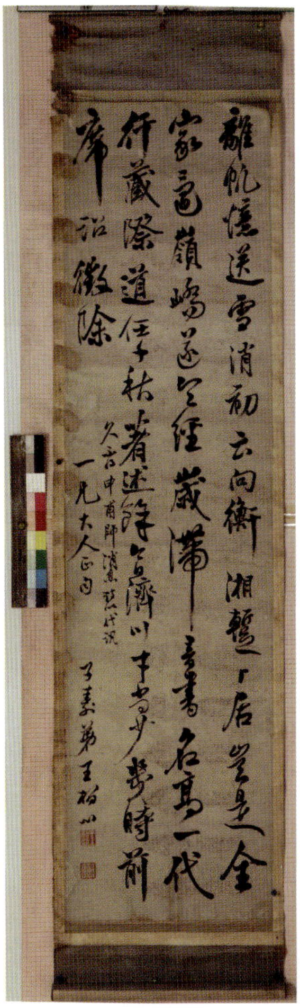		

<table>
<tr><td rowspan="3">保护修复方案</td><td>方案名称及编号</td><td colspan="3">宜昌博物馆馆藏书画保护修复方案</td></tr>
<tr><td>设计单位</td><td>北京停云馆文化投资有限公司</td><td>资质证书编号</td><td>11010-2008</td></tr>
<tr><td>批准单位</td><td>国家文物局</td><td>批准文号</td><td>文物博函〔2016〕588号</td></tr>
<tr><td colspan="2">文物提取日期</td><td>2017.3.28</td><td>提取经办人</td><td>向光华　刘亚昭</td></tr>
<tr><td colspan="2">文物返还日期</td><td>2019.3.27</td><td>返还经办人</td><td>刘亚昭　向光华</td></tr>
<tr><td colspan="2">备注</td><td colspan="3"></td></tr>
</table>

《清王柏心行草七言诗轴》保护修复检测记录表

<table>
<tr><td colspan="2">文物名称</td><td colspan="2">清王柏心行草七言诗轴</td><td>藏品总登记号</td><td colspan="2">Z811</td><td colspan="2">收藏单位</td><td colspan="2">宜昌博物馆</td></tr>
<tr><td colspan="2">保护修复单位</td><td colspan="2">北京停云馆文化投资有限公司</td><td>项目负责人</td><td colspan="2">王治涛</td><td colspan="2">保护修复场所</td><td colspan="2">北京停云馆古籍及文物保护中心</td></tr>
<tr><td>保护阶段</td><td>检测内容</td><td>检测时间</td><td>检测目的</td><td>样品名称</td><td>样品编号</td><td>取样方法</td><td>检测方法</td><td>使用设备</td><td>检测结果</td><td>检测单位</td></tr>
<tr><td rowspan="5">保护前</td><td>pH 值</td><td></td><td>纸张酸度</td><td></td><td></td><td></td><td>酸度仪</td><td>Clean.PH30</td><td>5.98</td><td>本单位</td></tr>
<tr><td></td><td></td><td></td><td></td><td></td><td></td><td></td><td></td><td></td><td></td></tr>
<tr><td></td><td></td><td></td><td></td><td></td><td></td><td></td><td></td><td></td><td></td></tr>
<tr><td></td><td></td><td></td><td></td><td></td><td></td><td></td><td></td><td></td><td></td></tr>
<tr><td></td><td></td><td></td><td></td><td></td><td></td><td></td><td></td><td></td><td></td></tr>
<tr><td rowspan="5">保护后</td><td>pH 值</td><td></td><td>纸张酸度</td><td></td><td></td><td></td><td>酸度仪</td><td>Clean.PH30</td><td>6.81</td><td>本单位</td></tr>
<tr><td></td><td></td><td></td><td></td><td></td><td></td><td></td><td></td><td></td><td></td></tr>
<tr><td></td><td></td><td></td><td></td><td></td><td></td><td></td><td></td><td></td><td></td></tr>
<tr><td></td><td></td><td></td><td></td><td></td><td></td><td></td><td></td><td></td><td></td></tr>
<tr><td></td><td></td><td></td><td></td><td></td><td></td><td></td><td></td><td></td><td></td></tr>
</table>

《清王柏心行草七言诗轴》保护修复材料使用明细表

项目名称	宜昌博物馆馆藏书画保护修复			项目起始时间	2017.3.28~2019.3.27		
委托单位	宜昌博物馆			委托方负责人	向光华		
项目实施单位	北京停云馆文化投资有限公司			项目负责人	王治涛		
主要保护材料（纸／绫／绢／糨糊／胶等）	材料名称	宣纸	绫	绢	糨糊	胶	
	规格（cm）／材质	136×68	68×10000	83×10000	配制／70面粉	500g	
		180×95	80×10000				
			95×10000				
	产地／品牌	安徽红星	湖州呈祥	湖州呈祥	河北五得利	天津瑞金特	
	用途	画心命纸／覆褙纸	镶料	补画心	托画心／托花绫／覆褙	固色	
其他保护材料（镶料／天地杆等）	材料名称	花绫	天地杆	轴头			
	规格（cm）／材质	68×10000	定制	定制			
		80×10000					
		95×10000					
	产地／品牌	湖州呈祥	北京	北京			
	用途	镶料	保护画心				
各种试剂	试剂名称	明矾					
	规格（g）／材质						
	产地／品牌						
	用途	固色					
主要颜料	颜料名称	花青	藤黄	赭石	石绿	朱砂	墨
	规格（ml）／材质	12	12	12	12	12	500
	产地／品牌	江苏姜思序堂	江苏姜思序堂	江苏姜思序堂	江苏姜思序堂	江苏姜思序堂	北京一得阁
	用途	全色／染配	全色／染配	全色／染配	全色／染配	全色／染配	全色／染配
大型设备	设备名称	中央空调	除湿机	裱画台	锯杆机		
	规格／材质		D011A-22P	2×3m			
	产地／品牌	佛山美的	东莞金鸿盛	自制	石家庄永春		
	用途	温度控制	湿度控制	揭裱／装裱	制天地杆		
主要工具	工具名称	排笔	浆刷	喷壶	鬃刷	裁刀	毛笔
	规格（cm）／材质	20×17	15×13	1000ml	13×20	6×11	
	产地／品牌	北京	北京	北京	北京	北京	北京戴月轩
	用途	刷糨糊／托画心／褙纸／镶料／染色	镶活	喷水	托画心／褙纸／镶料	方裁画心／裁料	全色／固色／补画心

《清王柏心行草七言诗轴》保护修复过程记录表

文物名称		清王柏心行草七言诗轴		藏品总登记号		Z811	文物收藏单位		宜昌市博物馆	保管负责人	向光华
保护修复单位		北京停云馆文化投资有限公司		项目负责人		王治涛	保护修复场所		北京停云馆古籍及文物保护中心	保管负责人	王治涛 刘亚昭
项目主要参与人员	姓名	性别	年龄	职称	单位	项目主要参与人员	姓名	性别	年龄	职称	单位
	陈鲜维	女	38	无	本单位		王秀敏	女	27	无	本单位
	姓名	性别	年龄	职称	单位		姓名	性别	年龄	职称	单位
	陈悦尔	女	28	无	本单位		任毅	男	37	无	本单位
保护场地状况	温度（℃）	温度控制	湿度（RH）	湿度控制	光照度（lx）	紫外线控制	颗粒物控制	有害气体控制	污水处理	废料处理	安保措施
	20℃～26℃	中央空调	55%～65%	除湿机	760			通风	集中排放	集中处理	红外/监控
保护工作内容		时间	使用工具材料					遇到主要问题及解决方法	保护效果	文物替换下的辅料	
			设备/工具	主要材料	辅助材料	试剂	颜料			名称	保存方式
加固/复原	加固	2018.9.19	裱画台/毛笔	胶矾水							
去污/脱酸	去污	2018.9.20	裱画台/排笔	蒸馏水	喷壶/毛巾						
	脱酸	2018.9.20	裱画台/排笔	蒸馏水	喷壶/毛巾						
修复	修补	2018.10.10	手术刀/镊子/毛笔	补纸/嵌条	糨糊						
	托画心	2018.10.26	排笔	宣纸	糨糊						
	全色	2018.11.14	毛笔				赭石/花青/墨等				
	镶嵌	2018.11.22	浆刷	宣纸			赭石/花青/墨等				
	覆背	2018.12.17	排笔/鬃刷	宣纸/花绫/绢	糨糊						
	贴墙	2018.12.18	鬃刷	糨糊							
	研光	2019.1.4	研石	石蜡	宣纸						
	装天地杆/扎带	2019.3.18	锯杆机	松木/丝带							
整理/收藏	包装匣囊	2019.3.25	锦盒	袋装樟脑球	手套						

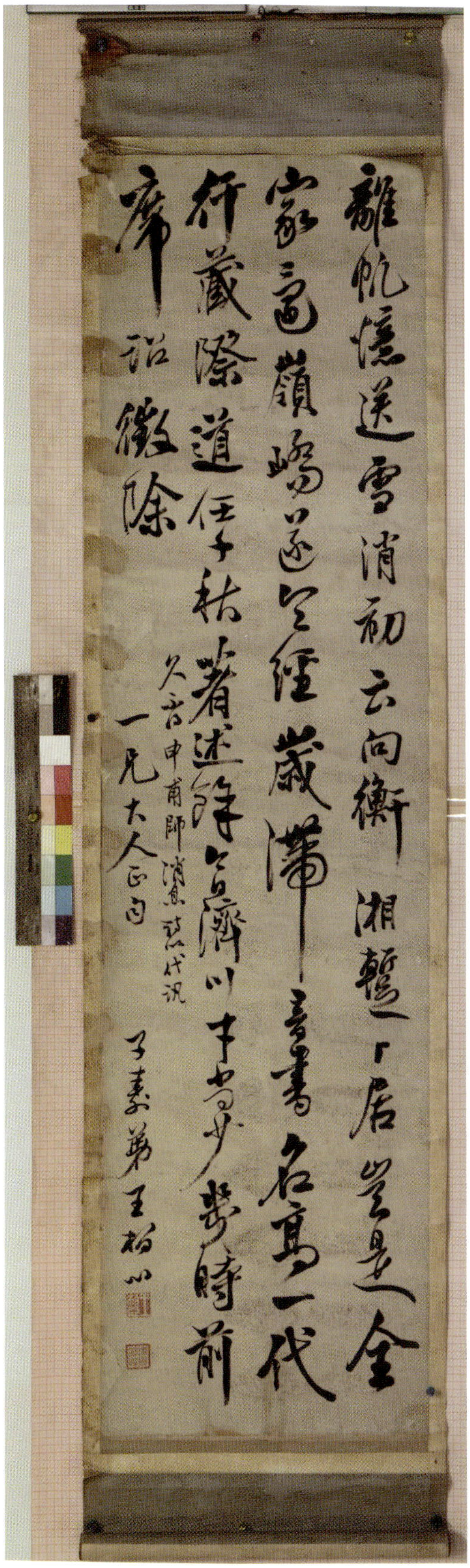

病害分布图

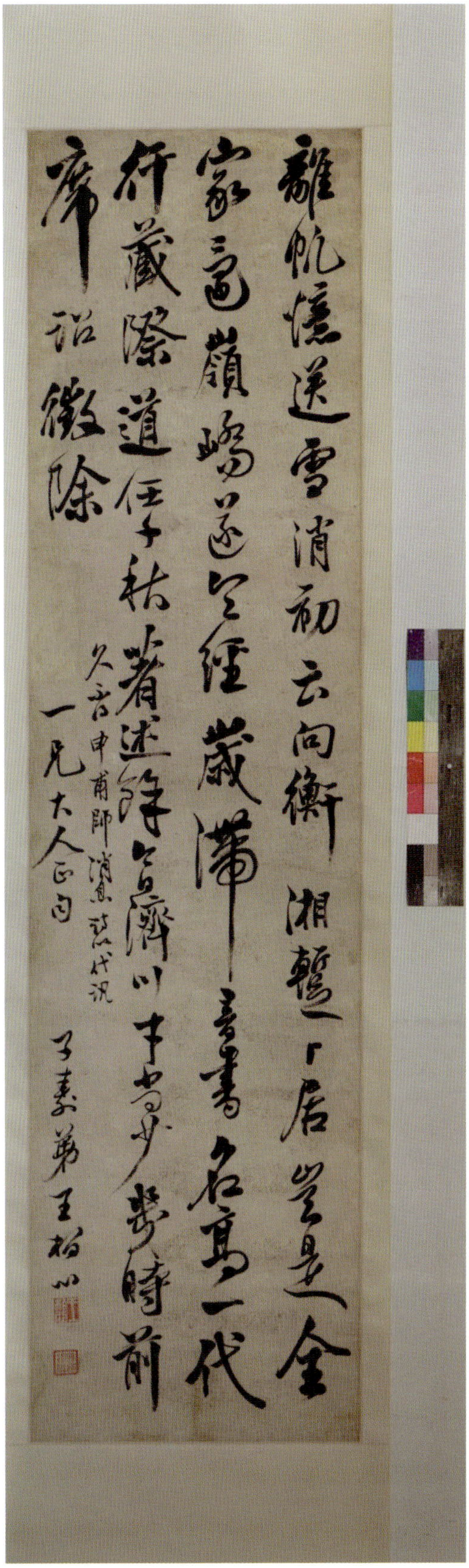

保护修复后的状况

保护修复前后局部对比	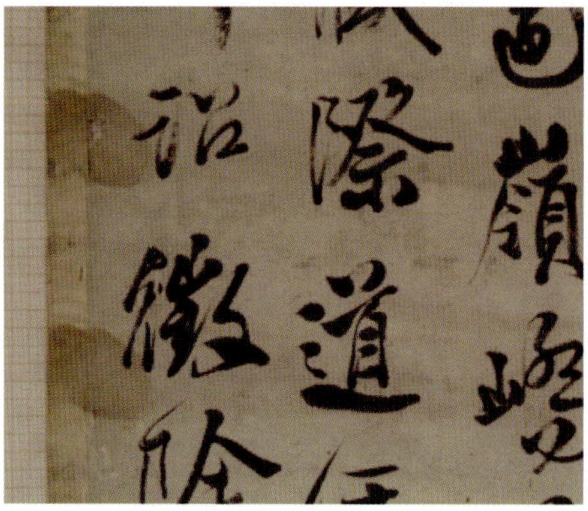	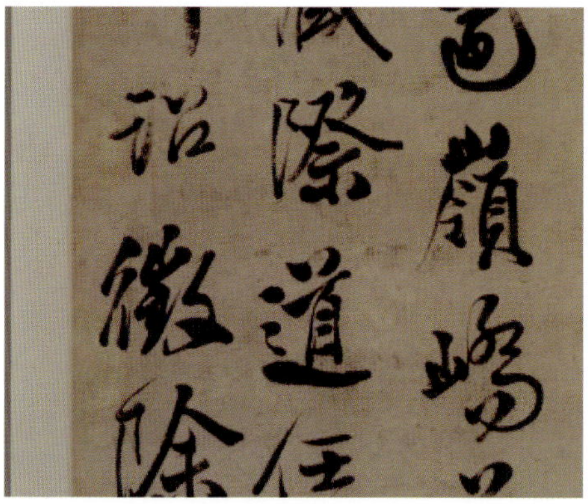
	污渍修复前	污渍修复后
	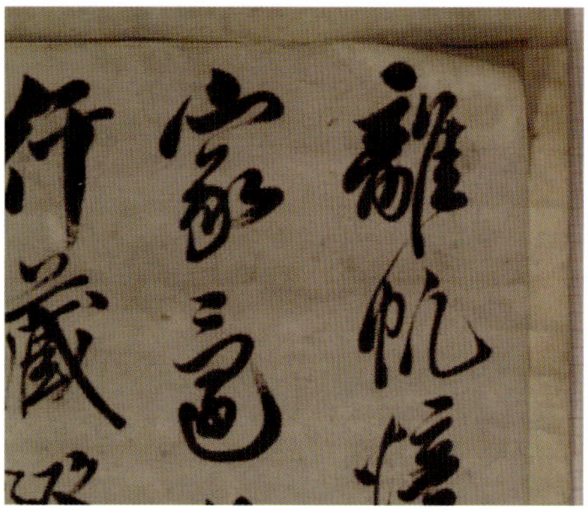	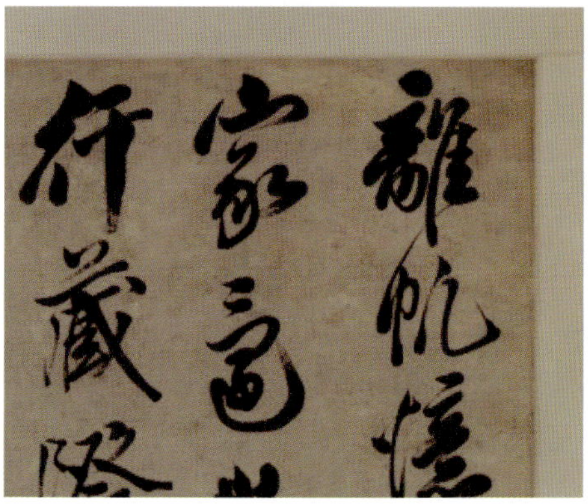
	脱壳修复前	脱壳修复后

《清邓传密隶书〈读书赋〉节选屏轴》保护修复档案

项目名称：宜昌博物馆馆藏书画保护修复

文物名称：清邓传密隶书《读书赋》节选屏轴

2019 年 4 月

中华人民共和国国家文物局制

《清邓传密隶书〈读书赋〉节选屏轴》保护修复前基本信息表

文物名称		清邓传密隶书《读书赋》节选屏轴		
收藏单位		宜昌博物馆	藏品总登记号	Z808
来源		捐赠	年代	清
类别		书法	级别	3
画心尺寸（纵 cm× 横 cm）		121.0×31.0	质地	纸
装裱 / 装订形制		条屏	包装	无
文物保存环境及病害防控措施	温度	自然环境	温度控制	无
	湿度		湿度控制	无
	紫外线		紫外线防控	无
	有害气体		有害气体防控	无
	微生物损害		微生物损害防控	无
	动物损害		动物损害防控	袋装樟脑球
以往保护修复记录	病害种类	不详	保护修复措施	不详
	保护修复时间	不详	保护修复效果评估	不详
保护前状况	病害种类	折痕、断裂、残缺、污渍	病害程度	中度
	影像资料	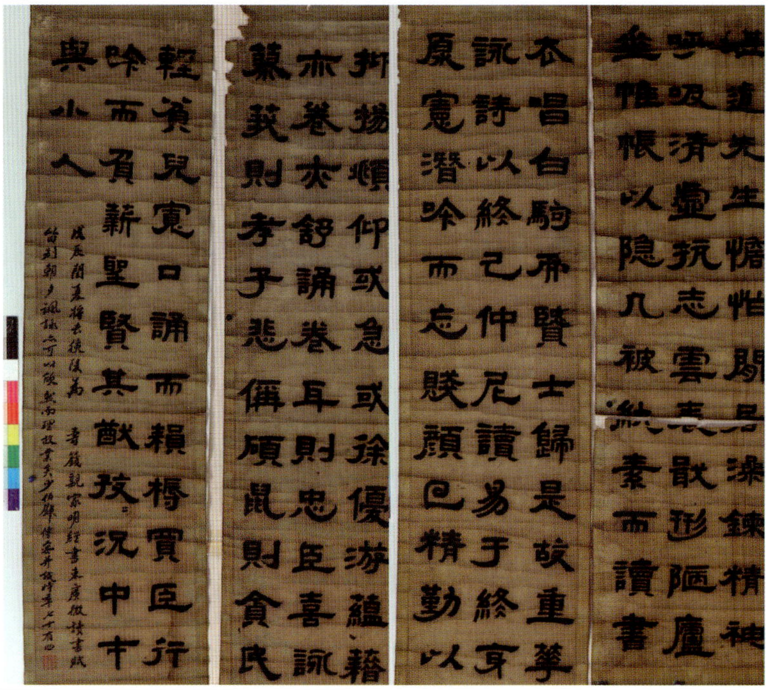		
保护修复方案	方案名称及编号	宜昌博物馆馆藏书画保护修复方案		
	设计单位	北京停云馆文化投资有限公司	资质证书编号	11010-2008
	批准单位	国家文物局	批准文号	文物博函〔2016〕588 号
文物提取日期		2017.3.28	提取经办人	向光华　刘亚昭
文物返还日期		2019.3.27	返还经办人	刘亚昭　向光华
备注				

《清邓传密隶书〈读书赋〉节选屏轴》保护修复检测记录表

<table>
<tr><td colspan="2">文物名称</td><td colspan="2">清邓传密隶书《读书赋》节选屏轴</td><td>藏品总登记号</td><td colspan="2">Z808</td><td colspan="2">收藏单位</td><td colspan="2">宜昌博物馆</td></tr>
<tr><td colspan="2">保护修复单位</td><td colspan="2">北京停云馆文化投资有限公司</td><td>项目负责人</td><td colspan="2">王治涛</td><td colspan="2">保护修复场所</td><td colspan="2">北京停云馆古籍及文物保护中心</td></tr>
<tr><td>保护阶段</td><td>检测内容</td><td>检测时间</td><td>检测目的</td><td>样品名称</td><td>样品编号</td><td>取样方法</td><td>检测方法</td><td>使用设备</td><td>检测结果</td><td>检测单位</td></tr>
<tr><td rowspan="5">保护前</td><td>pH 值</td><td></td><td>纸张酸度</td><td></td><td></td><td></td><td>酸度仪</td><td>Clean.PH30</td><td>5.39</td><td>本单位</td></tr>
<tr><td></td><td></td><td></td><td></td><td></td><td></td><td></td><td></td><td></td><td></td></tr>
<tr><td></td><td></td><td></td><td></td><td></td><td></td><td></td><td></td><td></td><td></td></tr>
<tr><td></td><td></td><td></td><td></td><td></td><td></td><td></td><td></td><td></td><td></td></tr>
<tr><td></td><td></td><td></td><td></td><td></td><td></td><td></td><td></td><td></td><td></td></tr>
<tr><td rowspan="5">保护后</td><td>pH 值</td><td></td><td>纸张酸度</td><td></td><td></td><td></td><td>酸度仪</td><td>Clean.PH30</td><td>6.82</td><td>本单位</td></tr>
<tr><td></td><td></td><td></td><td></td><td></td><td></td><td></td><td></td><td></td><td></td></tr>
<tr><td></td><td></td><td></td><td></td><td></td><td></td><td></td><td></td><td></td><td></td></tr>
<tr><td></td><td></td><td></td><td></td><td></td><td></td><td></td><td></td><td></td><td></td></tr>
<tr><td></td><td></td><td></td><td></td><td></td><td></td><td></td><td></td><td></td><td></td></tr>
</table>

《清邓传密隶书〈读书赋〉节选屏轴》保护修复材料使用明细表

项目名称	宜昌博物馆馆藏书画保护修复			项目起始时间	2017.3.28~2019.3.27		
委托单位	宜昌博物馆			委托方负责人	向光华		
项目实施单位	北京停云馆文化投资有限公司			项目负责人	王治涛		
主要保护材料（纸／绫／绢／糨糊／胶等）	材料名称	宣纸	绫	绢	糨糊	胶	
	规格（cm）／材质	136×68	68×10000	83×10000	配制 /70 面粉	500g	
		180×95	80×10000				
			95×10000				
	产地／品牌	安徽红星	湖州呈祥	湖州呈祥	河北五得利	天津瑞金特	
	用途	画心命纸／覆褙纸	镶料	补画心	托画心／托花绫／覆褙	固色	
其他保护材料（镶料／天地杆等）	材料名称	花绫	天地杆	轴头			
	规格（cm）／材质	68×10000	定制	定制			
		80×10000					
		95×10000					
	产地／品牌	湖州呈祥	北京	北京			
	用途	镶料	保护画心				
各种试剂	试剂名称	明矾					
	规格（g）／材质						
	产地／品牌						
	用途	固色					
主要颜料	颜料名称	花青	藤黄	赭石	石绿	朱砂	墨
	规格（ml）／材质	12	12	12	12	12	500
	产地／品牌	江苏姜思序堂	江苏姜思序堂	江苏姜思序堂	江苏姜思序堂	江苏姜思序堂	北京一得阁
	用途	全色／染配	全色／染配	全色／染配	全色／染配	全色／染配	全色／染配
大型设备	设备名称	中央空调	除湿机	裱画台	锯杆机		
	规格／材质		D011A-22P	2×3m			
	产地／品牌	佛山美的	东莞金鸿盛	自制	石家庄永春		
	用途	温度控制	湿度控制	揭裱／装裱	制天地杆		
主要工具	工具名称	排笔	浆刷	喷壶	鬃刷	裁刀	毛笔
	规格（cm）／材质	20×17	15×13	1000ml	13×20	6×11	
	产地／品牌	北京	北京	北京	北京	北京	北京戴月轩
	用途	刷糨糊／托画心／褙纸／镶料／染色	镶活	喷水	托画心／褙纸／镶料	方裁画心／裁料	全色／固色／补画心

《清邓传密隶书〈读书赋〉节选屏轴》保护修复过程记录表

<table>
<tr><td colspan="2">文物名称</td><td colspan="2">清邓传密隶书《读书赋》节选屏轴</td><td colspan="2">藏品总登记号</td><td>Z808</td><td colspan="2">文物收藏单位</td><td>宜昌市博物馆</td><td>保管负责人</td><td>向光华</td></tr>
<tr><td colspan="2">保护修复单位</td><td colspan="2">北京停云馆文化投资有限公司</td><td colspan="2">项目负责人</td><td>王治涛</td><td colspan="2">保护修复场所</td><td>北京停云馆古籍及文物保护中心</td><td>保管负责人</td><td>王治涛
刘亚昭</td></tr>
<tr><td rowspan="4">项目主要参与人员</td><td>姓名</td><td>性别</td><td>年龄</td><td>职称</td><td>单位</td><td rowspan="4">项目主要参与人员</td><td>姓名</td><td>性别</td><td>年龄</td><td>职称</td><td>单位</td></tr>
<tr><td>陈鲜维</td><td>女</td><td>38</td><td>无</td><td>本单位</td><td>王秀敏</td><td>女</td><td>27</td><td>无</td><td>本单位</td></tr>
<tr><td>姓名</td><td>性别</td><td>年龄</td><td>职称</td><td>单位</td><td>姓名</td><td>性别</td><td>年龄</td><td>职称</td><td>单位</td></tr>
<tr><td>陈悦尔</td><td>女</td><td>28</td><td>无</td><td>本单位</td><td>任毅</td><td>男</td><td>37</td><td>无</td><td>本单位</td></tr>
<tr><td rowspan="2">保护场地状况</td><td>温度（℃）</td><td>温度控制</td><td>湿度（RH）</td><td>湿度控制</td><td>光照度（lx）</td><td>紫外线控制</td><td>颗粒物控制</td><td>有害气体控制</td><td>污水处理</td><td>废料处理</td><td>安保措施</td></tr>
<tr><td>20℃～26℃</td><td>中央空调</td><td>55%～65%</td><td>除湿机</td><td>760</td><td></td><td></td><td>通风</td><td>集中排放</td><td>集中处理</td><td>红外/监控</td></tr>
<tr><td colspan="2" rowspan="2">保护工作内容</td><td rowspan="2">时间</td><td colspan="5">使用工具材料</td><td rowspan="2">遇到主要问题及解决方法</td><td rowspan="2">保护效果</td><td colspan="2">文物替换下的辅料</td></tr>
<tr><td>设备/工具</td><td>主要材料</td><td>辅助材料</td><td>试剂</td><td>颜料</td><td>名称</td><td>保存方式</td></tr>
<tr><td>加固/复原</td><td>加固</td><td>2018.9.25</td><td>裱画台/毛笔</td><td>胶矾水</td><td></td><td></td><td></td><td></td><td></td><td></td><td></td></tr>
<tr><td rowspan="2">去污/脱酸</td><td>去污</td><td>2018.9.25</td><td>裱画台/排笔</td><td>蒸馏水</td><td>喷壶/毛巾</td><td></td><td></td><td></td><td></td><td></td><td></td></tr>
<tr><td>脱酸</td><td>2018.9.26</td><td>裱画台/排笔</td><td>蒸馏水</td><td>喷壶/毛巾</td><td></td><td></td><td></td><td></td><td></td><td></td></tr>
<tr><td rowspan="8">修复</td><td>修补</td><td>2018.10.9</td><td>手术刀/镊子/毛笔</td><td>补纸/嵌条</td><td>糨糊</td><td></td><td></td><td></td><td></td><td></td><td></td></tr>
<tr><td>托画心</td><td>2018.10.18</td><td>排笔</td><td>宣纸</td><td>糨糊</td><td></td><td></td><td></td><td></td><td></td><td></td></tr>
<tr><td>全色</td><td>2018.10.30</td><td>毛笔</td><td></td><td></td><td></td><td>赭石/花青/墨等</td><td></td><td></td><td></td><td></td></tr>
<tr><td>镶嵌</td><td>2018.11.15</td><td>浆刷</td><td>宣纸</td><td></td><td></td><td>赭石/花青/墨等</td><td></td><td></td><td></td><td></td></tr>
<tr><td>覆背</td><td>2018.11.27</td><td>排笔/鬃刷</td><td>宣纸/花绫/绢</td><td>糨糊</td><td></td><td></td><td></td><td></td><td></td><td></td></tr>
<tr><td>贴墙</td><td>2018.11.28</td><td>鬃刷</td><td>糨糊</td><td></td><td></td><td></td><td></td><td></td><td></td><td></td></tr>
<tr><td>研光</td><td>2019.1.9</td><td>研石</td><td>石蜡</td><td>宣纸</td><td></td><td></td><td></td><td></td><td></td><td></td></tr>
<tr><td>装天地杆/扎带</td><td>2019.3.18</td><td>锯杆机</td><td>松木/丝带</td><td></td><td></td><td></td><td></td><td></td><td></td><td></td></tr>
<tr><td>整理/收藏</td><td>包装匣囊</td><td>2019.3.25</td><td>锦盒</td><td>袋装樟脑球</td><td>手套</td><td></td><td></td><td></td><td></td><td></td><td></td></tr>
</table>

病害分布图

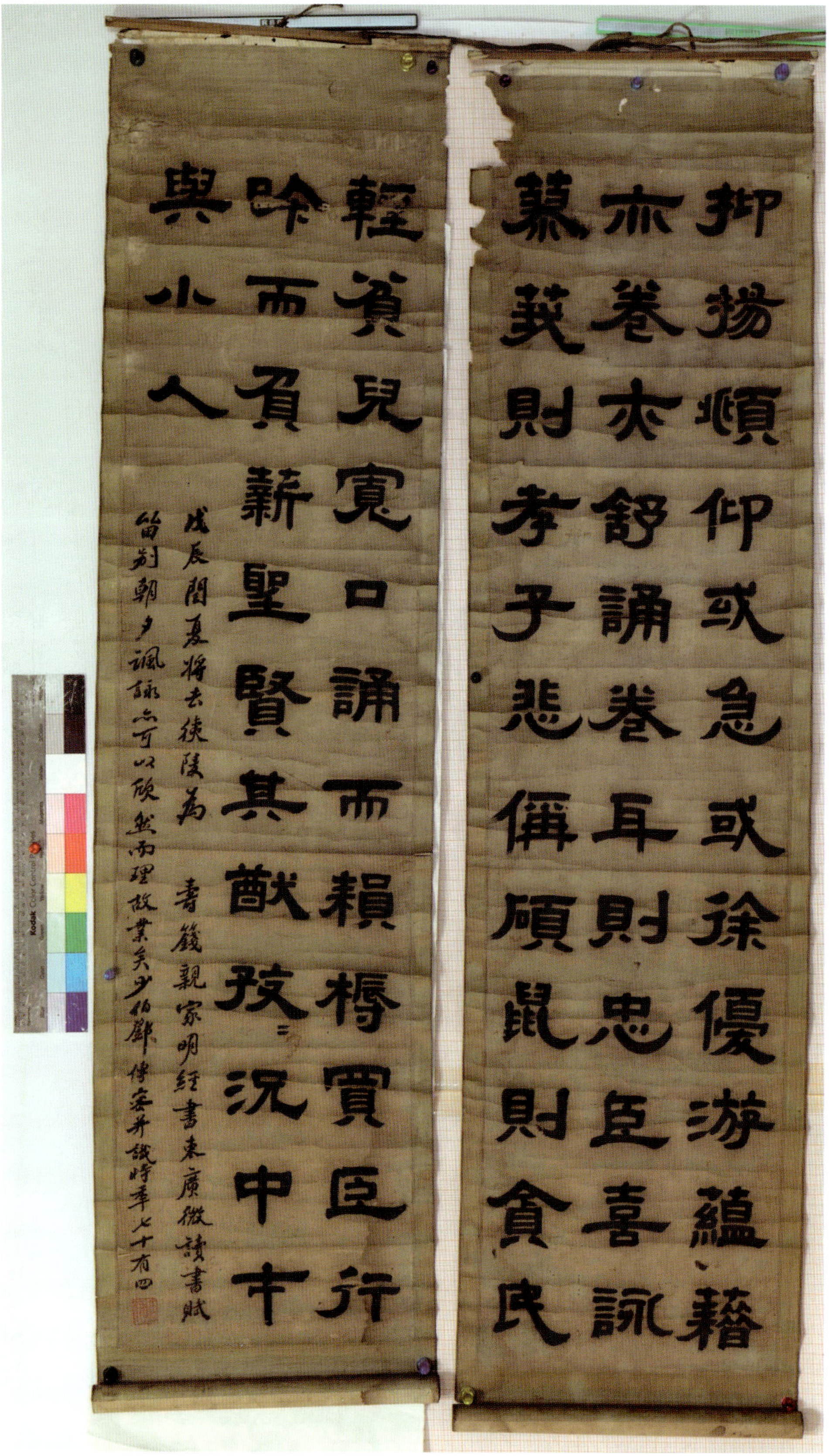
抑揚頓仰或急或徐優游蘊藉
亦卷太舒誦卷耳則忠臣喜詠
慕莪則孝子悲偁碩鼠則貪民
輕貧兒寬口誦而耨楞賈臣行
吟而負薪聖賢其猷孜孜況中才
與小人
戊辰閏夏將去竟陵為
書箋親家明經書東廣微讀書賦
留別朝夕諷詠亦可以頤然而理故業矣少伯鄧傳安并識時年七十有四

病害分布图

杏唱白駒希賢士歸是故重举
詠詩以終己仲尼讀易于終篇
願憲潜吟而忘賤顔巴精勤以

湛道先生慆怕閒居澡鍊精神
呼吸清虚抗志雲表歆形陋廬
坐帷帳以隐几被絺素而讀書

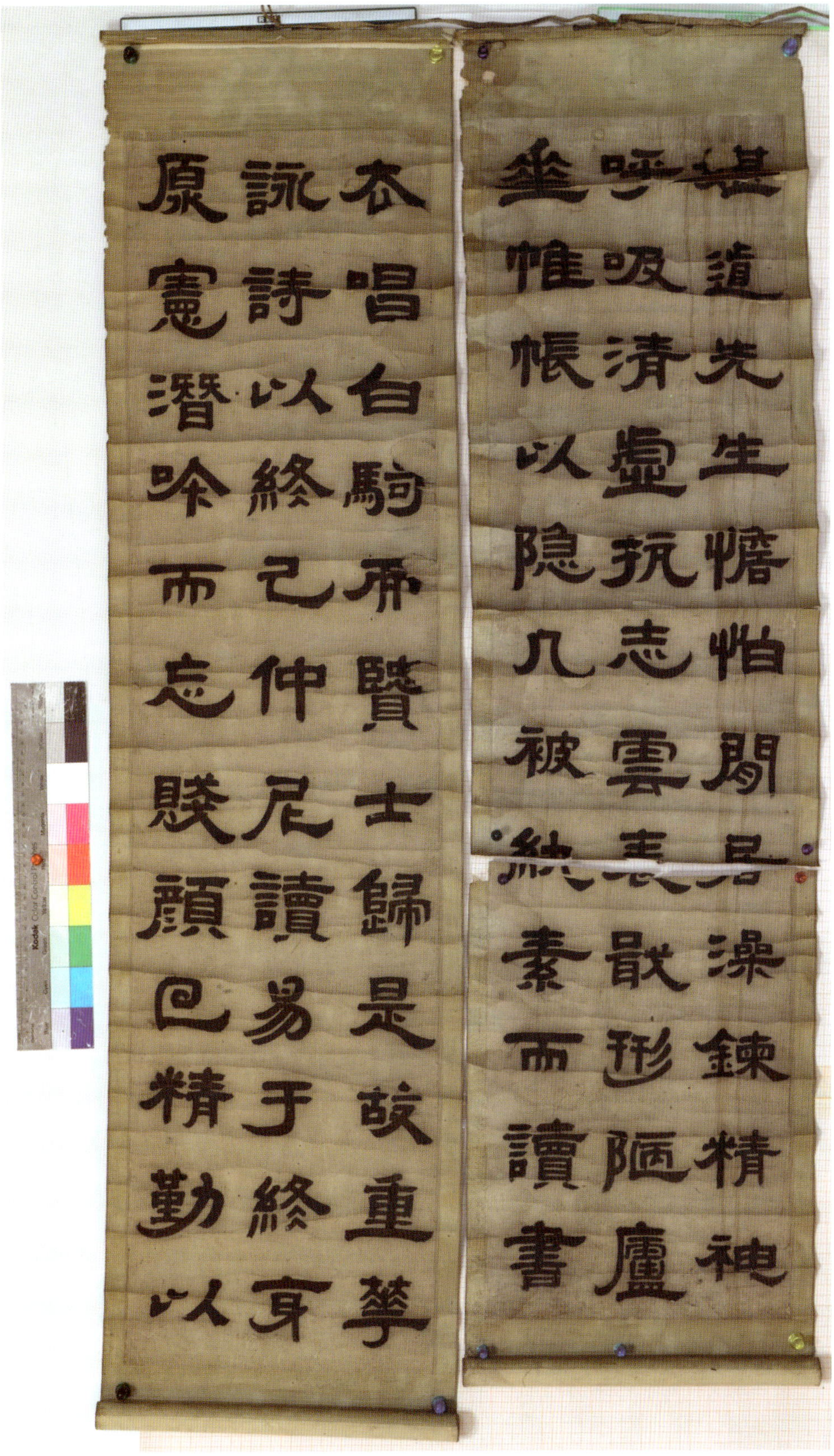

保护修复后的状况

杏唱白駒而賢士歸是故重拳
詠詩以終己仲尼讀易于終亨
願憲潛吟而忘賤顔回精勤以

輕資見寬口誦而賴樽買臣行
吟而負薪聖賢其猷孜況中士
與小人

戊辰閏夏將去徒陵為 書籙觀家明經書來廣微讀書賦
留别郭夕諷詠六可以欣無而理故某矣少伯郡 保垂并誠嘩年七十有四

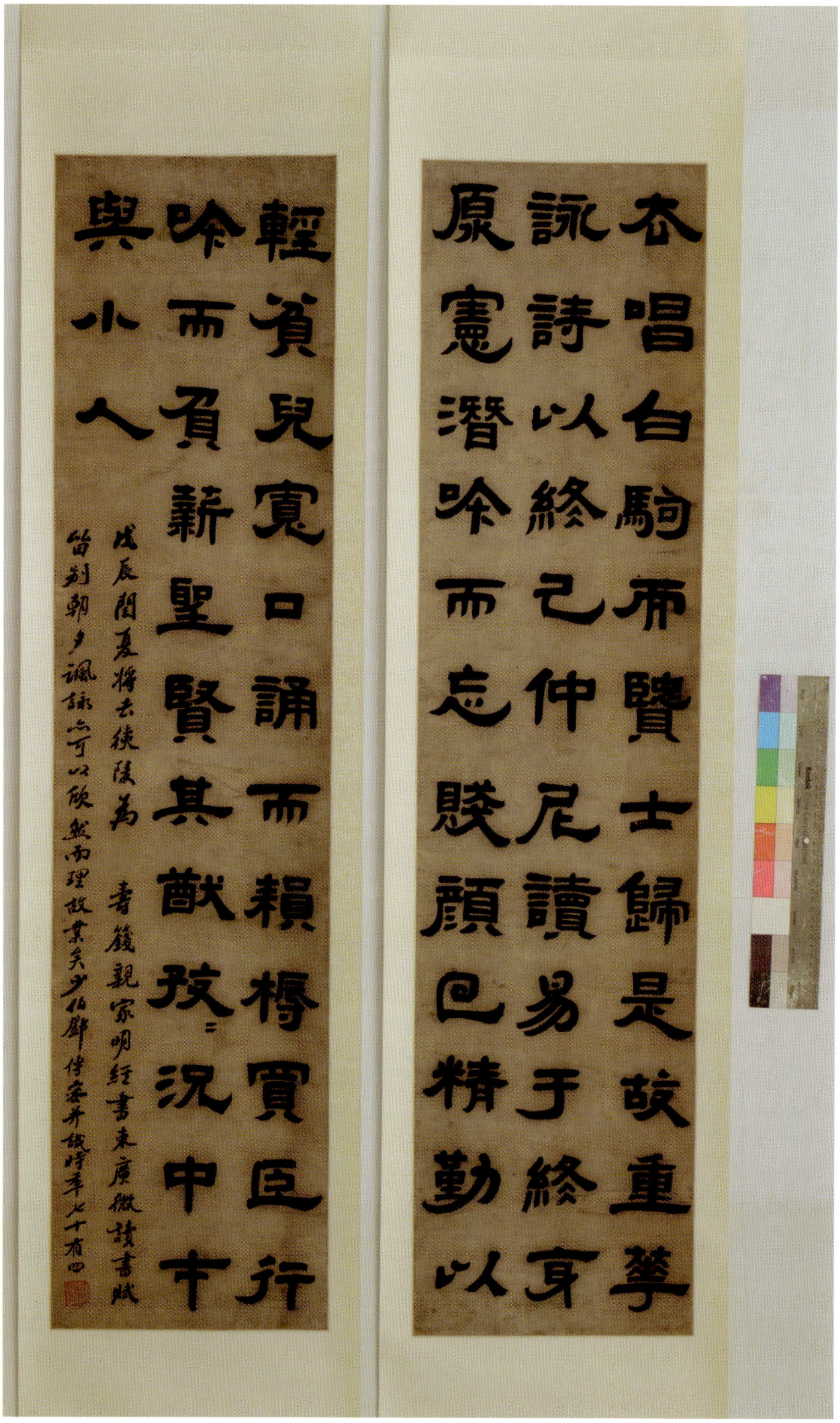

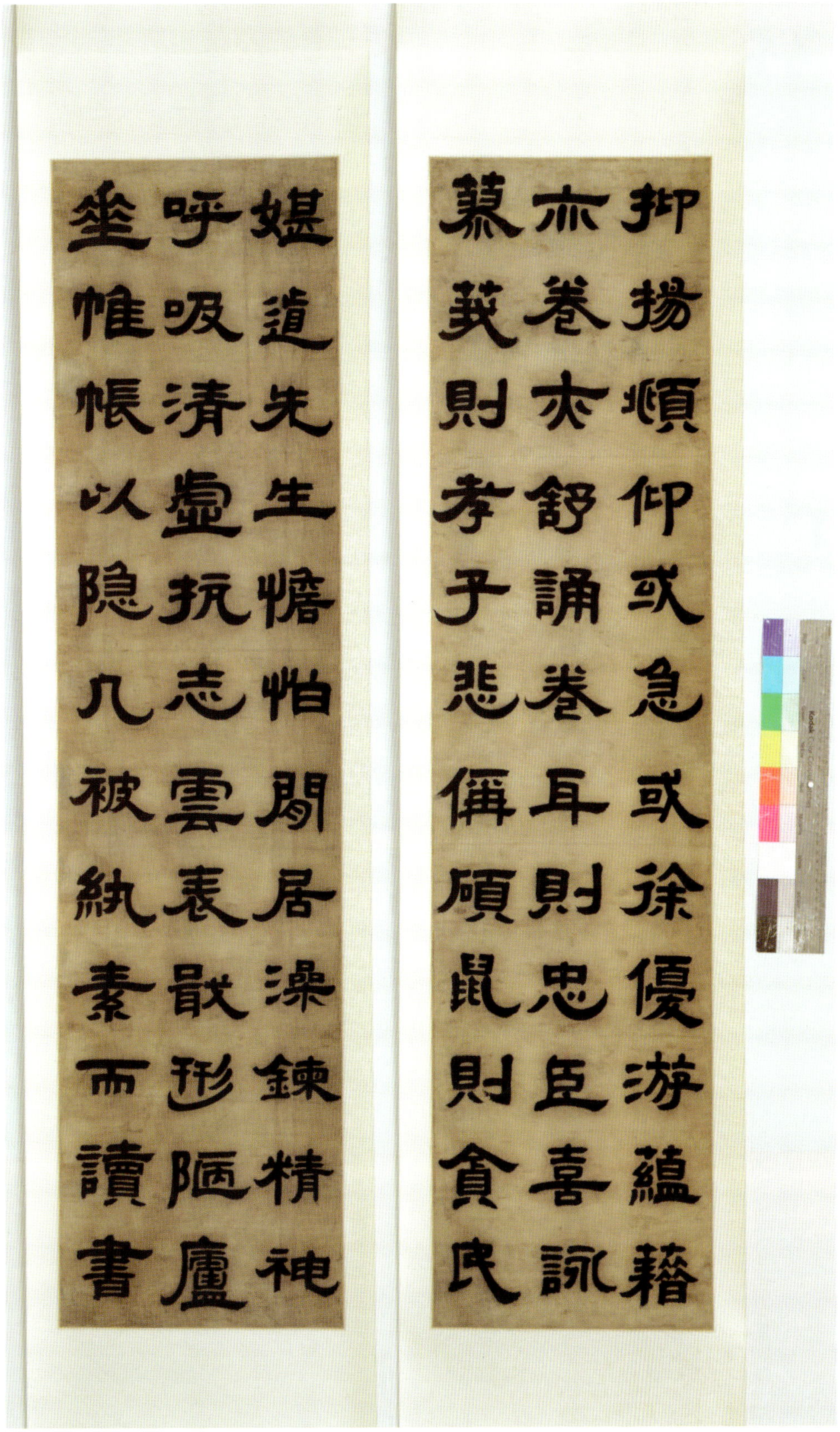
抑揚順仰或急或徐優游蘊藉
亦卷亦舒誦卷耳則忠臣喜詠
蓼莪則孝子悲偁碩鼠則貪民
媞道先生憺怡閑居澡鍊精神
呼吸清虛抗志雲表散髮巖廬
坐帷帳以隱几被紈素而讀書

保护修复后的状况

<table>
<tr><td rowspan="8">保护修复前后局部对比</td><td>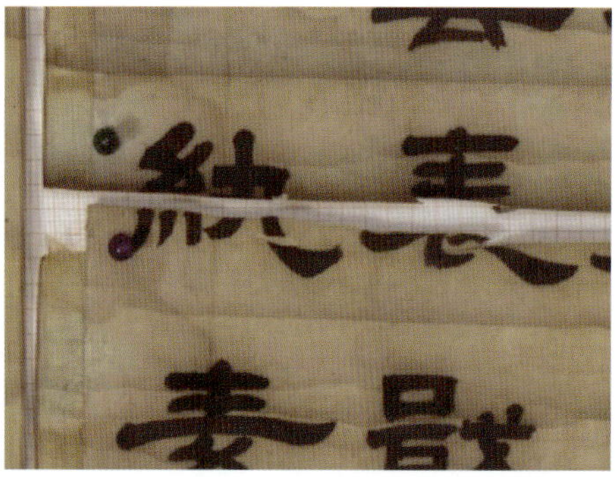</td><td>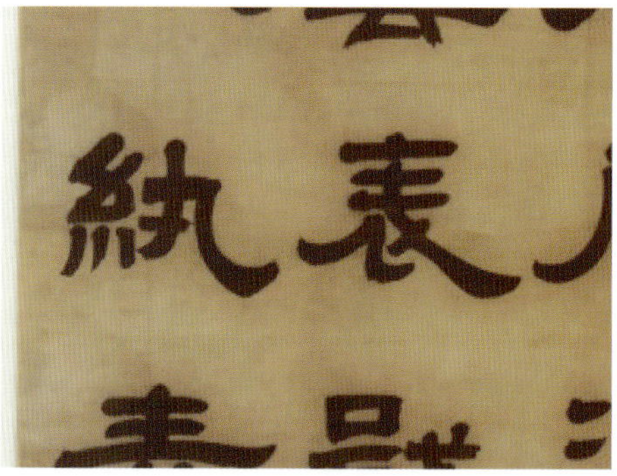</td></tr>
<tr><td>断裂修复前</td><td>断裂修复后</td></tr>
<tr><td>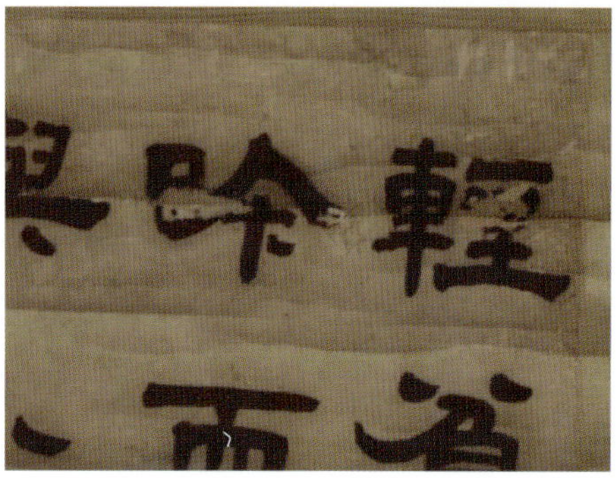</td><td>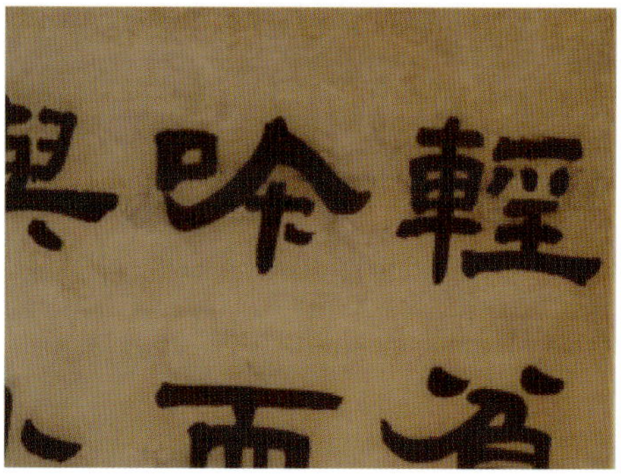</td></tr>
<tr><td>残缺修复前</td><td>残缺修复后</td></tr>
<tr><td></td><td>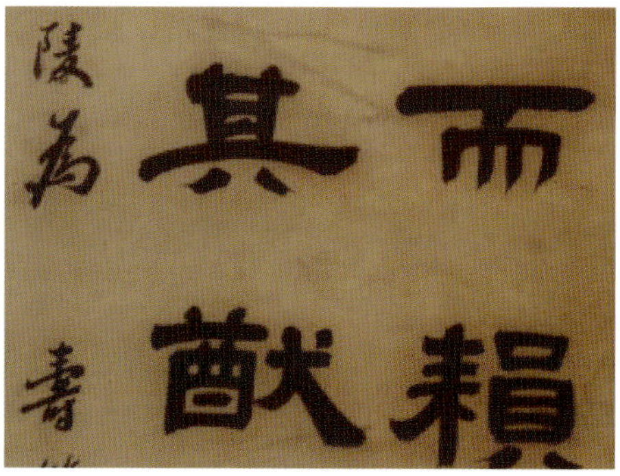</td></tr>
<tr><td>折痕修复前</td><td>折痕修复后</td></tr>
<tr><td>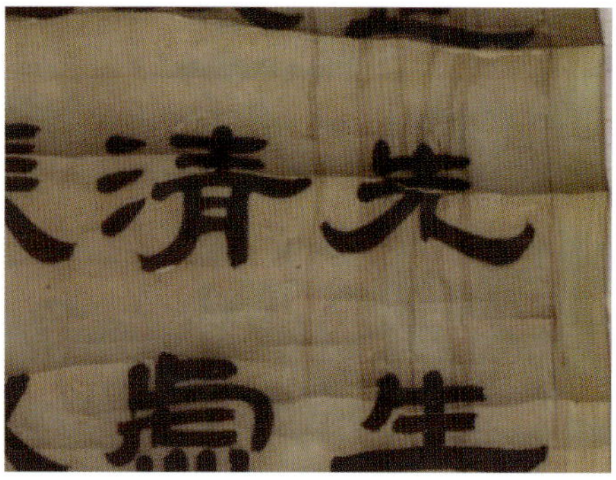</td><td>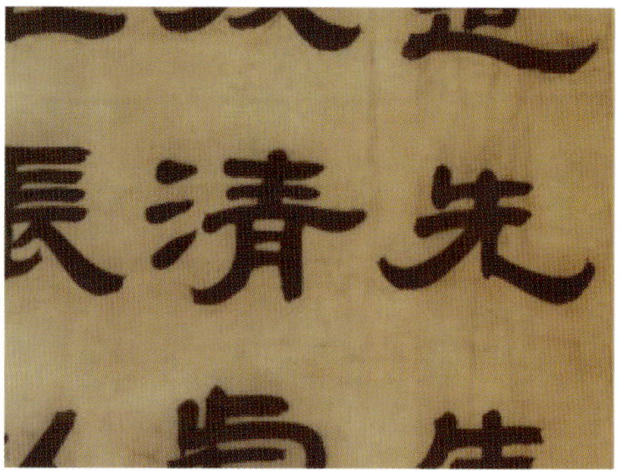</td></tr>
<tr><td>污渍修复前</td><td>污渍修复后</td></tr>
</table>

《清叶道本山水人物四条屏》
保护修复档案

项目名称： 宜昌博物馆馆藏书画保护修复

文物名称： 清叶道本山水人物四条屏

2019 年 4 月

中华人民共和国国家文物局制

《清叶道本山水人物四条屏》保护修复前基本信息表

文物名称		清叶道本山水人物四条屏		
收藏单位		宜昌博物馆	藏品总登记号	Z807
来源		捐赠	年代	清
类别		书法	级别	3
画心尺寸（纵 cm× 横 cm）		135.0×35.0	质地	纸
装裱 / 装订形制		条屏	包装	无
文物保存环境及病害防控措施	温度	自然环境	温度控制	无
	湿度		湿度控制	无
	紫外线		紫外线防控	无
	有害气体		有害气体防控	无
	微生物损害		微生物损害防控	无
	动物损害		动物损害防控	袋装樟脑球
以往保护修复记录	病害种类	不详	保护修复措施	不详
	保护修复时间	不详	保护修复效果评估	不详
保护前状况	病害种类	断裂、折痕、残缺、脆化	病害程度	濒危
	影像资料			
保护修复方案	方案名称及编号	宜昌博物馆馆藏书画保护修复方案		
	设计单位	北京停云馆文化投资有限公司	资质证书编号	11010–2008
	批准单位	国家文物局	批准文号	文物博函〔2016〕588 号
文物提取日期		2017.3.28	提取经办人	向光华　刘亚昭
文物返还日期		2019.3.27	返还经办人	刘亚昭　向光华
备注				

《清叶道本山水人物四条屏》保护修复检测记录表

文物名称		清叶道本山水人物四条屏		藏品总登记号	Z807		收藏单位		宜昌博物馆	
保护修复单位		北京停云馆文化投资有限公司		项目负责人	王治涛		保护修复场所		北京停云馆古籍及文物保护中心	
保护阶段	检测内容	检测时间	检测目的	样品名称	样品编号	取样方法	检测方法	使用设备	检测结果	检测单位
保护前	pH 值		纸张酸度				酸度仪	Clean.PH30	5.18	本单位
保护后	pH 值		纸张酸度				酸度仪	Clean.PH30	6.82	本单位

《清叶道本山水人物四条屏》保护修复材料使用明细表

项目名称	宜昌博物馆馆藏书画保护修复			项目起始时间	2017.3.28~2019.3.27		
委托单位	宜昌博物馆			委托方负责人	向光华		
项目实施单位	北京停云馆文化投资有限公司			项目负责人	王治涛		
主要保护材料（纸 / 绫 / 绢 / 糨糊 / 胶等）	材料名称	宣纸	绫	绢	糨糊	胶	
	规格（cm）/ 材质	136×68	68×10000	83×10000	配制 /70 面粉	500g	
		180×95	80×10000				
			95×10000				
	产地 / 品牌	安徽红星	湖州呈祥	湖州呈祥	河北五得利	天津瑞金特	
	用途	画心命纸 / 覆褙纸	镶料	补画心	托画心 / 托花绫 / 覆褙	固色	
其他保护材料（镶料 / 天地杆等）	材料名称	花绫	天地杆	轴头			
	规格（cm）/ 材质	68×10000	定制	定制			
		80×10000					
		95×10000					
	产地 / 品牌	湖州呈祥	北京	北京			
	用途	镶料	保护画心				
各种试剂	试剂名称	明矾					
	规格（g）/ 材质						
	产地 / 品牌						
	用途	固色					
主要颜料	颜料名称	花青	藤黄	赭石	石绿	朱砂	墨
	规格（ml）/ 材质	12	12	12	12	12	500
	产地 / 品牌	江苏姜思序堂	江苏姜思序堂	江苏姜思序堂	江苏姜思序堂	江苏姜思序堂	北京一得阁
	用途	全色 / 染配	全色 / 染配	全色 / 染配	全色 / 染配	全色 / 染配	全色 / 染配
大型设备	设备名称	中央空调	除湿机	裱画台	锯杆机		
	规格 / 材质		D011A-22P	2×3m			
	产地 / 品牌	佛山美的	东莞金鸿盛	自制	石家庄永春		
	用途	温度控制	湿度控制	揭裱 / 装裱	制天地杆		
主要工具	工具名称	排笔	浆刷	喷壶	鬃刷	裁刀	毛笔
	规格（cm）/ 材质	20×17	15×13	1000ml	13×20	6×11	
	产地 / 品牌	北京	北京	北京	北京	北京	北京戴月轩
	用途	刷糨糊 / 托画心 / 褙纸 / 镶料 / 染色	镶活	喷水	托画心 / 褙纸 / 镶料	方裁画心 / 裁料	全色 / 固色 / 补画心

《清叶道本山水人物四条屏》保护修复过程记录表

文物名称	清叶道本山水人物四条屏	藏品总登记号	Z807	文物收藏单位	宜昌博物馆	保管负责人	向光华
保护修复单位	北京停云馆文化投资有限公司	项目负责人	王治涛	保护修复场所	北京停云馆古籍及文物保护中心	保管负责人	王治涛 刘亚昭

项目主要参与人员	姓名	性别	年龄	职称	单位	项目主要参与人员	姓名	性别	年龄	职称	单位
	陈鲜维	女	38	无	本单位		王秀敏	女	27	无	本单位
	姓名	性别	年龄	职称	单位		姓名	性别	年龄	职称	单位
	陈悦尔	女	28	无	本单位		任毅	男	37	无	本单位

保护场地状况	温度（℃）	温度控制	湿度（RH）	湿度控制	光照度（lx）	紫外线控制	颗粒物控制	有害气体控制	污水处理	废料处理	安保措施
	20℃～26℃	中央空调	55%～65%	除湿机	760			通风	集中排放	集中处理	红外/监控

保护工作内容		时间	使用工具材料：设备/工具	使用工具材料：主要材料	使用工具材料：辅助材料	使用工具材料：试剂	使用工具材料：颜料	遇到主要问题及解决方法	保护效果	文物替换下的辅料：名称	文物替换下的辅料：保存方式
加固/复原	加固	2018.9.16	裱画台/毛笔	胶矾水							
去污/脱酸	去污	2018.9.16	裱画台/排笔	蒸馏水	喷壶/毛巾						
	脱酸	2018.9.17	裱画台/排笔	蒸馏水	喷壶/毛巾						
修复	修补	2018.10.10	手术刀/镊子/毛笔	补纸/嵌条	糨糊						
	托画心	2018.10.23	排笔	宣纸	糨糊						
	全色	2018.11.8	毛笔				赭石/花青/墨等				
	镶嵌	2018.11.21	浆刷	宣纸			赭石/花青/墨等				
	覆背	2018.12.10	排笔/鬃刷	宣纸/花绫/绢	糨糊						
	贴墙	2018.12.10	鬃刷	糨糊							
	研光	2019.1.9	研石	石蜡	宣纸						
	装天地杆/扎带	2019.3.18	锯杆机	松木/丝带							
整理/收藏	包装匣囊	2019.3.25	锦盒	袋装樟脑球	手套						

病害分布图

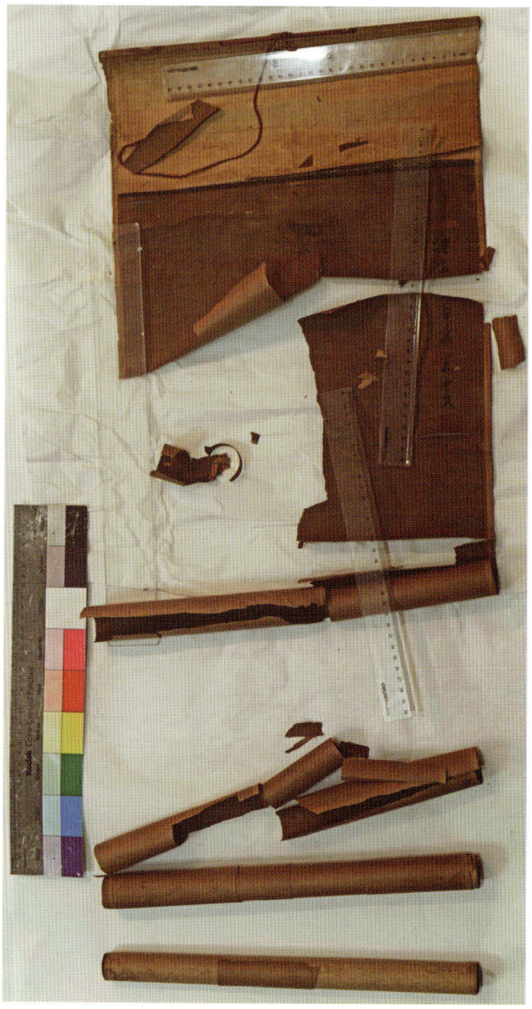

病害分布图

保护修复后的状况

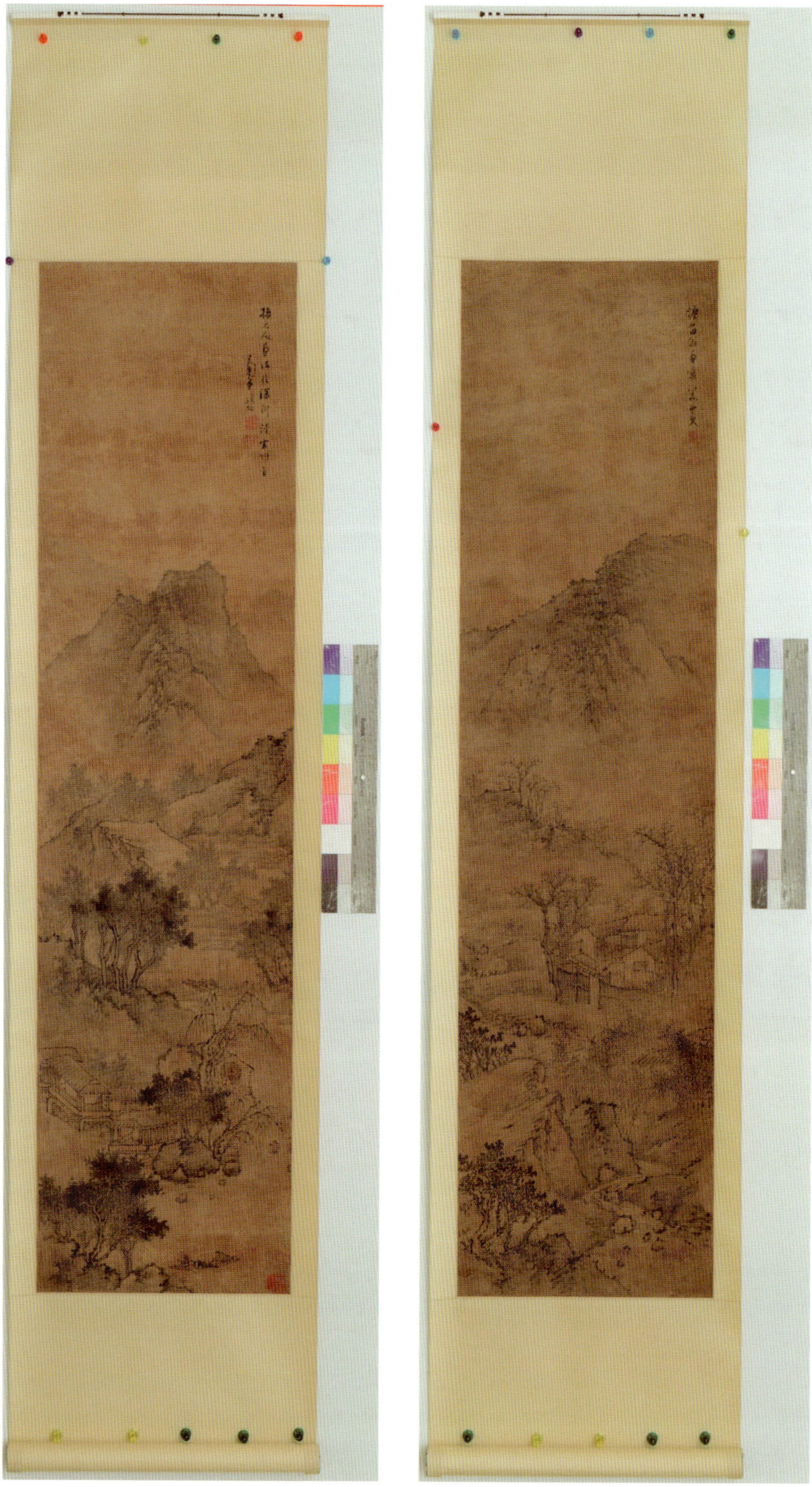

保护修复后的状况

<table>
<tr><td rowspan="8">保护修复前后局部对比</td><td></td><td></td></tr>
<tr><td>断裂修复前</td><td>断裂修复后</td></tr>
<tr><td>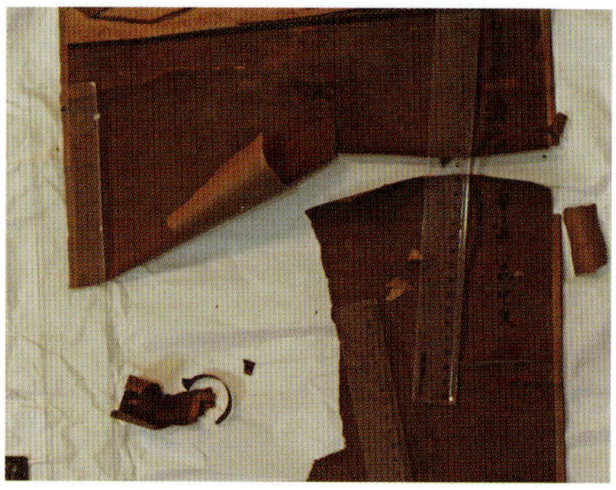</td><td></td></tr>
<tr><td>残缺修复前</td><td>残缺修复后</td></tr>
<tr><td>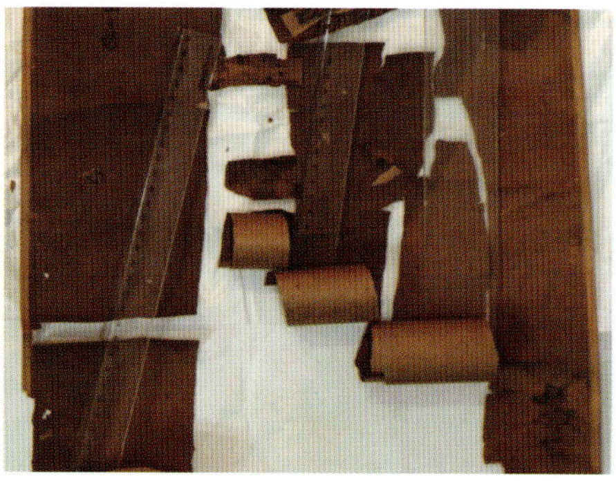</td><td></td></tr>
<tr><td>脆化修复前</td><td>脆化修复后</td></tr>
<tr><td></td><td></td></tr>
<tr><td>折痕修复前</td><td>折痕修复后</td></tr>
</table>

《清杨守敬碑体“蒙县远情题象注”对联》保护修复档案

项目名称：宜昌博物馆馆藏书画保护修复

文物名称：清杨守敬碑体“蒙县远情题象注”对联

2019 年 4 月

中华人民共和国国家文物局制

《清杨守敬碑体“蒙县远情题象注”对联》保护修复前基本信息表

<table>
<tr><td colspan="2">文物名称</td><td colspan="3">清杨守敬碑体“蒙县远情题象注”对联</td></tr>
<tr><td colspan="2">收藏单位</td><td>宜昌博物馆</td><td>藏品总登记号</td><td>Z809</td></tr>
<tr><td colspan="2">来源</td><td>捐赠</td><td>年代</td><td>清</td></tr>
<tr><td colspan="2">类别</td><td>书法</td><td>级别</td><td>3</td></tr>
<tr><td colspan="2">画心尺寸（纵 cm× 横 cm）</td><td>149.0×39.0</td><td>质地</td><td>纸</td></tr>
<tr><td colspan="2">装裱 / 装订形制</td><td>对联</td><td>包装</td><td>无</td></tr>
<tr><td rowspan="6">文物保存环境及病害防控措施</td><td>温度</td><td rowspan="2">自然环境</td><td>温度控制</td><td>无</td></tr>
<tr><td>湿度</td><td>湿度控制</td><td>无</td></tr>
<tr><td>紫外线</td><td></td><td>紫外线防控</td><td>无</td></tr>
<tr><td>有害气体</td><td></td><td>有害气体防控</td><td>无</td></tr>
<tr><td>微生物损害</td><td></td><td>微生物损害防控</td><td>无</td></tr>
<tr><td>动物损害</td><td></td><td>动物损害防控</td><td>袋装樟脑球</td></tr>
<tr><td rowspan="2">以往保护修复记录</td><td>病害种类</td><td>不详</td><td>保护修复措施</td><td>不详</td></tr>
<tr><td>保护修复时间</td><td>不详</td><td>保护修复效果评估</td><td>不详</td></tr>
<tr><td rowspan="2">保护前状况</td><td>病害种类</td><td>污渍、折痕</td><td>病害程度</td><td>中度</td></tr>
<tr><td>影像资料</td><td colspan="3">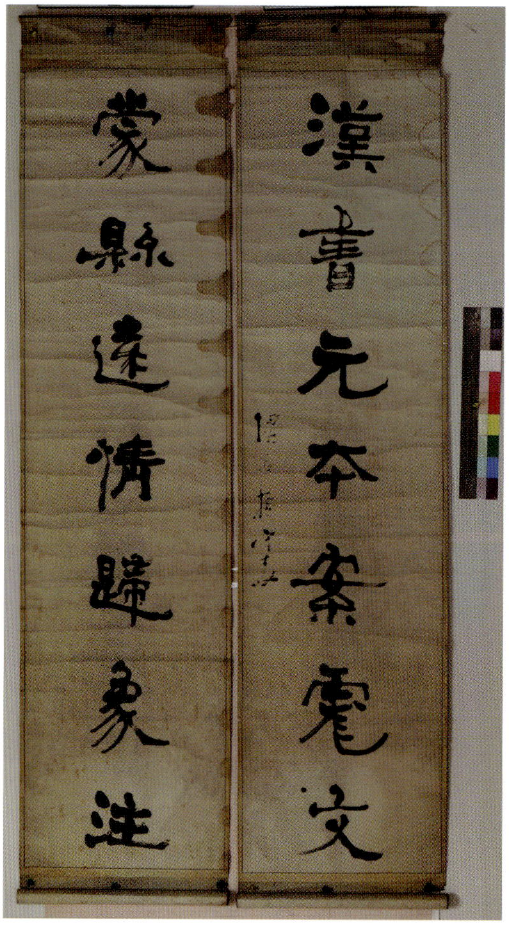</td></tr>
</table>

保护修复方案	方案名称及编号	宜昌博物馆馆藏书画保护修复方案		
	设计单位	北京僖云馆文化投资有限公司	资质证书编号	11010-2008
	批准单位	国家文物局	批准文号	文物博函〔2016〕588 号
文物提取日期		2017.3.28	提取经办人	向光华　刘亚昭
文物返还日期		2019.3.27	返还经办人	刘亚昭　向光华
备注				

《清杨守敬碑体“蒙县远情题象注”对联》保护修复检测记录表

文物名称		清杨守敬碑体“蒙县远情题象注”对联		藏品总登记号	Z809		收藏单位		宜昌博物馆	
保护修复单位		北京僖云馆文化投资有限公司		项目负责人	王治涛		保护修复场所		北京僖云馆古籍及文物保护中心	
保护阶段	检测内容	检测时间	检测目的	样品名称	样品编号	取样方法	检测方法	使用设备	检测结果	检测单位
保护前	pH 值		纸张酸度				酸度仪	Clean.PH30	5.95	本单位
保护后	pH 值		纸张酸度				酸度仪	Clean.PH30	6.80	本单位

《清杨守敬碑体“蒙县远情题象注”对联》保护修复材料使用明细表

项目名称	宜昌博物馆馆藏书画保护修复			项目起始时间	2017.3.28~2019.3.27		
委托单位	宜昌博物馆			委托方负责人	向光华		
项目实施单位	北京停云馆文化投资有限公司			项目负责人	王治涛		
主要保护材料（纸／绫／绢／糨糊／胶等）	材料名称	宣纸	绫	绢	糨糊	胶	
	规格（cm）／材质	136×68	68×10000	83×10000	配制／70面粉	500g	
		180×95	80×10000				
			95×10000				
	产地／品牌	安徽红星	湖州呈祥	湖州呈祥	河北五得利	天津瑞金特	
	用途	画心命纸／覆褙纸	镶料	补画心	托画心／托花绫／覆褙	固色	
其他保护材料（镶料／天地杆等）	材料名称	花绫	天地杆	轴头			
	规格（cm）／材质	68×10000	定制	定制			
		80×10000					
		95×10000					
	产地／品牌	湖州呈祥	北京	北京			
	用途	镶料	保护画心				
各种试剂	试剂名称	明矾					
	规格（g）／材质						
	产地／品牌						
	用途	固色					
主要颜料	颜料名称	花青	藤黄	赭石	石绿	朱砂	墨
	规格（ml）／材质	12	12	12	12	12	500
	产地／品牌	江苏姜思序堂	江苏姜思序堂	江苏姜思序堂	江苏姜思序堂	江苏姜思序堂	北京一得阁
	用途	全色／染配	全色／染配	全色／染配	全色／染配	全色／染配	全色／染配
大型设备	设备名称	中央空调	除湿机	裱画台	锯杆机		
	规格／材质		D011A-22P	2×3m			
	产地／品牌	佛山美的	东莞全鸿盛	自制	石家庄永春		
	用途	温度控制	湿度控制	揭裱／装裱	制天地杆		
主要工具	工具名称	排笔	浆刷	喷壶	鬃刷	裁刀	毛笔
	规格（cm）／材质	20×17	15×13	1000ml	13×20	6×11	
	产地／品牌	北京	北京	北京	北京	北京	北京戴月轩
	用途	刷糨糊／托画心／褙纸／镶料／染色	镶活	喷水	托画心／褙纸／镶料	方裁画心／裁料	全色／固色／补画心

《清杨守敬碑体“蒙县远情题象注”对联》保护修复过程记录表

<table>
<tr><td colspan="2">文物名称</td><td colspan="2">清杨守敬碑体“蒙县远情题象注”对联</td><td colspan="3">藏品总登记号</td><td>Z809</td><td colspan="2">文物收藏单位</td><td>宜昌市博物馆</td><td>保管负责人</td><td>向光华</td></tr>
<tr><td colspan="2">保护修复单位</td><td colspan="2">北京停云馆文化投资有限公司</td><td colspan="3">项目负责人</td><td>王治涛</td><td colspan="2">保护修复场所</td><td>北京停云馆古籍及文物保护中心</td><td>保管负责人</td><td>王治涛
刘亚昭</td></tr>
<tr><td rowspan="4">项目主要参与人员</td><td>姓名</td><td>性别</td><td>年龄</td><td colspan="2">职称</td><td>单位</td><td rowspan="4">项目主要参与人员</td><td>姓名</td><td>性别</td><td>年龄</td><td>职称</td><td>单位</td></tr>
<tr><td>陈鲜维</td><td>女</td><td>38</td><td colspan="2">无</td><td>本单位</td><td>王秀敏</td><td>女</td><td>27</td><td>无</td><td>本单位</td></tr>
<tr><td>姓名</td><td>性别</td><td>年龄</td><td colspan="2">职称</td><td>单位</td><td>姓名</td><td>性别</td><td>年龄</td><td>职称</td><td>单位</td></tr>
<tr><td>陈悦尔</td><td>女</td><td>28</td><td colspan="2">无</td><td>本单位</td><td>任毅</td><td>男</td><td>37</td><td>无</td><td>本单位</td></tr>
<tr><td rowspan="2">保护场地状况</td><td>温度（℃）</td><td>温度控制</td><td>湿度（RH）</td><td colspan="2">湿度控制</td><td>光照度（lx）</td><td>紫外线控制</td><td>颗粒物控制</td><td>有害气体控制</td><td>污水处理</td><td>废料处理</td><td>安保措施</td></tr>
<tr><td>20℃～26℃</td><td>中央空调</td><td>55%～65%</td><td colspan="2">除湿机</td><td>760</td><td></td><td></td><td>通风</td><td>集中排放</td><td>集中处理</td><td>红外/监控</td></tr>
<tr><td colspan="2" rowspan="2">保护工作内容</td><td rowspan="2">时间</td><td colspan="6">使用工具材料</td><td rowspan="2">遇到主要问题及解决方法</td><td rowspan="2">保护效果</td><td colspan="2">文物替换下的辅料</td></tr>
<tr><td colspan="2">设备/工具</td><td>主要材料</td><td>辅助材料</td><td>试剂</td><td>颜料</td><td>名称</td><td>保存方式</td></tr>
<tr><td>加固/复原</td><td>加固</td><td>20188.6</td><td colspan="2">裱画台/毛笔</td><td>胶矾水</td><td></td><td></td><td></td><td></td><td></td><td></td><td></td></tr>
<tr><td rowspan="2">去污/脱酸</td><td>去污</td><td>2018.8.6</td><td colspan="2">裱画台/排笔</td><td>蒸馏水</td><td>喷壶/毛巾</td><td></td><td></td><td></td><td></td><td></td><td></td></tr>
<tr><td>脱酸</td><td>2018.8.7</td><td colspan="2">裱画台/排笔</td><td>蒸馏水</td><td>喷壶/毛巾</td><td></td><td></td><td></td><td></td><td></td><td></td></tr>
<tr><td rowspan="8">修复</td><td>修补</td><td>2018.8.15</td><td colspan="2">手术刀/镊子/毛笔</td><td>补纸/嵌条</td><td>糨糊</td><td></td><td></td><td></td><td></td><td></td><td></td></tr>
<tr><td>托画心</td><td>2018.9.27</td><td colspan="2">排笔</td><td>宣纸</td><td>糨糊</td><td></td><td></td><td></td><td></td><td></td><td></td></tr>
<tr><td>全色</td><td>2018.10.15</td><td colspan="2">毛笔</td><td></td><td></td><td></td><td>赭石/花青/墨等</td><td></td><td></td><td></td><td></td></tr>
<tr><td>镶嵌</td><td>2018.11.27</td><td colspan="2">浆刷</td><td>宣纸</td><td></td><td></td><td>赭石/花青/墨等</td><td></td><td></td><td></td><td></td></tr>
<tr><td>覆背</td><td>2018.12.28</td><td colspan="2">排笔/鬃刷</td><td>宣纸/花绫/绢</td><td>糨糊</td><td></td><td></td><td></td><td></td><td></td><td></td></tr>
<tr><td>贴墙</td><td>2018.12.28</td><td colspan="2">鬃刷</td><td>糨糊</td><td></td><td></td><td></td><td></td><td></td><td></td><td></td></tr>
<tr><td>研光</td><td>2019.1.23</td><td colspan="2">研石</td><td>石蜡</td><td>宣纸</td><td></td><td></td><td></td><td></td><td></td><td></td></tr>
<tr><td>装天地杆/扎带</td><td>2019.3.18</td><td colspan="2">锯杆机</td><td>松木/丝带</td><td></td><td></td><td></td><td></td><td></td><td></td><td></td></tr>
<tr><td>整理/收藏</td><td>包装匣囊</td><td>2019.3.25</td><td colspan="2">锦盒</td><td>袋装樟脑球</td><td>手套</td><td></td><td></td><td></td><td></td><td></td><td></td></tr>
</table>

病害分布图

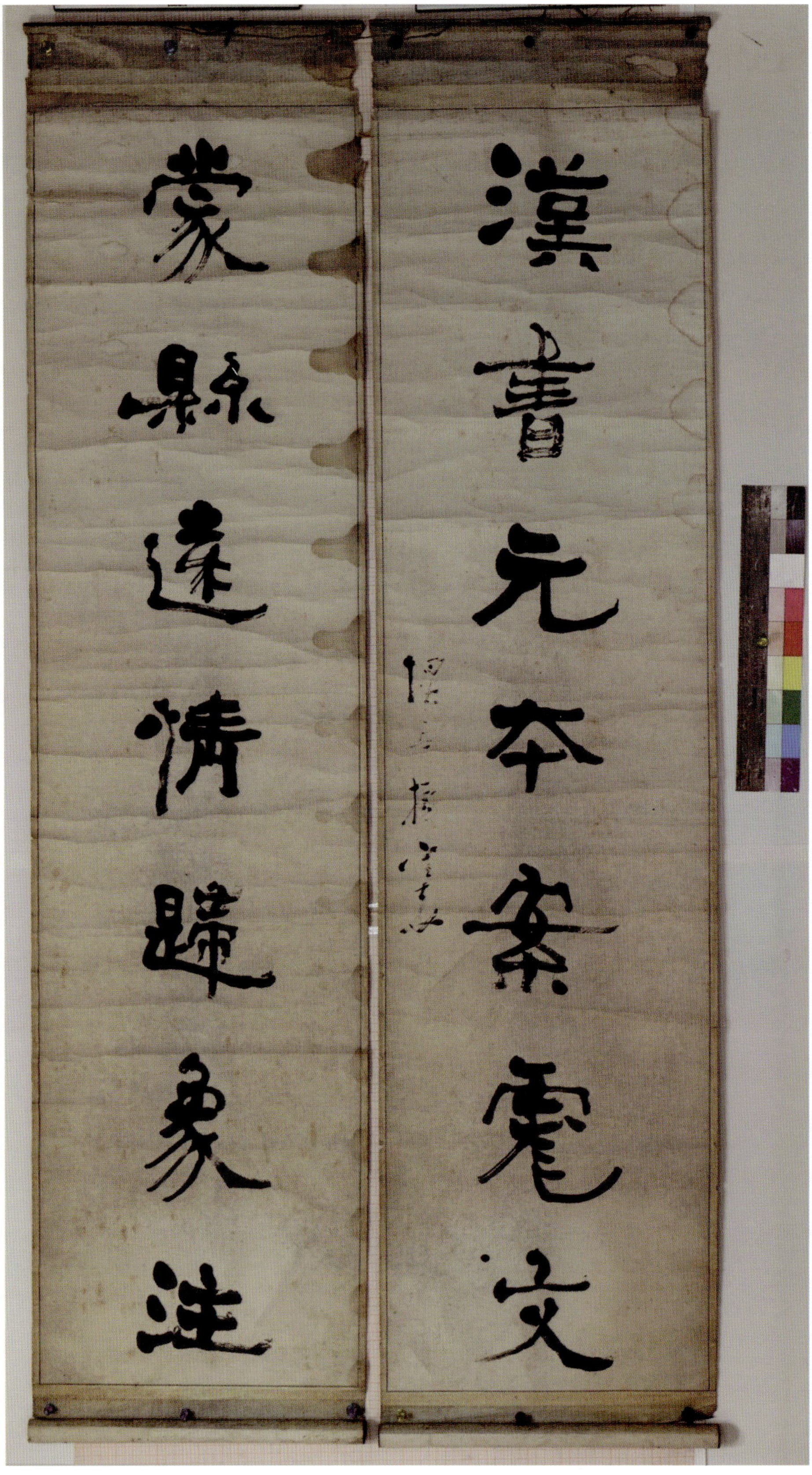

保护修复后的状况

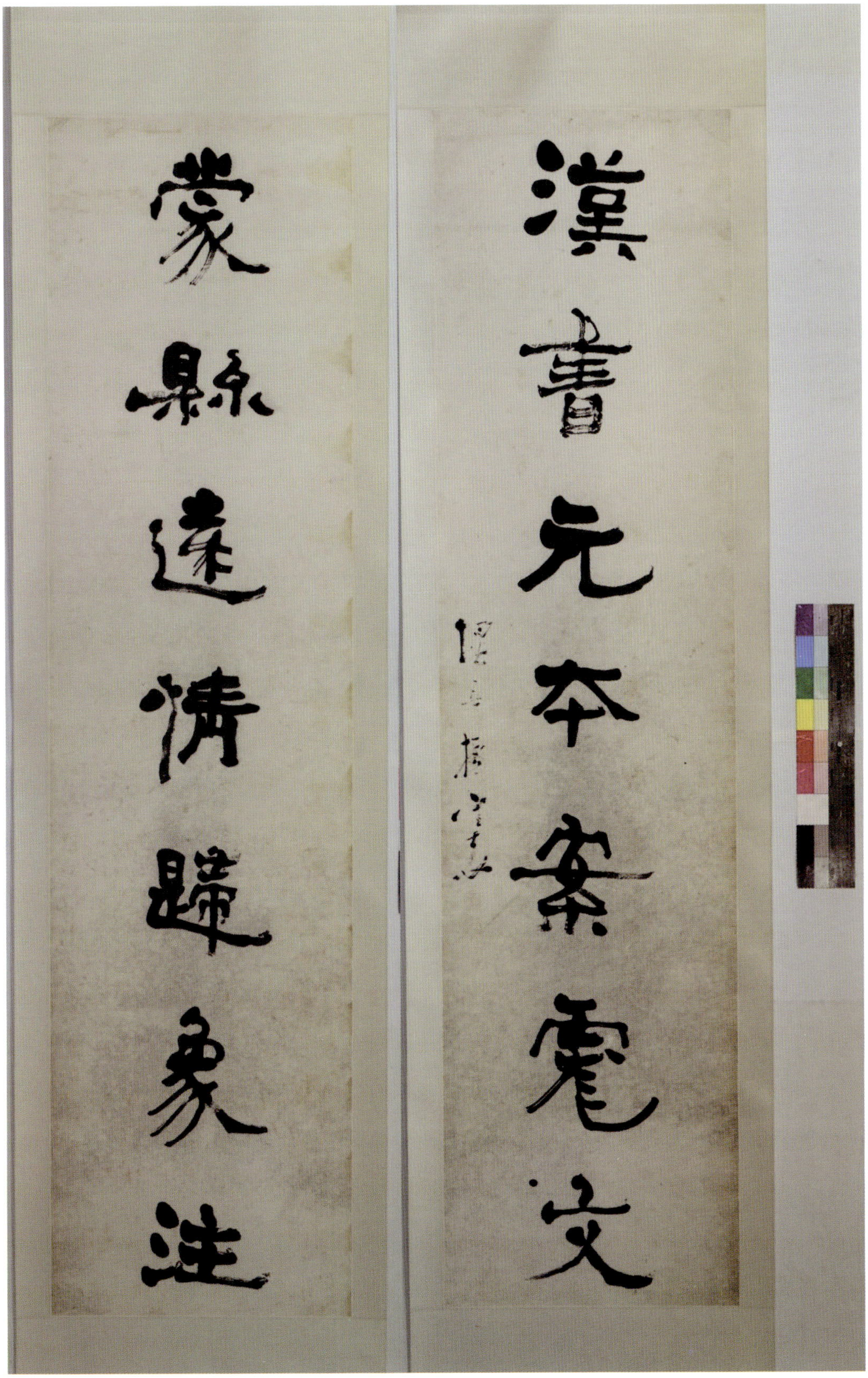

<table>
<tr><td rowspan="4">保护修复前后局部对比</td><td>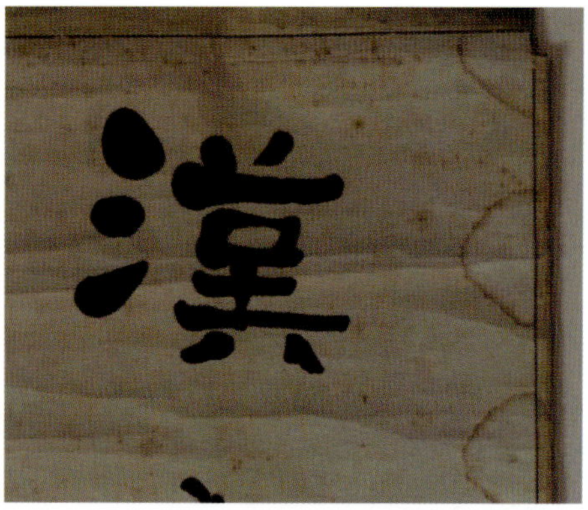</td><td>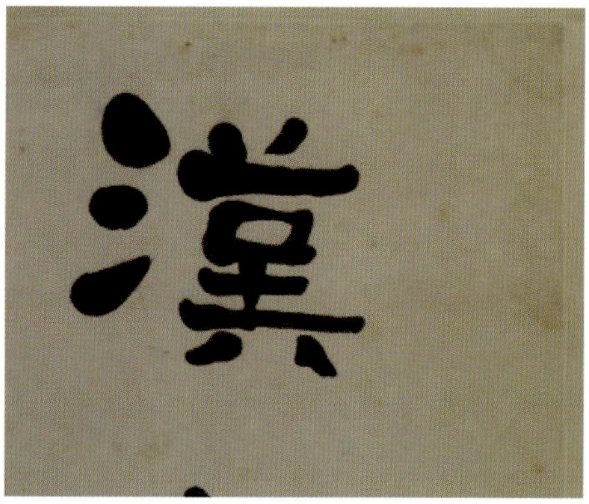</td></tr>
<tr><td>污渍修复前</td><td>污渍修复后</td></tr>
<tr><td></td><td></td></tr>
<tr><td>折痕修复前</td><td>折痕修复后</td></tr>
</table>

《清光绪五年陈添成之祖父母诰命圣旨》保护修复档案

项目名称：宜昌博物馆馆藏书画保护修复

文物名称：清光绪五年陈添成之祖父母诰命圣旨

2016 年 11 月

中华人民共和国国家文物局制

《清光绪五年陈添成之祖父母诰命圣旨》保护修复前基本信息表

文物名称		清光绪五年陈添成之祖父母诰命圣旨		
收藏单位		宜昌博物馆	藏品总登记号	Z514
来源		征集	年代	清
类别		书法	装裱／装订形制	手卷
画心尺寸（纵 cm× 横 cm）		31.0×272.0	质地	织锦
文物保存环境及病害防控措施	温度	自然环境	温度控制	无
	湿度		湿度控制	无
	紫外线		紫外线防控	无
	有害气体		有害气体防控	无
	微生物损害		微生物损害防控	无
	动物损害		动物损害防控	袋装樟脑球
以往保护修复记录	病害种类	不详	保护修复措施	不详
	保护修复时间	不详	保护修复效果评估	不详
保护前状况	病害种类	媒体脱落、脱壳	病害程度	中度
	影像资料			
保护修复方案	方案名称及编号	湖北省宜昌博物馆馆藏书画保护修复方案		
	设计单位	北京停云馆文化投资有限公司	资质证书编号	11010-2008
	批准单位	国家文物局	批准文号	文物博函〔2014〕773 号
文物提取日期		2015.3.31	提取经办人	向光华　王治涛
文物返还日期		2016.11.17	返还经办人	王治涛　向光华
备注				

《清光绪五年陈添成之祖父母诰命圣旨》保护修复检测记录表

<table>
<tr><td colspan="2">文物名称</td><td colspan="2">清光绪五年陈添成之祖父母诰命圣旨</td><td>藏品总登记号</td><td colspan="2">Z814</td><td colspan="2">收藏单位</td><td colspan="2">宜昌博物馆</td></tr>
<tr><td colspan="2">保护修复单位</td><td colspan="2">北京停云馆文化投资有限公司</td><td>项目负责人</td><td colspan="2">王治涛</td><td colspan="2">保护修复场所</td><td colspan="2">北京市朝阳区望京佳境天城大厦 B2802</td></tr>
<tr><td>保护阶段</td><td>检测内容</td><td>检测时间</td><td>检测目的</td><td>样品名称</td><td>样品编号</td><td>取样方法</td><td>检测方法</td><td>使用设备</td><td>检测结果</td><td>检测单位</td></tr>
<tr><td rowspan="5">保护前</td><td>pH 值</td><td></td><td>纸张酸度</td><td></td><td></td><td></td><td>酸度仪</td><td>Clean.PH30</td><td>4.8</td><td>本单位</td></tr>
<tr><td></td><td></td><td></td><td></td><td></td><td></td><td></td><td></td><td></td><td></td></tr>
<tr><td></td><td></td><td></td><td></td><td></td><td></td><td></td><td></td><td></td><td></td></tr>
<tr><td></td><td></td><td></td><td></td><td></td><td></td><td></td><td></td><td></td><td></td></tr>
<tr><td></td><td></td><td></td><td></td><td></td><td></td><td></td><td></td><td></td><td></td></tr>
<tr><td rowspan="5">保护后</td><td>pH 值</td><td></td><td>纸张酸度</td><td></td><td></td><td></td><td>酸度仪</td><td>Clean.PH30</td><td>6.8</td><td>本单位</td></tr>
<tr><td></td><td></td><td></td><td></td><td></td><td></td><td></td><td></td><td></td><td></td></tr>
<tr><td></td><td></td><td></td><td></td><td></td><td></td><td></td><td></td><td></td><td></td></tr>
<tr><td></td><td></td><td></td><td></td><td></td><td></td><td></td><td></td><td></td><td></td></tr>
<tr><td></td><td></td><td></td><td></td><td></td><td></td><td></td><td></td><td></td><td></td></tr>
</table>

《清光绪五年陈添成之祖父母诰命圣旨》保护修复材料使用明细表

项目名称	宜昌博物馆馆藏书画保护修复			项目起始时间	2015.03 ～ 2016.11		
委托单位	宜昌博物馆			委托方负责人	向光华		
项目实施单位	北京停云馆文化投资有限公司			项目负责人	王治涛		
主要保护材料（纸/绫/绢/糨糊/胶等）	材料名称	宣纸	绫	绢	糨糊	胶	
	规格（cm）/材质	136×68	68×10000	83×10000	配制/70 面粉	500g	
		180×95	80×10000				
			95×10000				
	产地/品牌	安徽红星	湖州呈祥	湖州呈祥	河北五得利	天津瑞金特	
	用途	画心命纸/覆褙纸	镶料	补画心	托画心/托花绫/覆褙	固色	
其他保护材料（镶料/天地杆等）	材料名称	花绫	天地杆	轴头			
	规格（cm）/材质	68×10000	定制	定制			
		80×10000					
		95×10000					
	产地/品牌	湖州呈祥	北京	北京			
	用途	镶料	保护画心				
各种试剂	试剂名称	明矾					
	规格（g）/材质						
	产地/品牌	北京北化					
	用途	固色					
主要颜料	颜料名称	花青	藤黄	赭石	石绿	朱砂	墨
	规格（ml）/材质	12	12	12	12	12	500
	产地/品牌	上海马利	上海马利	上海马利	上海马利	上海马利	北京一得阁
	用途	全色/染配	全色/染配	全色/染配	全色/染配	全色/染配	全色/染配
大型设备	设备名称	中央空调	除湿机	裱画台	锯杆机		
	规格/材质		D011A-22P	2×3m			
	产地/品牌	佛山美的	东莞金鸿盛	自制	石家庄永春		
	用途	温度控制	湿度控制	揭裱/装裱	制天地杆		
主要工具	工具名称	排笔	浆刷	喷壶	鬃刷	裁刀	毛笔
	规格（cm）/材质	20×17	15×13	1000ml	13×20	6×11	
	产地/品牌	北京	北京	北京	北京	北京	北京戴月轩
	用途	刷糨糊/托画心/褙纸/镶料/染色	镶活	喷水	托画心/褙纸/镶料	方裁画心/裁料	全色/固色/补画心

《清光绪五年陈添成之祖父母诰命圣旨》保护修复过程记录表

文物名称		清光绪五年陈添成之祖父母诰命圣旨		藏品总登记号		Z814	文物收藏单位		宜昌博物馆	保管负责人	向光华
保护修复单位		北京停云馆文化投资有限公司		项目负责人		王治涛	保护修复场所		北京市朝阳区望京佳境天城大厦B2802	保管负责人	王治涛 刘亚昭
项目主要参与人员	姓名	性别	年龄	职称	单位	项目主要参与人员	姓名	性别	年龄	职称	单位
	陈鲜维	女	36	无	本单位		王秀敏	女	25	无	本单位
	姓名	性别	年龄	职称	单位		姓名	性别	年龄	职称	单位
	陈悦尔	女	26	无	本单位		吴浩	男	23	无	本单位
保护场地状况	温度（℃）	温度控制	湿度（RH）	湿度控制	光照度（lx）	紫外线控制	颗粒物控制	有害气体控制	污水处理	废料处理	安保措施
	20℃～26℃	中央空调	55%～65%	除湿机	760			通风	集中排放	集中处理	红外/监控
保护工作内容		时间	使用工具材料					遇到主要问题及解决方法	保护效果	文物替换下的辅料	
			设备/工具	主要材料	辅助材料	试剂	颜料			名称	保存方式
加固/复原	加固	2016.5.18	裱画台/毛笔	胶矾水							
去污/脱酸	去污	2016.5.19	裱画台/排笔	蒸馏水	喷壶/毛巾						
	脱酸	2016.5.19	裱画台/排笔	蒸馏水	喷壶/毛巾						
修复	揭画心	2016.5.20	裱画台/镊子	水油纸						镶料/天地杆	登记存档
	修补	2016.5.23	手术刀/镊子/毛笔	补纸/嵌条	糨糊						
	托画心	2016.5.24	排笔	宣纸	糨糊						
	全色	2016.5.25	毛笔				赭石/花青/墨等				
	镶嵌	2016.6.14	浆刷	宣纸			赭石/花青/墨等				
	覆背	2016.6.15	排笔/鬃刷	宣纸/花绫/绢	糨糊						
	贴墙	2016.6.15	鬃刷	糨糊							
	研光	2016.6.6	研石	石蜡	宣纸						
	装天地杆/扎带	2016.8.24	锯杆机	松木/丝带							
整理/收藏	包装匣囊	2016.9.27	锦盒	袋装樟脑球	手套						

病害分布图

保护修复后的状况

<table>
<tr><td rowspan="4">保护修复前后局部对比</td><td></td><td></td></tr>
<tr><td>媒体脱落修复前</td><td>媒体脱落修复后</td></tr>
<tr><td></td><td></td></tr>
<tr><td>脱壳修复前</td><td>脱壳修复后</td></tr>
</table>

参考文献

1. 王以坤：《书画装潢沿革考》，紫禁城出版社，1993 年。
2. 杜秉庄：《书画装裱技艺辑释》，上海书画出版社，1993 年。
3. 陈元生、解玉林：《文物的虫害及其防治》，选自《上海博物馆文物保护科学论文集》，上海科学技术文献出版社，1996 年。
4. 周宝中：《文物保护科技文集》，台湾历史博物馆，2000 年。
5. 马清林、苏伯民、胡之德、李最雄：《中国文物分析鉴别与科学保护》，科学出版社，2001 年。
6. 周嘉胄著、田君注释：《装潢志图说》，山东书画出版社，2003 年。
7. 冯鹏生：《中国书画装裱技法》，北京工艺美术出版社，2003 年。
8. 王镛：《中国书法简史》，高等教育出版社，2004 年。
9. 周林生主编：《中国名画赏析》，河北教育出版社，2004 年。
10. 杨正旗：《中国书画装裱大全》，山东美术出版社，2005 年。
11. 严桂荣：《图说中国书画装裱》，上海人民美术出版社，2005 年。
12. 沈明芬：《铅白颜料的变色处理之研究——以两张东方绘画修复为例》，选自台南艺术大学《古物维护研究所文物保存修护论文集》，2006 年。
13. 陈信宪：《漂洗处理对着生褐斑书画潜在劣化问题之探究》，选自台南艺术大学《古物维护研究所文物保存修护论文集》，2006 年。
14. Casare Brandi 著，田时纲、詹长法译：《文物修复理论》，意大利非洲和东方研究院，2006 年。
15. 杜伟生：《中国古籍修复与装裱技术图解》，北京图书馆出版社，2006 年。
16. 陆寿麟：《传统工艺与现代科技——在中国文物保护技术协会第五次学术年会上的讲话》，2007 年。
17. 故宫博物院编、于子勇主编：《故宫博物院文物保护修复实录》，紫禁城出版社，2007 年。
18. 加瑞·汤姆森著，国家文物局博物馆司、河北省文物局译：《博物馆环境》，科学出版社，2007 年。
19. 王伯敏：《中国绘画通史》，生活·读书·新知 三联书店，2008 年第二版。
20. 奚三彩、赵丰主编：《古代丝织品的病害及其防治研究》，河海大学出版社，2008 年。
21. 中国文化遗产研究院：《中国文物保护与修复技术》，科学出版社，2009 年。
22. 国家文物局博物馆与社会文物司：《博物馆纺织品文物保护技术》，文物出版社，2009 年。

23. Nathan Stolow 著，宋燕、卢燕玲、黄晓宏译：《博物馆藏品保护与展览、包装、运输、存储及环境考量》，科学出版社，2010 年。
24. 汪自强、施珩：《图说中国传统手工书画装裱》，浙江摄影出版社，2010 年。
25. 《纸质文物保护修复概论》编写组：《纸质文物保护修复概论》，文物出版社，2019 年。